国家重点档案专项资金资助项目

抗日战争档案汇编

南京永利錏厂战时损失及战后重建档案汇编

1

南京市档案馆 编

中華書局

图书在版编目（CIP）数据

南京永利铔厂战时损失及战后重建档案汇编 / 南京市档案馆编. －北京：中华书局，2021.2
（抗日战争档案汇编）
ISBN 978-7-101-15048-3

Ⅰ. 南… Ⅱ. 南… Ⅲ. 化工厂－历史档案－汇编－南京
Ⅳ. F426.7

中国版本图书馆 CIP 数据核字 (2021) 第 014706 号

书　　名	南京永利铔厂战时损失及战后重建档案汇编（全二册）
丛 书 名	抗日战争档案汇编
编　　者	南京市档案馆
策划编辑	许旭虹
责任编辑	李晓燕
装帧设计	许丽娟
出版发行	中华书局 （北京市丰台区太平桥西里38号　100073） http://www.zhbc.com.cn E-mail:zhbc@zhbc.com.cn
图文制版	北京禾风雅艺文化发展有限公司
印　　刷	天津艺嘉印刷科技有限公司
版　　次	2021年2月北京第1版 2021年2月第1次印刷
规　　格	开本889×1194毫米　1/16 印张49
国际书号	ISBN 978-7-101-15048-3
定　　价	800.00元

抗日战争档案汇编编委会

江苏省抗日战争档案汇编编委会

南京永利铔厂战时损失及战后重建档案汇编

总序

为深入贯彻落实习近平总书记「让历史说话，用史实发言，深入开展中国人民抗日战争研究」的重要指示精神，国家档案局根据《全国档案事业发展「十三五」规划纲要》和《「十三五」时期国家重点档案保护与开发工作总体规划》的有关安排，决定全面系统地整理全国各级综合档案馆馆藏抗战档案，编纂出版《抗日战争档案汇编》（以下简称《汇编》）。

中国人民抗日战争是近代以来中国反抗外敌入侵第一次取得完全胜利的民族解放战争，开辟了中华民族伟大复兴的光明前景。这一伟大胜利，也是中国人民为世界反法西斯战争胜利、维护世界和平作出的重大贡献。加强中国人民抗日战争研究，具有重要的历史意义和现实意义。

全国各级档案馆保存的抗战档案，数量众多，内容丰富，全面记录了中国人民抗日战争的艰辛历程，是研究抗战历史的珍贵史料。一直以来，全国各级档案馆十分重视抗战档案的开发利用，陆续出版公布了一大批抗战档案，对揭露日本帝国主义侵华罪行，讴歌中华儿女勠力同心、不屈不挠抗击侵略的伟大壮举，弘扬伟大的抗战精神，引导正确的历史认知，发挥了积极作用。特别是国家档案局组织有关方面共同努力和积极推动，「南京大屠杀档案」被联合国教科文组织评选为「世界记忆遗产」，列入《世界记忆名录》，捍卫了历史真相，在国际上产生了广泛而深远的影响。

全国各级档案馆馆藏抗战档案开发利用工作虽然取得了一定的成果，但是，在档案信息资源开发的系统性和深入性方面仍显不足。正如习近平总书记所指出的：「同中国人民抗日战争的历史地位和历史意义相比，同这场战争对中华民族和世界的影响相比，我们的抗战研究还远远不够，要继续进行深入系统的研究。」「抗战研究要深入，就要更多通过档案、资料、事实、当事人证词等各种人证、物证来说话。要加强资料收集和整理这一基础性工作，全面整理我国各地抗战档案、照片、资料、实物等……」

国家档案局组织编纂《汇编》，对全国各级档案馆馆藏抗战档案进行深入系统地开发，是档案部门贯彻落实习近平总书记重要指示精神，推动深入开展中国人民抗日战争研究的一项重要举措。本书的编纂力图准确把握中国人民抗日战争的历史进程、主流和本质，用详实的档案全面反映一九三一年九一八事变后十四年抗战的全过程，反映中国共产党在抗日战争中的中流砥柱作用以及中国人民抗日战争在世界反法西斯战争中的重要地位，反映国共两党「兄弟阋于墙，外御其侮」进行合作抗战、共同捍卫民族尊严的历史，反映各民族、各阶层及海外华侨共同参与抗战的壮举，展现中国人民抗日战争的伟大意义，以历史档案揭露日本侵华暴行，揭示日本军国主义反人类、反和平的实质。

编纂《汇编》是一项浩繁而艰巨的系统工程。为保证这项工作的有序推进，国家档案局制订了总体规划和详细的实施方案，明确了指导思想、工作步骤和编纂要求。为保证编纂成果的科学性、准确性和严肃性，国家档案局组织专家对选题进行全面论证，对编纂成果进行严格审核。

各级档案馆高度重视并积极参与到《汇编》工作之中，通过全面清理馆藏抗战档案，将政治、军事、外交、经济、文化、宣传、教育等多个领域涉及抗战的内容列入选材范围。入选档案包括公文、电报、传单、文告、日记、照片、图表等多种类型。在编纂过程中，坚持实事求是的原则和科学严谨的态度，对所收录的每一件档案都仔细鉴定、甄别与考证，维护档案文献的真实性，彰显档案文献的权威性。同时，以《汇编》编纂工作为契机，以项目谋发展，用实干育人才，带动国家重点档案保护与开发，夯实档案馆基础业务，提高档案人员的业务水平，促进档案馆各项事业的发展。

守护历史，传承文明，是档案部门的重要责任。我们相信，编纂出版《汇编》，对于记录抗战历史，弘扬抗战精神，发挥档案留史存鉴、资政育人的作用，更好地服务于新时代中国特色社会主义文化建设，都具有极其重要的意义。

抗日战争档案汇编编纂委员会

编辑说明

永利化学公司南京铔厂是我国民族资本家创办的私营大型化工企业，为民国时期远东第一大厂。于一九三四年动工建设，一九三七年二月五日生产出了第一批硫酸铵。永利化学公司南京铔厂的建成投产揭开了中国化肥工业的崭新一页，有力地冲击了英、德两国统治中国化肥市场的局面。然而，开工不到半年，日军发动了全面侵华战争。永利铔厂积极支持抗战，生产出的军用铁锹、地雷壳、飞机尾翼等产品源源不断地送往抗战前线。这一切，自然没能逃过日军的视线。他们通过各种渠道，逼迫工厂的经营管理者就范，声称只要愿意合作，就可保证工厂的安全。铔厂人「宁举丧，不受奠仪」，将凡是带得走的机器、零件、图样、模型都抢运西迁，搬不走的设备也将仪表拆走，或是埋起来，或尽可能拆下扔进长江。日军阴谋未能得逞，于一九三七年八月二十一日起对南京铔厂多次实施轰炸。一九三七年十二月十三日，永利铔厂被日军占领，日军一边进行疯狂掠夺，一边对反抗的工人加以迫害。一九三八年一月，日军派三井特产株式会社和东洋高压株式会社代表进驻永利铔厂。一九三九年五月八日，在日本特务机关和汪伪汉奸组织的「兴亚院」共同策划下，将永利铔厂改名为「永礼化学工业株式会社浦口工业所硫铵工场」。他们把生产硝酸的全套设备劫至日本九洲，安装在大牟田东洋高压株式会社横须工厂。这套设备共有一千四百八十二件，总重五百五十吨，全部为高级合金钢板制成，其中白金网价值四万美元。而留在南京的设备则被粗暴破坏。战后，厂方多次催促国民政府向日本索还，直到一九四八年，全套一千四百八十二件硝酸设备加上白金网才陆续运回南京，这也是我国被日寇劫掠的大量工业设备中唯一被索还的设备。战后百废待兴，永利铔厂的经营者们开始筹划更为宏大的化工业发展计划，包括复兴战前工厂、建设新厂及贸易公司，永利铔厂重新恢复了生产经营。实际上，日本侵华战争给永利铔厂带来的破坏和损失绝非只是生产的停顿和设备的损毁，还应该包括如技术进步、人员流失、潜在收益、无形资产等方面的损失，而这些是很难用数字去衡量的。

《南京永利铔厂战时损失及战后重建档案汇编》选用档案均为南京市档案馆馆藏。这些档案反映了从日军第一次轰炸至战后重建这一时期永利化学公司南京铔厂所经历的重要事件。所选档案迄止时间为一九三七年八月至一九四九年十二月，全书分上、下两册，共七个部分。每部分按照档案形成的时间排序。档案时间只有年份、月份的排在该月末，只有年份的档案排在该年末。反映同一主题的档案编排为文件组，按组内首件时间排序。选用档案均为本馆馆藏原件全文影印，未做删节；如有缺页，为档案自身缺页。原标题完整或基本符合要求的使用原标题；原标题有明显缺陷的进行了修改或重拟；无标题的加拟标题。标题中机构名称使用全称或规范简称。档案所载时间不完整或不准确的，作了补充或订正。档案无时间且无法考证的标注「时间不详」。

本书使用规范的简化字。对标题中人名、机构名称中出现的繁体字、错别字、不规范异体字、异形字等，予以径改。限于篇幅，本书不作注释。

本书编纂工作于二〇一七年四月份启动，二〇一八年一月完成初稿。初稿完成后邀请了江苏省社会科学院孙宅巍研究员、南京师范大学张连红教授、南京大学李良玉教授对书稿进行了审读，针对他们提出的意见进行了修改，二〇一八年五月份最终定稿。

由于时间紧，编者水平有限，在编辑过程中可能存在疏漏之处，考订难免有误，欢迎方家斧正。

编　者

二〇一八年五月

目录

第一册

一、关于一九三七年遭日机三次空袭的呈文、信函、电报等

二、日伪时期关于侵占及掠夺的公文、清册及资产目录等

三、损失调查办法

四、损失调查表、统计清册及相关公文

第二册

四、损失调查表、统计清册及相关公文

五、民营事业申请价配日本赔偿物资办法、赔偿要点

六、机器设备、物资及存款赔偿

七、重建

一、关于一九三七年遭日机三次空袭的呈文、信函、电报等

永利化学工业公司南京铔厂厂长侯德榜关于该厂遭日机空袭请派武力支援报军事委员会防空处、南京警备司令部的呈文（一九三七年八月二十一日）

029

字第　號第　頁　　年　月　日

報告　廿六、八、廿一、於永利錏廠

(一)本廠位於南京下游三十里之北岸，周圍十餘里，全廠職工三千人，為有関國防之重要化學工業。

(二)本廠附近一帶因未設防空武器，故敵機屢次成隊由本廠天空經過，由北向下関及幕府山方向飛去。今早竟拋下炸彈五枚，均落江中，僅岸上房屋玻璃被震破數塊，復以机槍向下掃射，幸人員早經掩蔽，未受損害。

(三)請迅予指派高射砲兵或小加農砲排或令配置於卸甲甸之上游四五里梅桂營之某高射部隊改設本廠或分開配備來廠設防，以資捍衛。事関萬急，務懇俯允照辦，不勝感荷。此呈

軍事委員會防空處

南京警備司令部

永利錏廠廠長侯德榜謹呈

永利化學工業公司錏廠

文 13

侯德榜关于永利化学工业公司南京铔厂遭日机第二次空袭致范旭东总经理的慰问电（一九三七年九月二十七日）

077

Sept. 27th.,

8887

Shanghai

2485 旭 0338 兄 9672 錏 1681 廠 6685 遭
0948 國 7181 難 1971 慘 5926 被 2420 敵
2894 机 6575 轟 3498 炸 6080 設 0271 備
0284 僅 1792 微 0281 傷 0681 同 0086 人
3541 無 1860 恙 6116 詳 1906 情 0428 函
6671 達 0186 侯

侯德榜关于永利化学工业公司南京錏厂八月至九月遭日机空袭请派武力支援报军事委员会委员长蒋介石的呈文

（一九三七年九月二十八日）

呈為敵機肆意轟炸，工作無法進行，懇請迅予撥給高射武器，並派高射砲兵若干名駐廠，以資防護事：竊工廠前以奉　軍政部兵工署令，趕製硝安炸藥，八號地雷，及黄磷彈暨多量軍需用品，因屢受敵機威脅，不能繼續工作，曾於上月廿二及廿三兩日備文呈請

鈞長指派高射砲兵駐廠，俾資防護，諒蒙

洞鑒在案。本月廿七日上午十時半，又有敵機九架來廠轟炸，共投彈十六枚，並以機槍掃射，被毁鐵工廠，錏砂廠，木工廠，倉庫，高壓電線及蒸汽管各部，損失甚重，幸其主要化學部份，僅受震傷，而未全毁，將來稍事修葺，仍可開始工作。查工廠現有防空設備，實力過於薄弱，不足以資抵禦，且需精練士兵以資運用，在此敵方力事破壞我國建設時期，工廠既未全部毁滅，難免不再度肆其暴行，爲此亟行備文呈請

鈞長鑒核，懇請

020

迅予撥下二，七公分高射砲四門，並派高射砲兵若干名駐廠，俾資運用，而保全國唯一國防工業，爲國家供用作戰之用，臨呈不勝迫切待命之至。謹呈

軍事委員會委員長蔣

永利化學工業公司錏廠廠長侯德榜謹呈

廿六年九月廿八日

侯德榜关于永利化学工业公司南京铔厂九月二十七日遭日机空袭报南京警备司令部、实业部、江苏省建设厅的呈文（一九三七年九月二十八日）

呈爲呈報事：竊本廠於本月廿七日上午十時半遭敵機轟炸，共投彈十六枚（內有一枚未炸，一枚入江中），並以機槍掃射，被毁者：鐵工廠，翻砂廠，木工廠，倉庫，外管線，高壓電線等處房屋機器及管線各部，損失甚重，其餘廠屋頂架，窗戶，機件等，亦均有損傷，正在整理檢查中；所幸全體員工早經退避，得未波及，僅傷廠警一人。查此次敵機轟炸本廠，似係預定目標，當時敵機從東北方高飛而來，至本廠上空急驟下降，在二三百公尺處低飛盤旋，先後依次投彈，本廠既無完備高射武器，又缺乏射擊能手，即原有之小加農砲二尊，當時亦發生障礙，無法抵禦，致敵機得以肆其暴行，低飛投彈，至爲遺憾！除另文呈報首都防空司令部，並請轉呈 軍事委員會，嗣後如遇警報時，隨時派機飛臨本廠上空抵禦，俾資防守，而保全國唯一國防工業安全外，理合將經過情形，備文呈報，伏祈

鑒察備案。謹呈

南京警備司令部

實業部

江蘇省建設廳

永利化學工業公司錏廠廠長侯德榜謹呈

廿六年九月廿八日

马绍援、马师伊关于永利化学工业公司南京铔厂遭受日机空袭致侯德榜等人的慰问信（一九三七年九月二十八日）

070

致本厰長暨諸友好同鉴：頃聞
貴厰日昨被敵機轟炸，修理厰及翻沙間均遭毀損，無線電中語焉不詳，真相未明，至深遠念。際此全國抗戰期中，端賴
工業界同人羣策羣力，相助相勵。
貴厰出品關係國防，未識尚能繼續開工，以副國人之熱望否？専慰，順頌
筹安

後學馬師伊、紹援仝上
九月廿八日

范旭东、李烛麈、杨子南等关于永利化学工业公司南京铔厂遭日机第二次空袭致该厂全体职工的慰问电（一九三七年九月二十九日收）

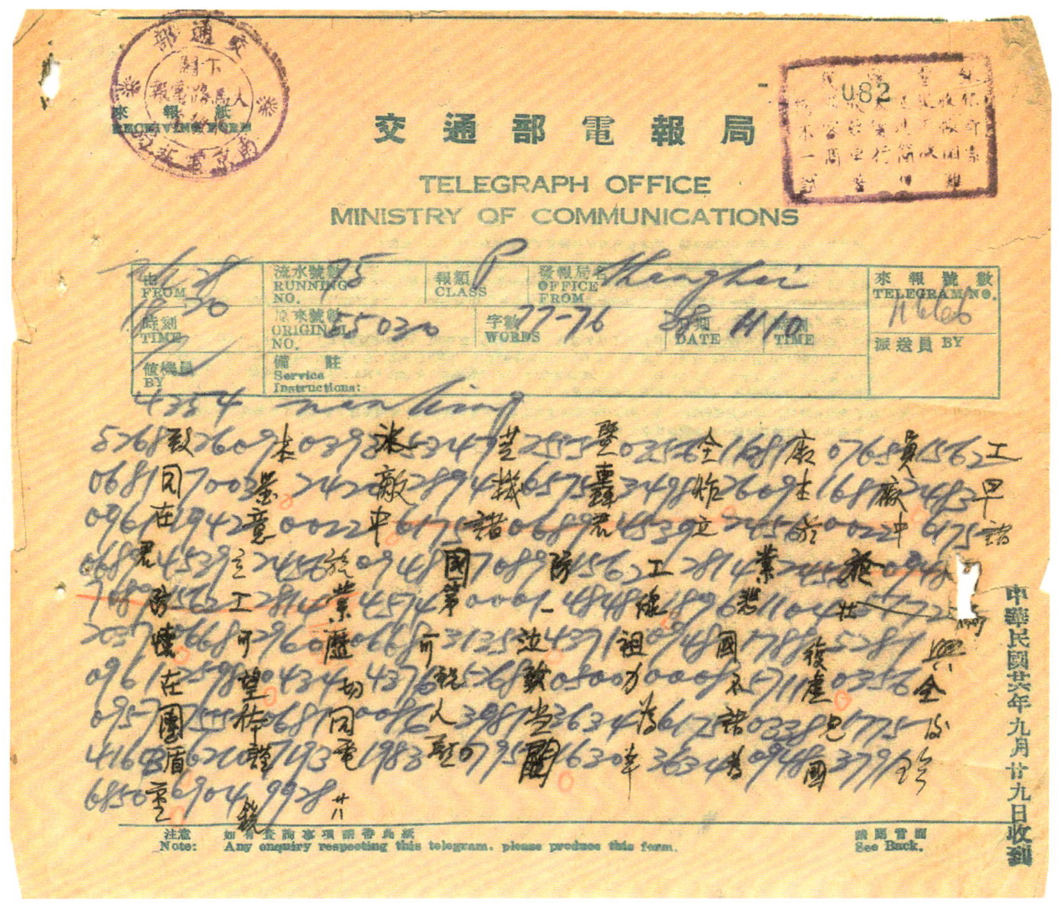
交通部電報局

TELEGRAPH OFFICE

MINISTRY OF COMMUNICATIONS

由 FROM	流水號數 RUNNING NO. 95	報類 CLASS P	發報局名 OFFICE FROM Shanghai	來報號數 TELEGRAM NO.
時刻 TIME	原來號數 ORIGINAL NO. 55030	字數 WORDS 77-76	日期 DATE 28	時刻 TIME 1110
值機員 BY	備註 Service Instructions:			派送員 BY

4354 nanking

注意 如有查詢事項請帶此紙
Note: Any enquiry respecting this telegram, please produce this form.

請閱背面 See Back.

中華民國廿六年九月廿九日收到

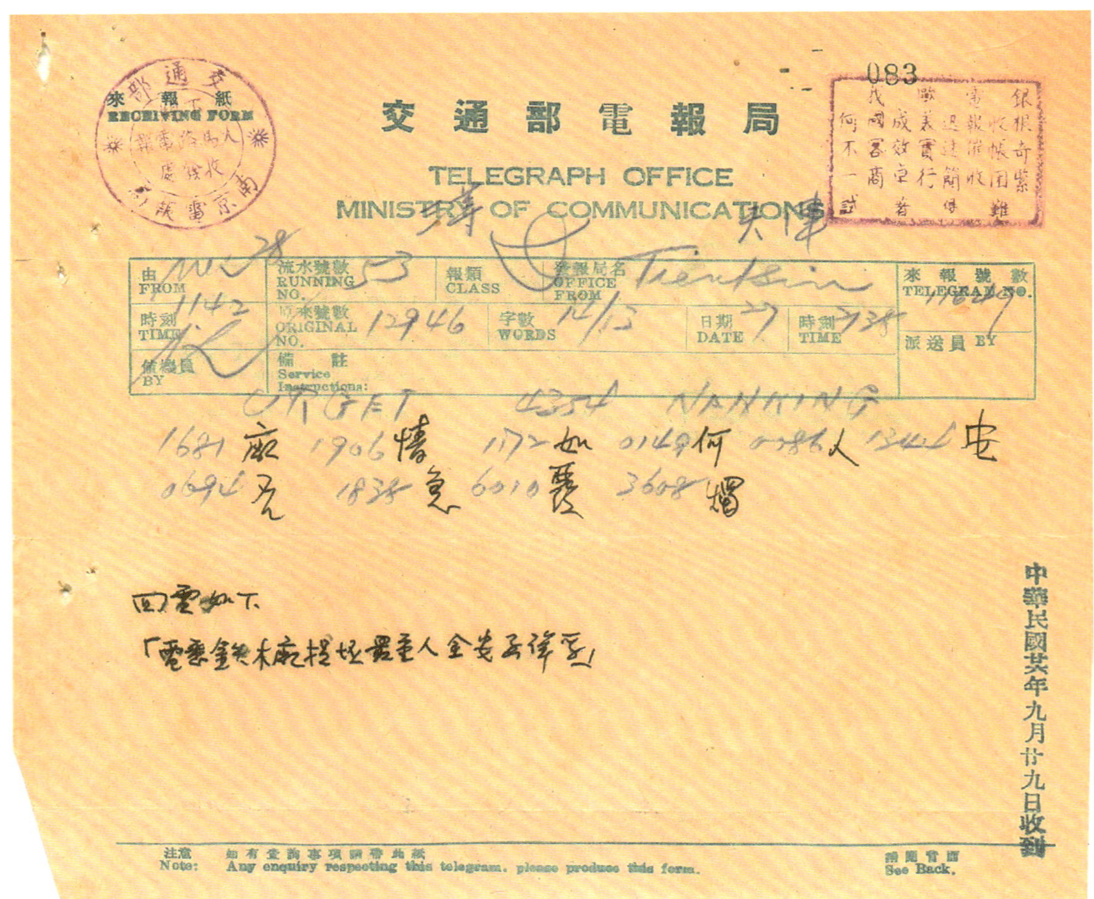

交通部電報局

TELEGRAPH OFFICE

MINISTRY OF COMMUNICATIONS

來報紙 RECEIVING FORM

天津

由 FROM	流水號數 RUNNING NO. 53	報類 CLASS	發報局名 OFFICE FROM Tientsin	來報號數 TELEGRAM NO.
時刻 TIME 1142	原來號數 ORIGINAL NO. 12946	字數 WORDS 12/13	日期 DATE 27 時刻 TIME 738	派送員 BY
值機員 BY	備註 Service Instructions:			

URGENT 4354 NANKING

1681 廠 1906 情 1172 如 0149 何 0086 人 1344 安

0692 元 1838 急 6010 覆 3608 爛

回電如下

中華民國卅年九月廿九日收到

注意 如有查詢事項請帶此紙 Note: Any enquiry respecting this telegram, please produce this form.

請閱背面 See Back.

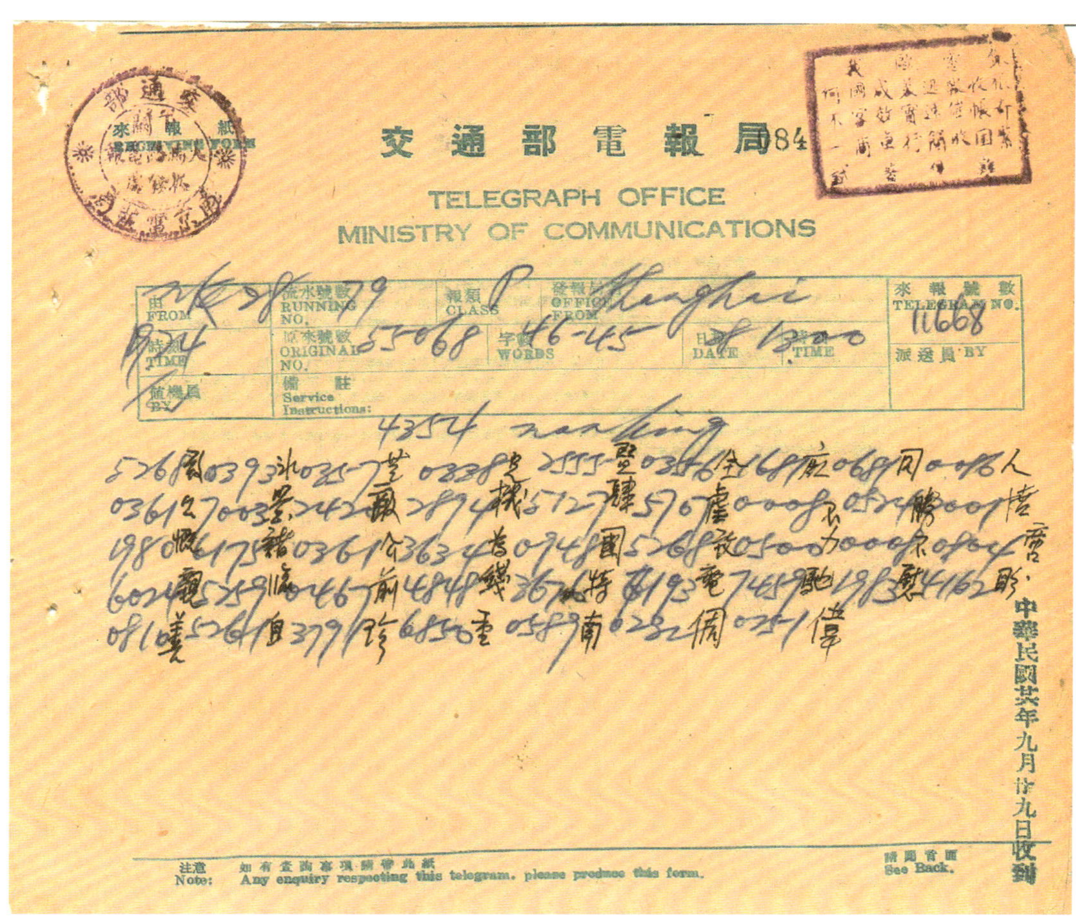

交通部電報局 84

TELEGRAPH OFFICE
MINISTRY OF COMMUNICATIONS

由 FROM	流水號數 RUNNING NO. 79	報類 CLASS P	發報局 OFFICE FROM Shanghai	來報號數 TELEGRAM NO. 11668
時刻 TIME	原來號數 ORIGINAL NO. 53068	字數 WORDS 46-45	日期 DATE 28 時刻 TIME 1300	派送員 BY
值機員 BY	備註 Service Instructions:			

4354 nanking

中華民國卅年九月廿九日收到

注意 如有查詢本電請帶此紙
Note: Any enquiry respecting this telegram, please produce this form.

請閱背面
See Back.

军政部兵工署杨继曾关于永利化学工业公司南京铔厂遭受日机空袭致该厂厂长侯德榜的慰问信

（一九三七年九月三十日）

075

致本吾兄大鑒：據劉股長志望歸報，得悉
貴廠於廿七日猝遭敵機襲擊，以致損及鐵
木等工場，似此敵人摧折我國工業工場之殘
酷手腕，實令人痛心，事至於此，徒傷無益，還
祈吾
兄仍本初衷，勉力振奮，想吾
兄宏才素能於短期間重振大業。前承代製
三八號甲雷，仍請

軍政部兵工署用牋

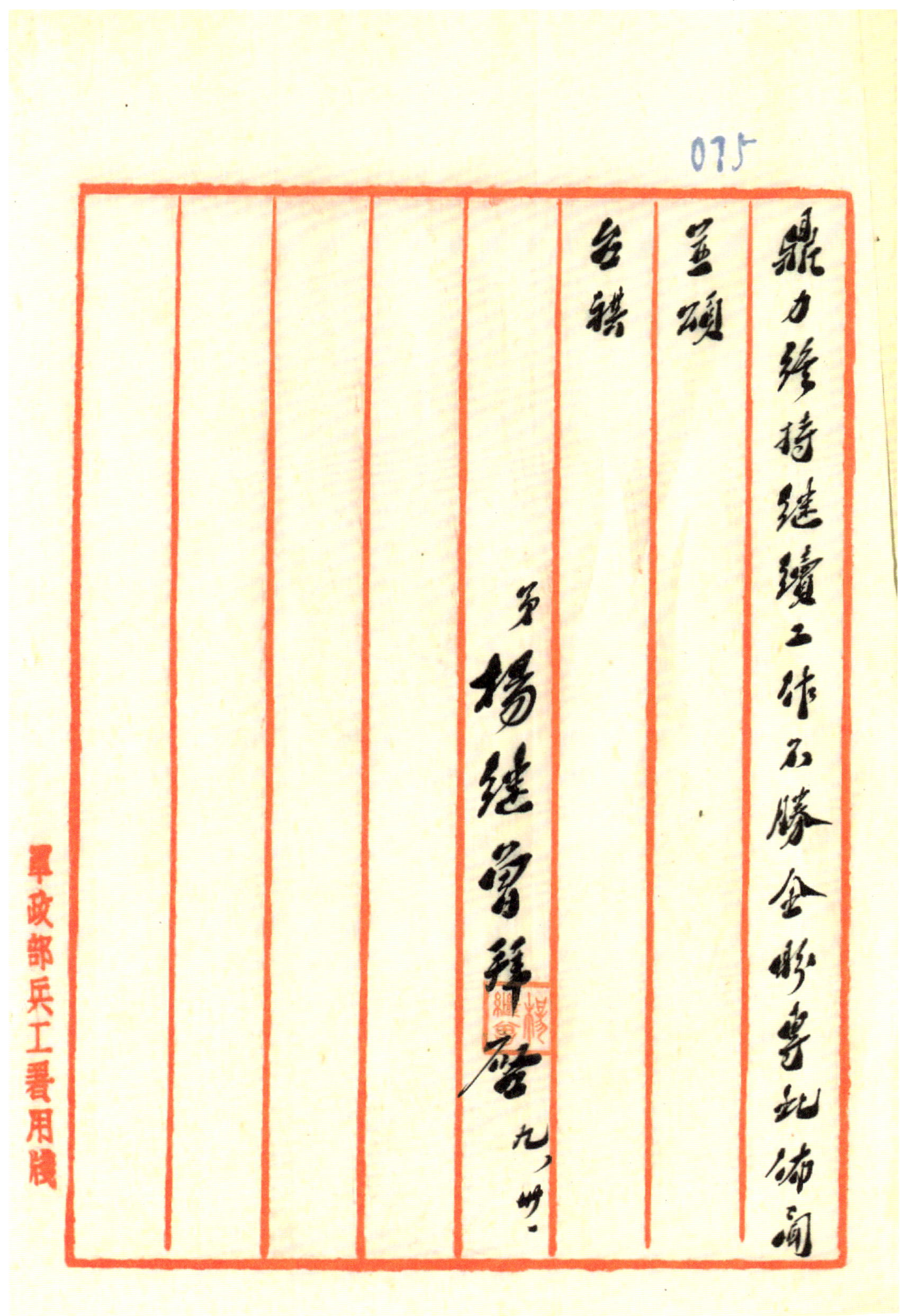

鼎力維持繼續工作不勝企盼專此佈聞

並頌

台祺

弟楊繼曾拜啟

九，卅一

軍政部兵工署用箋

侯德榜关于安邦先生致信慰问该厂遭日机空袭致安邦先生的感谢信（一九三七年九月三十日）

078

安邦先生大鑒：日前敝廠遭國難，慘被敵機轟炸，辱承

賜書慰問，曷勝感激。敝公司事業，得有同情如

先生者，益使敝國體同人奮勉有加，以副

雅望。專此奉覆，並致謝悃。順請

台綏

弟　　　拜啓

全　　　廿六　九　卅

永利化学工业公司南京铔厂管理员关于该厂遭日机第三次空袭呈永利公司债银团事务所的汇报（一九三七年十月二十二日）

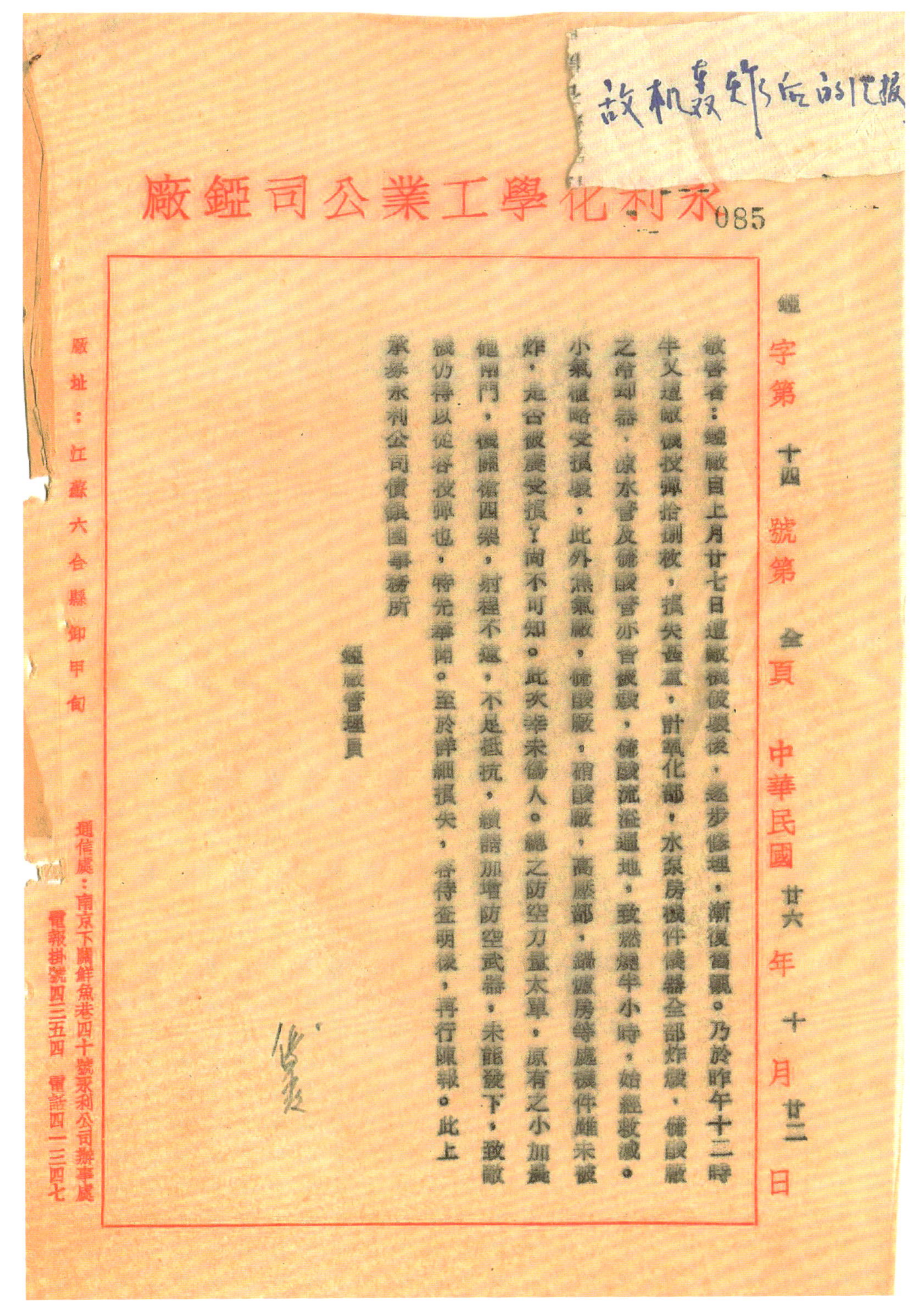

敌机轰炸后的汇报

085

永利化學工業公司錏廠

錏字第十四號第全頁　中華民國廿六年十月廿二日

敬啓者：錏廠自上月廿七日遭敵機破壞後，逐步修理，漸復舊觀。乃於昨午十二時半又遭敵機投彈拾捌枚，損失甚重，計氧化部，水泵房機件儀器全部炸燬，硫酸廠之冷却器、涼水管及硫酸管亦皆被燬，硫酸流溢遍地，致燃燒半小時，始經救滅。小氣櫃略受損壞，此外淡氣廠，硫酸廠，硝酸廠，高壓部，鍋爐房等處機件雖未被炸，是否被震受損，尚不可知。此次幸未傷人。總之防空力量太單，原有之小加農砲兩門，機關槍四架，射程不遠，不足抵抗，續請加增防空武器，未能發下，致敵機仍得以從容投彈也，特先奉聞。至於詳細損失，容待查明後，再行陳報。此上

永利公司債銀團事務所

錏廠管理員

廠址：江蘇六合縣卸甲甸

通信處：南京下關鮮魚港四十號永利公司辦事處　電報掛號四三五四　電話四一三四七

永利化学工业公司南京錏厂厂长侯德榜关于该厂十月二十一日遭日机空袭事报首都防空司令部的呈文及首都防空司令部的指令（一九三七年十月二十二日至二十五日）

存根 036

廿六年

呈爲呈報事：竊本廠於本月廿一日下午一時，又遭第三次敵機轟炸，共投巨量炸彈拾捌枚，被燬去大氣櫃，氧化部，硫酸廠，硝酸廠，硫礦倉，煉礦廠，觸媒劑廠，化驗室，水泵房等處，又外部電線，地下電線，電線，電櫃，電柱等等，均遭炸燬，至房屋牆壁，崩塌傾圮者多處，而洋灰地皮，竟有被炸翻起者，損失奇重，遠非第一次第二次所可比擬。查此次敵機轟炸本廠，在三千公尺以上盤旋達半小時之久，而本廠所有小砲二尊，射程僅達二千餘公尺，其餘機關槍更屬無效，致敵機毫無忌憚，得以從容投彈，從此全國唯一國防工業，被其任意破壞矣，至堪痛恨！又政府各機關定製各類軍需品，均無法進行工作，本廠有心無力以報國，深滋痛心！理合呈請鈞部迅予撥給二．七高射砲四尊，並派高射砲兵多名駐廠，以資防護，俾敝廠得以從事修葺，繼續爲國效勞，無任迫切待命之至。謹呈

037

首都防空司令部

永利化學工業公司錏廠廠長侯德榜謹呈

廿六年十月廿二日

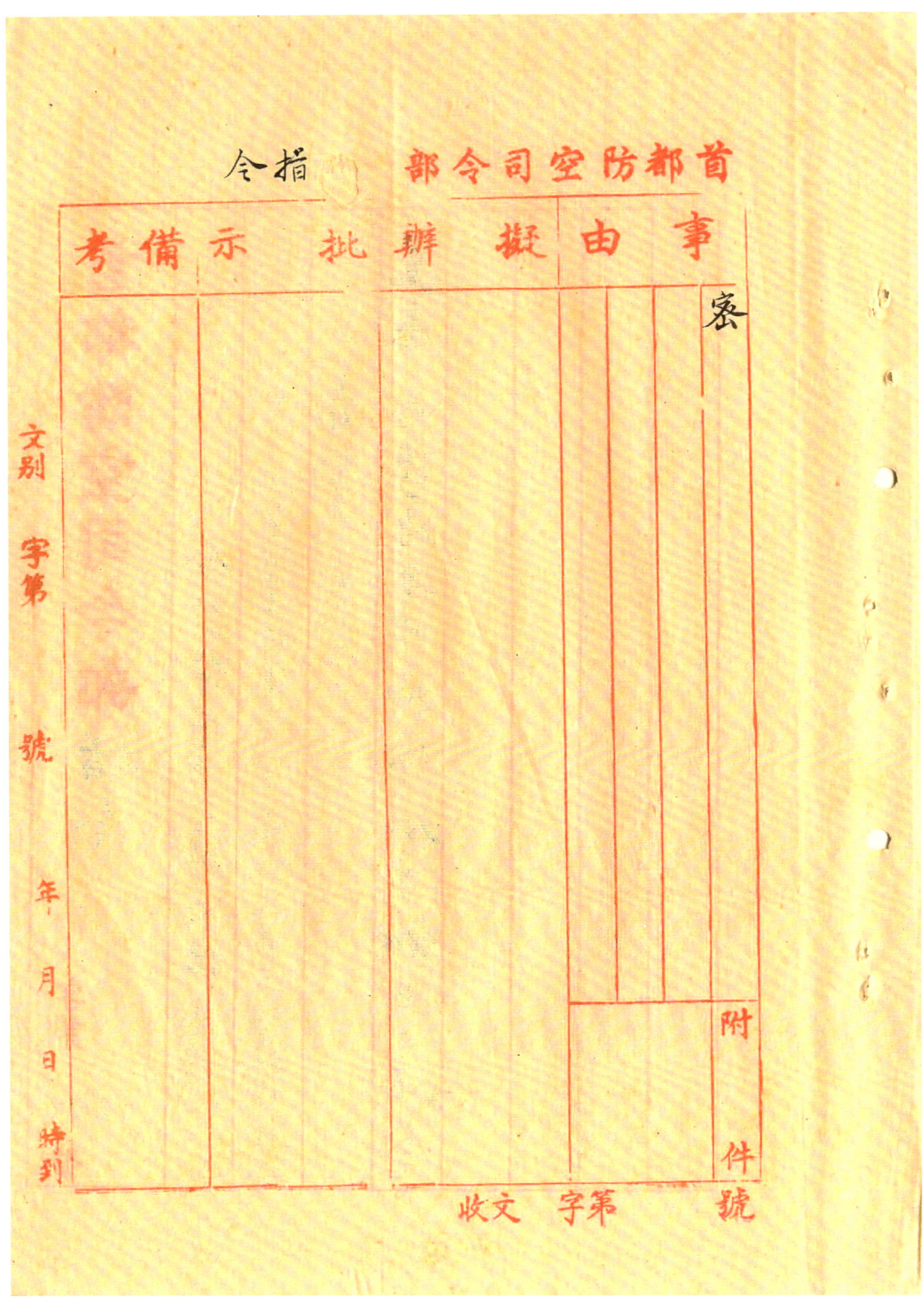
首都防空司令部 指令
事由
拟办
批示
备考
密
附件
文别 字第 號 年 月 日 時到
收文 字第 號

029

首都防空司令部指令

防司字第242號

令永利化學工業公司錏廠廠長侯德榜

廿六年十月廿二日呈一件爲該廠遭受敵机第三次轟炸，請撥三七高射砲四尊，並派砲兵駐廠由

呈悉。所請一時無可抽撥，仰即知照。此令

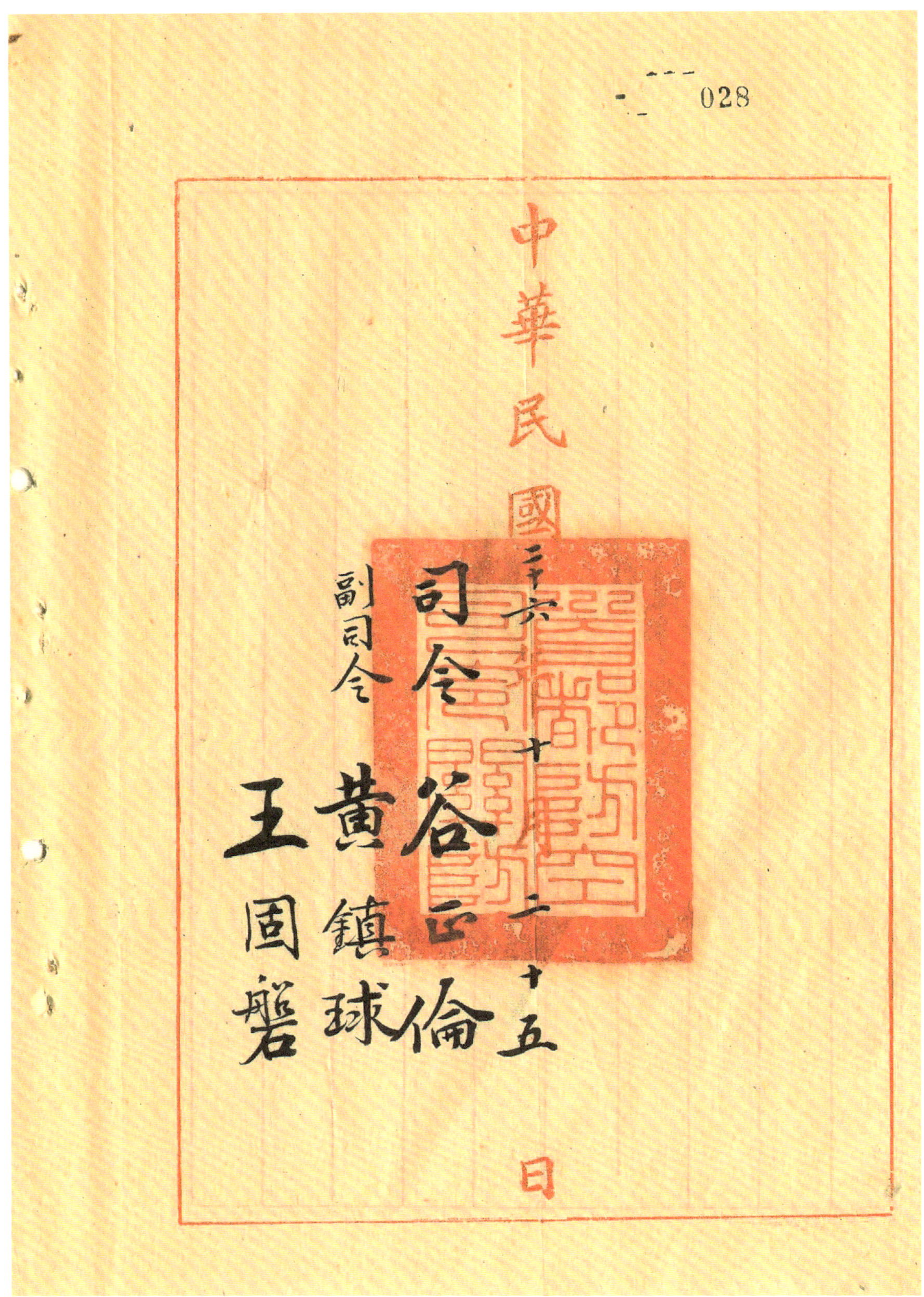
028

中華民國二十六年十二月二十五日

司令　谷正倫

副司令　黃鎮球

王固磐

永利化学工业公司南京錏厂关于该厂十月二十一日遭日机空袭报军政部兵工署、军事委员会防空处、六合县政府的呈文（一九三七年十月二十二日）

038

廿六　十　廿二

敬呈者：敝廠於本月廿一日下午一時，又遭第三次敵機轟炸，共投巨量炸彈廿餘枚，毀硫酸大氣塔，氧化部，硝酸廠，儲酸室，硫酸廠，鍋爐房，化驗室，水泵房等處，又外部電線，地下電線，電線，電話等等，均遭炸毀，並房屋震塌，崩塌倒壞者多處，廠內廠地，竟有炸彈深入者，損失奇重，此非第一次第二次所可比擬。並此次敵機轟炸敝廠，在三千公尺以上盤旋達半小時之久，而敝廠所有小炮二尊，射程僅達二千餘公尺，其餘機關槍更屬無效，致敵機毫無忌憚，恣以低空投彈，從此全國唯一國防工業，竟具任敵破壞矣，豈若痛惜！又政府各機關還是否各類軍需品，均需從速進行工作，能否有必須刀與保護，保護痛心！除另文呈請首都防空司令部並蒙高射部隊盡職防禦外，相應呈報，鑒祈察照為荷。此上

軍政部兵工署

軍事委員會防空處

六合縣政府

謹呈

永利化学工业公司南京铔厂与南京警备司令部、实业部、江苏省建设厅等关于十月二十一日遭日机空袭的往来文件

永利化学工业公司南京铔厂致南京警备司令部、实业部、江苏省建设厅等的呈文（一九三七年十月二十二日）

034

呈為呈報事：竊本廠於本月廿一日下午一時，又遭第三次敵機轟炸，共投巨量炸彈計捌枚，被燬者大氣櫃，氧化部，硫酸廠，硝酸廠，硫磺倉，煉礦廠，觸媒劑廠，化驗室，水泵房等處，又外部管線，地下管線，電線，電桿，電話等等，均遭炸毀，至房屋牆壁，崩塌傾圮者多處，而洋灰地座，竟有被炸翻起者，損失奇重，遠非第一次第二次所可比擬。查此次敵機轟炸本廠，在三千公尺以上盤旋達半小時之久，而本廠所有小砲二尊，射程僅達二千餘公尺，其餘機關槍更屬無效，致敵機毫無忌憚，得以從容投彈，從此全國唯一國防工業，被其任意破壞矣，至堪痛恨！又政府各機關定製各類軍需品，均無法進行工作，本廠有心無力以報國，深滋痛心！除另文呈請首都防空司令部急派高射部隊駐廠防禦外，理合呈報，敬祈

鑒察備案。謹呈

南京警備司令部

實業部部長吳

軍政部部長何

江蘇省建設廳

詠霓
天華兩兄惠鑒：日昨晤
教，至為快慰。敝廠自此次被炸以後，重要機件被燬，致不克全力為政府效勞，至
堪痛惜！承
囑製造 Urotropin，茲須視機件修復如何始能開製，容日後再行奉知。現敝廠安
庫尼並同存數噸，足敷應用，或不致有貽
誤命也。惟敝廠已為敵人所注目，雖係不再施其暴行，在此情形之下，敝廠防禦既
嫌薄弱，而 軍政部允撥之三七高射砲尚未發下，危險殊甚，敝廠敬祈
轉請陳立夫先生從旁吹噓，俾保此全國唯一之國防工業，實所感禱。昨聞陳先生對
敝廠至為關切，並蒙允援助，感荷萬分，一俟稍暇，弟當親往趨謁面陳一切，請兩
明陳先生何時可以撥冗賜見？乞
爲先容，專此奉懇，敬候
台祺

弟　　拜啓

035

永利化學工業公司鹼廠廠長侯德榜謹呈

廿六年十月廿二日

实业部的批复（一九三七年十一月一日）

095

卷

實業部批永利化學工業公司錏廠

事由	擬辦	批示	備考
據呈報第三次遭敵機轟炸情形准予備案由。			
附件			

收文 字第 號

批 字第 號

年 月 日 時到

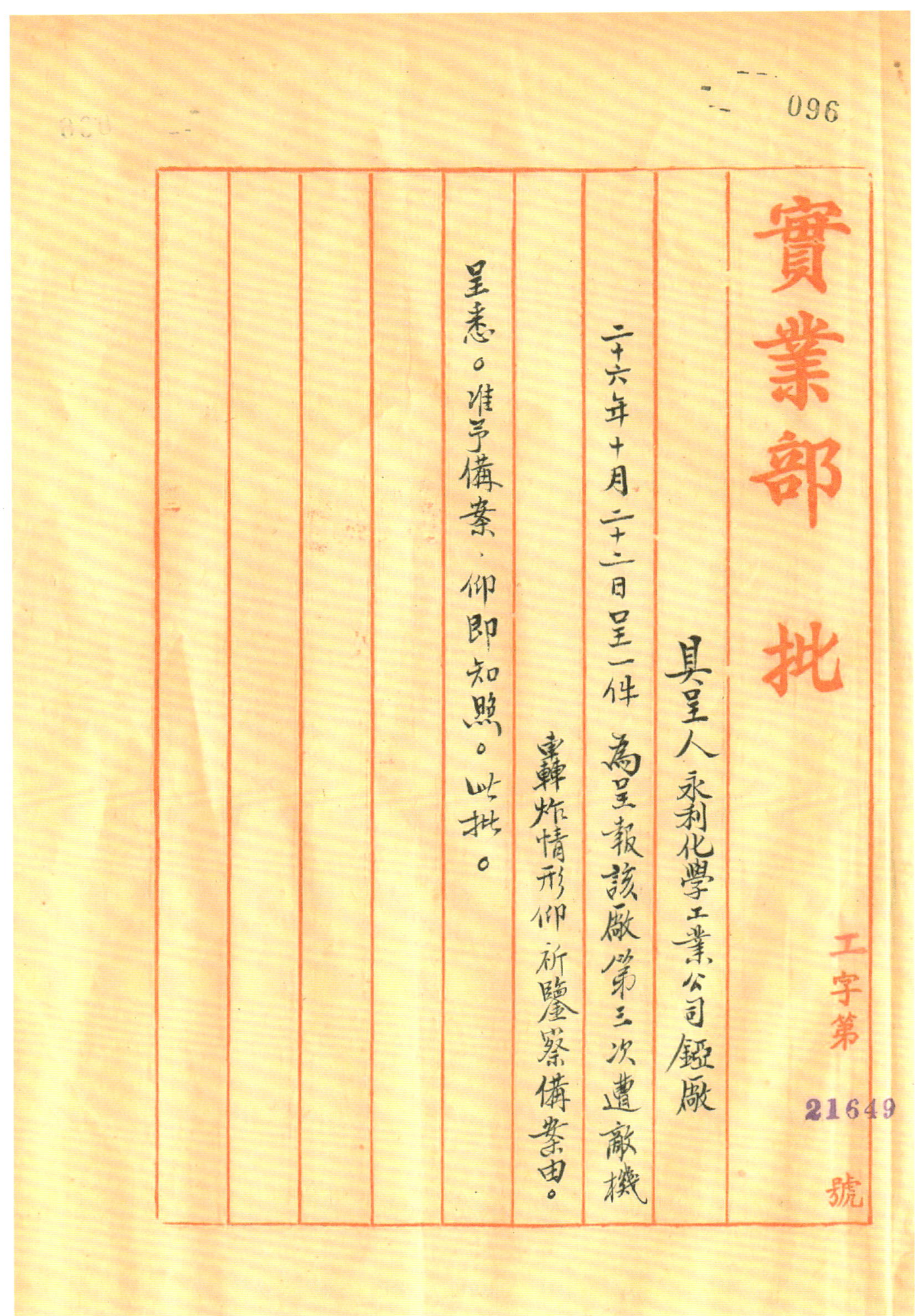
096

實業部批

工字第21649號

具呈人永利化學工業公司錏廠

二十六年十月二十二日呈一件，為呈報該廠第三次遭敵機轟炸情形，仰祈鑒察備案由。

呈悉。准予備案，仰即知照。此批。

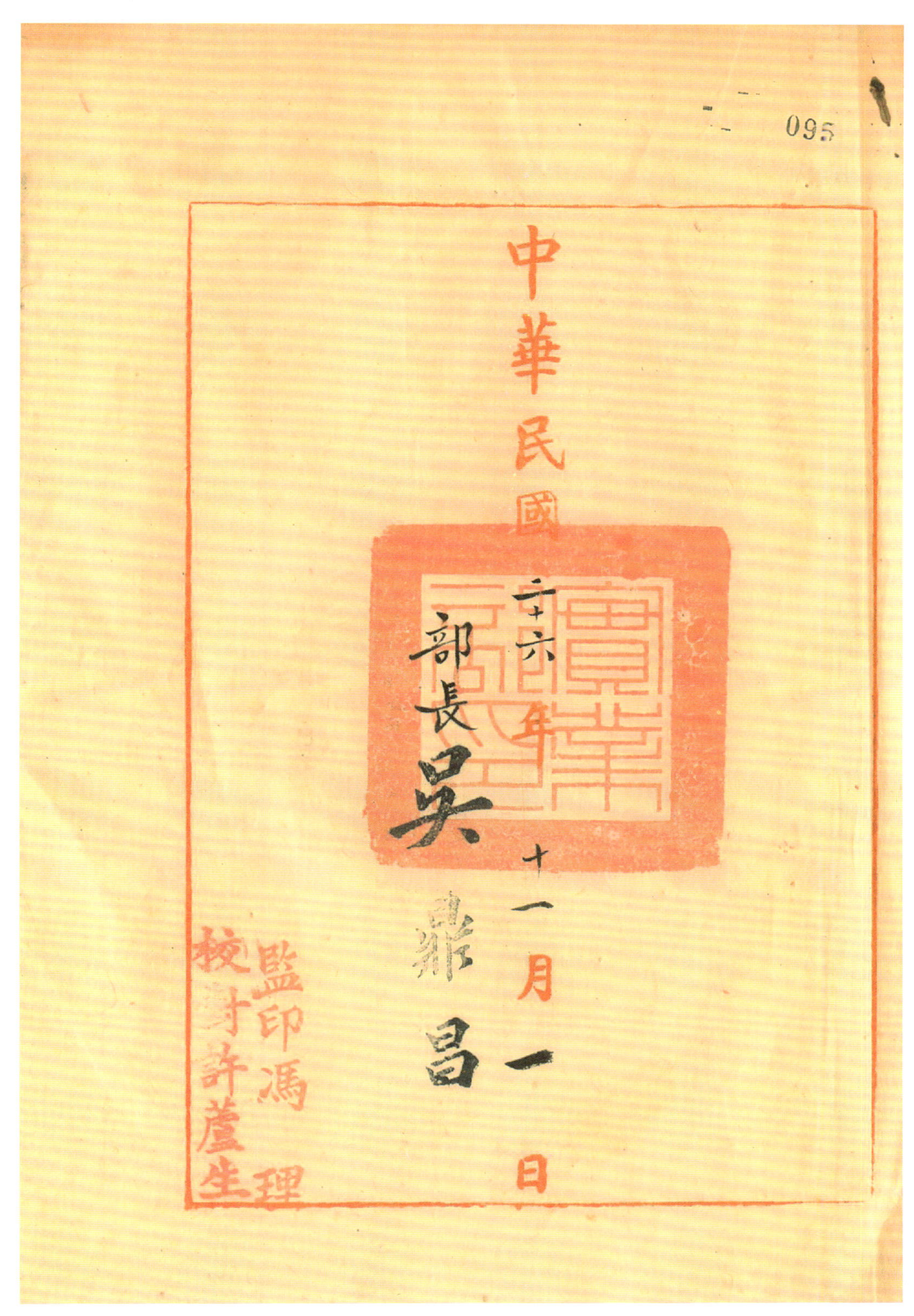

095

中華民國二十六年十一月一日

部長吳鼎昌

監印馮理

校對許蘆生

江苏省建设厅的批复（一九三七年十一月四日）

江蘇省建設廳批

入卷

事由	擬辦	決定辦法	備考
附件			

字第　號　年　月　日　時到

收文　字第　號

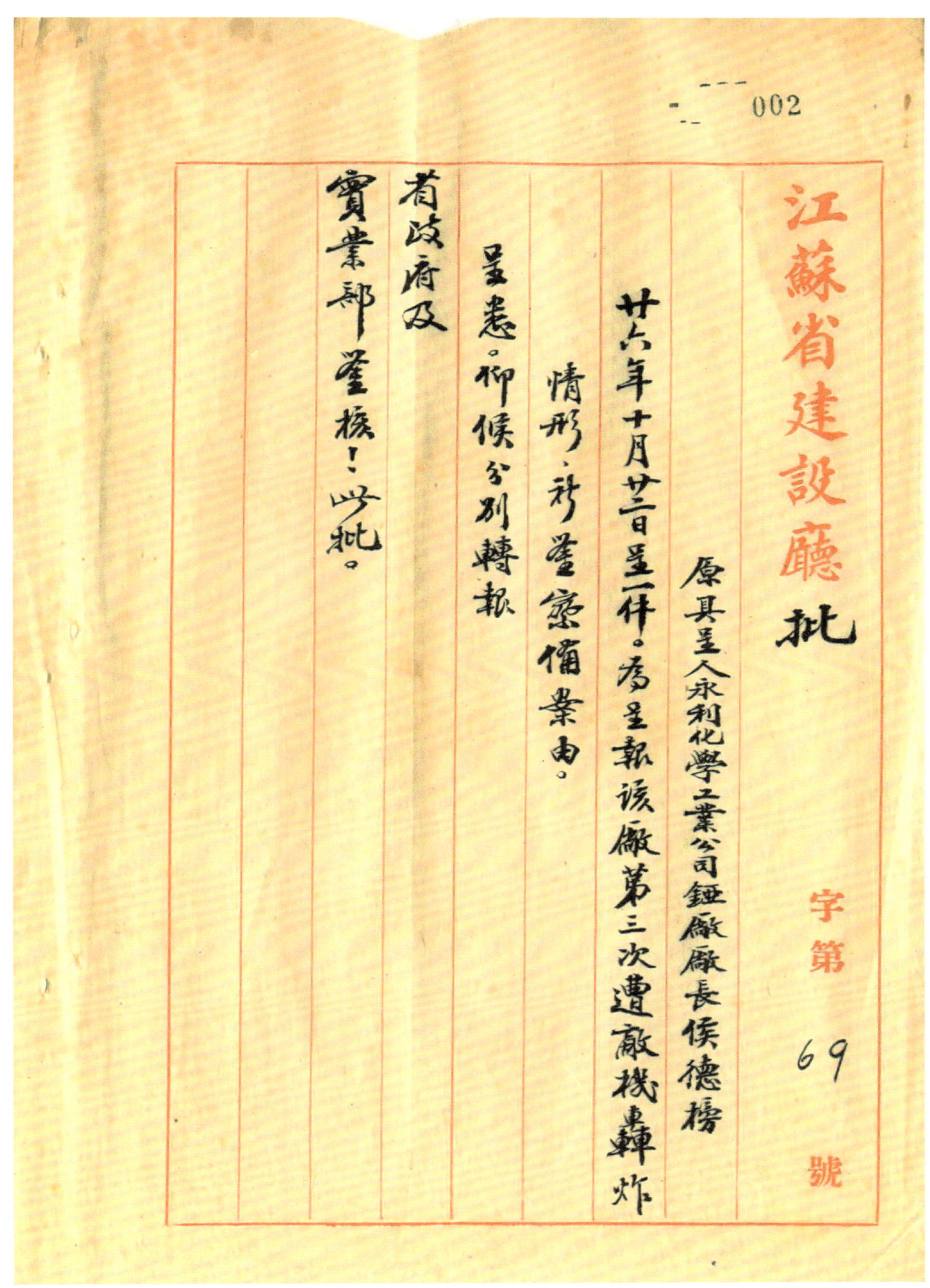

002

江蘇省建設廳批　字第69號

原具呈人永利化學工業公司錏廠廠長侯德榜

廿六年十月廿二日呈一件。為呈報該廠第三次遭敵機轟炸

情形、祈鑒察備案由。

呈悉。仰候分別轉報

省政府及

實業部鑒核！此批。

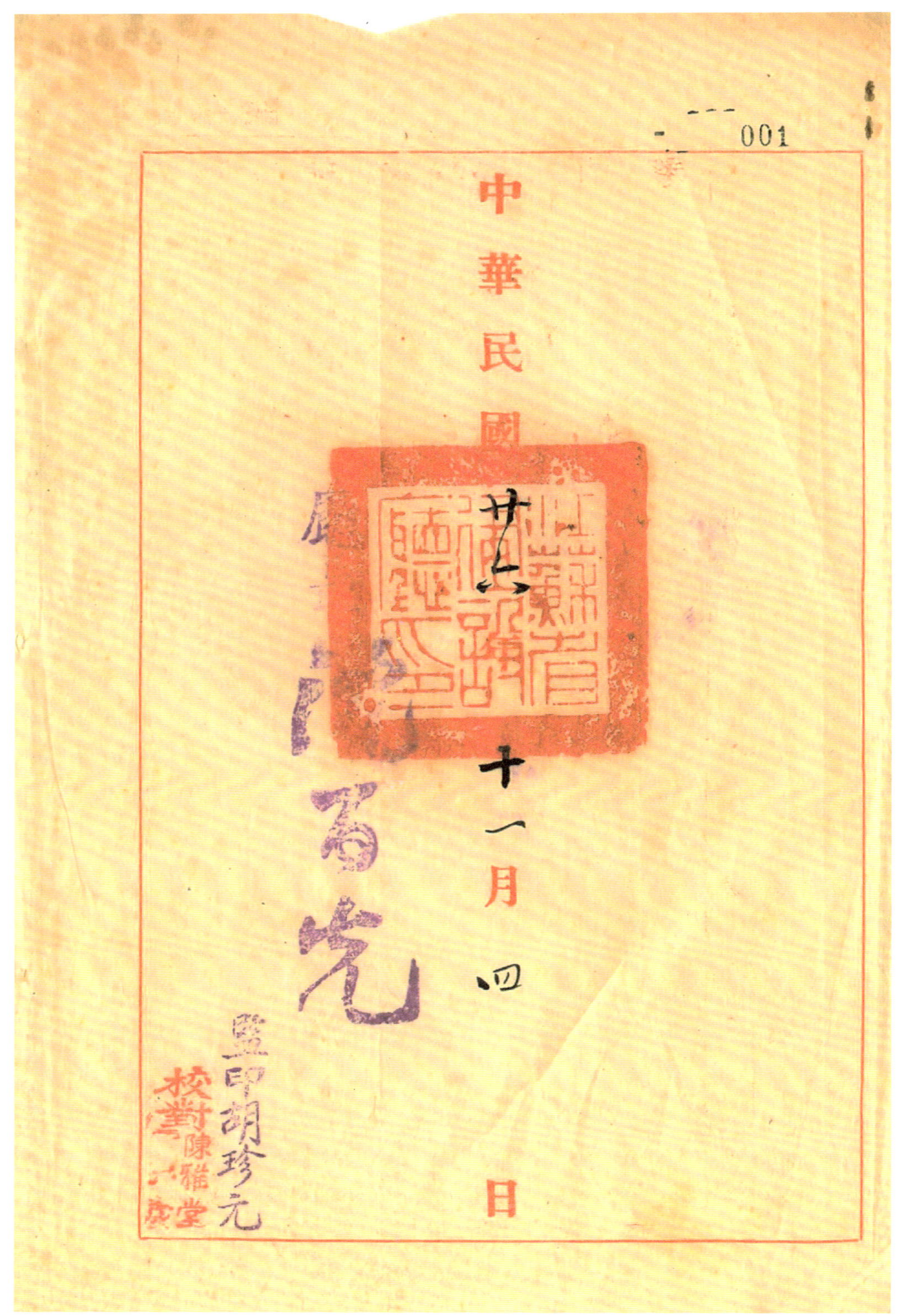
001

中華民國廿六年十一月四日

監印胡珍元
校對陳雅堂

永利化学工业公司南京錏厂厂长侯德榜关于该厂遭日机第三次空袭致乙藜的信函（一九三七年十月二十四日）

032

乙藜吾兄勋鉴：昨承

電慰，感謝莫名！敝廠日昨遭敵機第三次轟炸，共投巨量炸彈達拾捌枚之多，被燬大氣櫃，氧化部，硝酸廠，硫酸廠，煉礦廠，化驗室，水泵房，觸媒劑廠，各部房屋機件及管線，電櫃、電線多處，損失較一二兩次尤重，竟至無法恢復工作，良堪痛惜！竊敝廠負國防工業使命，遭此摧毀，丁此國家危急存亡之秋，未能繼續為國效力，愧恨萬分，際茲各軍政機關委託代製之件，從此無以報命矣，思之痛心！惟全廠技術人員壹百伍拾餘人，熟練工友壹千餘人，均經多年訓練，始克臻此，倘驟爾遣散，不但影響全體員工生活，抑且爲國家人才可惜，茲擬請吾

兄轉陳

政府設法維持，予以充分援助，俾既成事業得以復興，不勝盼禱之至。專此祗請

勛安

弟 侯德榜 拜啓

全 廿六 十 廿四

永利化学工业公司南京錏厂关于该厂十月二十一日遭日机空袭报实业部长翁文灏的呈文

（一九三七年十月二十五日）

030

一

廿六　十　廿五

詠霓吾兄部長勛鑒：敝廠於本月二十一日，遭敵機第三次轟炸，共投巨量炸彈十八枚，被毀大氣櫃，氧化部，硝酸廠，硫酸廠，煉礦廠，化驗室，鍋爐廠，各部房屋機件及管線電桿電線等多處，損失較第一二兩次尤重，且爲主要部份，竟至無法恢復工作，良堪痛惜。茲因日來收拾被毀殘局及佈置善後事務，未克趨前面陳爲歉。聞　政府對於各重要工廠，有遷移之議，以策安全，法至善也。惟敝廠以機件笨重，且均屬洋灰機座，洋灰鐵筋廠屋，移動困難，即欲搬移，亦非數百萬元莫辦，時間亦非一二年不可，事實上勢不可能，且所遷移之處，又未必爲敵機所不能到達之點，惟有仰懇吾

二

兄充份設法，予以維持，俾此既成事業得以復興；且增加防空力量，避免敵機之再行轟炸，則在廠員工得以繼續爲國效力，不勝拜禱之至。旭東兄現被阻在滬，一俟交通稍復，即晉京與

兄面談，併以奉

聞。專此敬請

勛綏

弟　　拜啓

钱昌照关于永利化学工业公司南京錏厂受创致侯德榜的慰问信（一九三七年十月二十五日）

098

入卷

致本吾兄大鑒頃奉
惠書藉悉一一永利錏廠不免於難
亦為抗戰緊急時期國防重
要工業受此損創良用痛心而
旭東先生與
兄等年來苦心經營之事業橫被
摧殘更深惋惜承
示一切即自當盡力協助也復頌

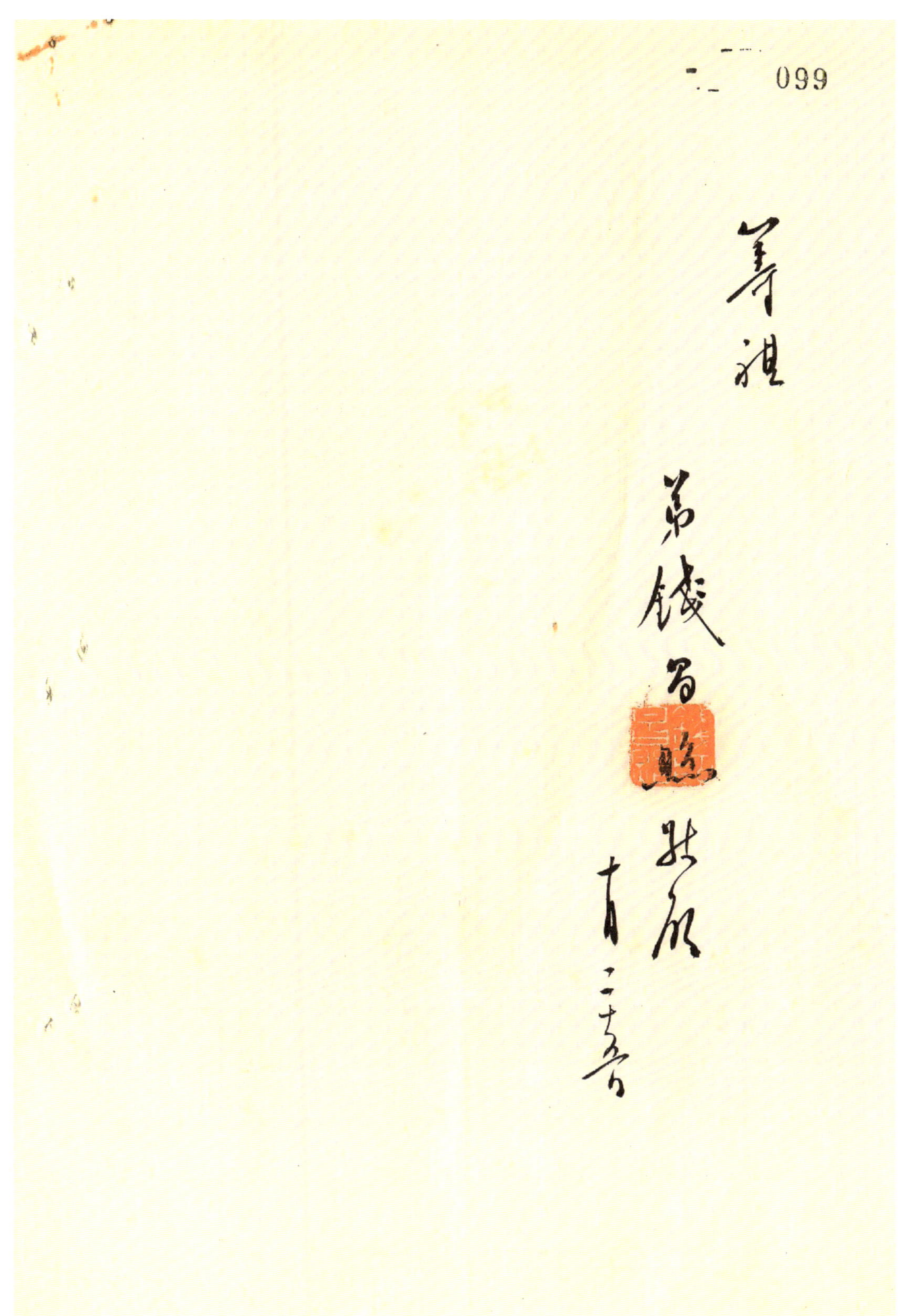

099

善祖

弟錢昌照拜啟

十月二十五日

永利化学工业公司南京錏厂厂长侯德榜关于该厂遭日机空袭后维修、防空详细预算致军事委员会的呈文（一九三七年十月二十五日）

主為國防工業，製造軍需，因無適當防空設備，致被敵機三次襲擊，毀壞設備，無法進行，懇請撥款補助，以便從事修復，趕製軍需，並加增防空設備，藉資保護，俾[illegible]，犧牲敝廠原有民營事業，以最新化學方法，製造硫酸錏肥田粉，自八一三戰事發生後，即將全部改為製造軍需用品，以供國家作戰之用，既承　軍政部兵工署委製濃硝酸，濃硫酸，硝安炸藥，八號地雷，實彈彈體及戰壕鐵絲等項，並承　實業部中央工業試驗所購製防毒面具藥品「鈉鈣石灰」一，及為湘鄂贛鐵路配製設件多種，陸續分批交貨，最近又承　軍政部兵工署委製濃硝酸伍百貳拾公噸，硝安炸藥壹百公噸，及南昌火工作業廠委製硝安炸藥伍拾公噸，正在加工趕造，藉以全力貢獻國家，完成國防工業使命，乃因缺乏相當防空設備，致三度受敵機轟炸，其第一次為八月廿一日晨六時，投彈五枚，並用機槍掃射，幸五彈均落江邊，未遭損害，廠內員工無恙，第二次為九月廿七日上午十時半，投彈十六枚，敵機九架，由東北飛來，到達本廠上空後，分成二直線依次降落投彈，機械廠工廠，翻砂廠，木工房，倉庫，蒸汽管，液壓管，電線，電話線等等，損失頗重，並傷警衛一名，但本廠以作戰急需，故隨即修葺，復行開工，乃修理工程初竣，又遭敵機轟炸，此為第三次，在十月廿一日下午一時，此次共投巨量炸彈十八枚，毀壞最大氣櫃，氧化部，鍛鐵廠，銅鐵廠，煉鐵廠，鋼絲刷廠，化驗室，幫浦房等處，房屋機件均遭炸毀，損失之巨，較第一、二次尤重，且均為主要部份，竟至無法恢復工作，良堪痛惜！此次敵重轟炸機九架由東北天空飛來，在六千公尺上，投擲本廠上空四區，安然投彈，查本廠之小高射炮兩門，射程至高僅及二千五百公尺也。職廠既負國防工業使命，丁此國家危急存亡之秋，自當本以往堅決信心，為國家繼續奮鬥，並為謀早日恢復工作計，擬訂復興步驟如下：

第一步：儘速修復重要部份設備，俾得早日開工製造，以應國家抗戰之用。

第二步：俟戰事結束後，除圖全廠整理，作根本徹底辦法。

003

0052

且第二步計劃需費甚大，且需時過久，不足以應目前作戰需要，故祇可待戰事結束後進行。但前

第一步工作，估計需時三月至六月，始能蕆事，工料各費約需國幣貳百萬元，估計如下：

第一步修理費用預算

大氣樓修理	貳萬元
氧化部全部房屋及內部機件儀器	貳拾伍萬元
高壓部修理	壹萬元
水泵房全部房屋及水泵電動機等	貳拾萬元
鍋爐用廠全部修理及儀器	伍萬元
化驗室全部房屋及儀器	陸萬元
硝酸廠修理	伍萬元

傢設破修理	拾伍萬元
環境敵傷卸補基座	拾萬元
外部電綫及電子架	拾萬元
地下電綫及下水道等等	貳拾萬元
電線電桿電話線	拾伍萬元
大水池修理	貳萬元
變壓櫃	貳萬元
修葺石灰基座	拾伍萬元
其他零星修葺	拾伍萬元
修理時期工薪（以四個月計）	總拾貳萬元

005

0054

總共貳百萬元

但該廠事業既為敵方所注目，雖保修復後敵機不再來肆虐，而作第四次之轟炸，故於整理復興之先，必須同時加強防空設備，方足以資捍禦，目前政府軍械，以前方需用至急，一時既難撥給，勢須另行購備，以期迅速應用，此項高射設備及高射步隊經費，亦非壹百萬元莫辦，茲將估計列下：

防空設備費用預算

七，五高射砲兩門　貳拾伍萬元

三，七高射砲肆門　叁拾萬元

二，〇高射砲肆門　拾萬元

維克斯高射機關槍肆架　壹萬元

湖南番薯蔬菜等　壹萬元

繼第七、九年的肆百餘元，七、十二、一〇年的各壹萬餘　貳拾伍萬元

為前線部隊經費　捌萬元

總共壹百萬元

以上兩項，共需國幣壹百萬元。公司財力有限，值此抗戰時期，全部業已改製軍需用品，不事生產。敝自戰爭發生，更經敵機三次轟炸後，敝廠員工生活開支，已感難於週轉之苦，愛國心長，使供力細，籌思再三，惟有仰懇

鈞會予以全力補助，俾全國唯一國防工業，不致停滅，國家長期抗戰力量，得以維持，敝廠員工

除以全副技術能力貢獻國家外，謹肅芻議，為此謹陳下情，敬乞

俯賜核准，以蘇民困，臨呈不勝迫切待

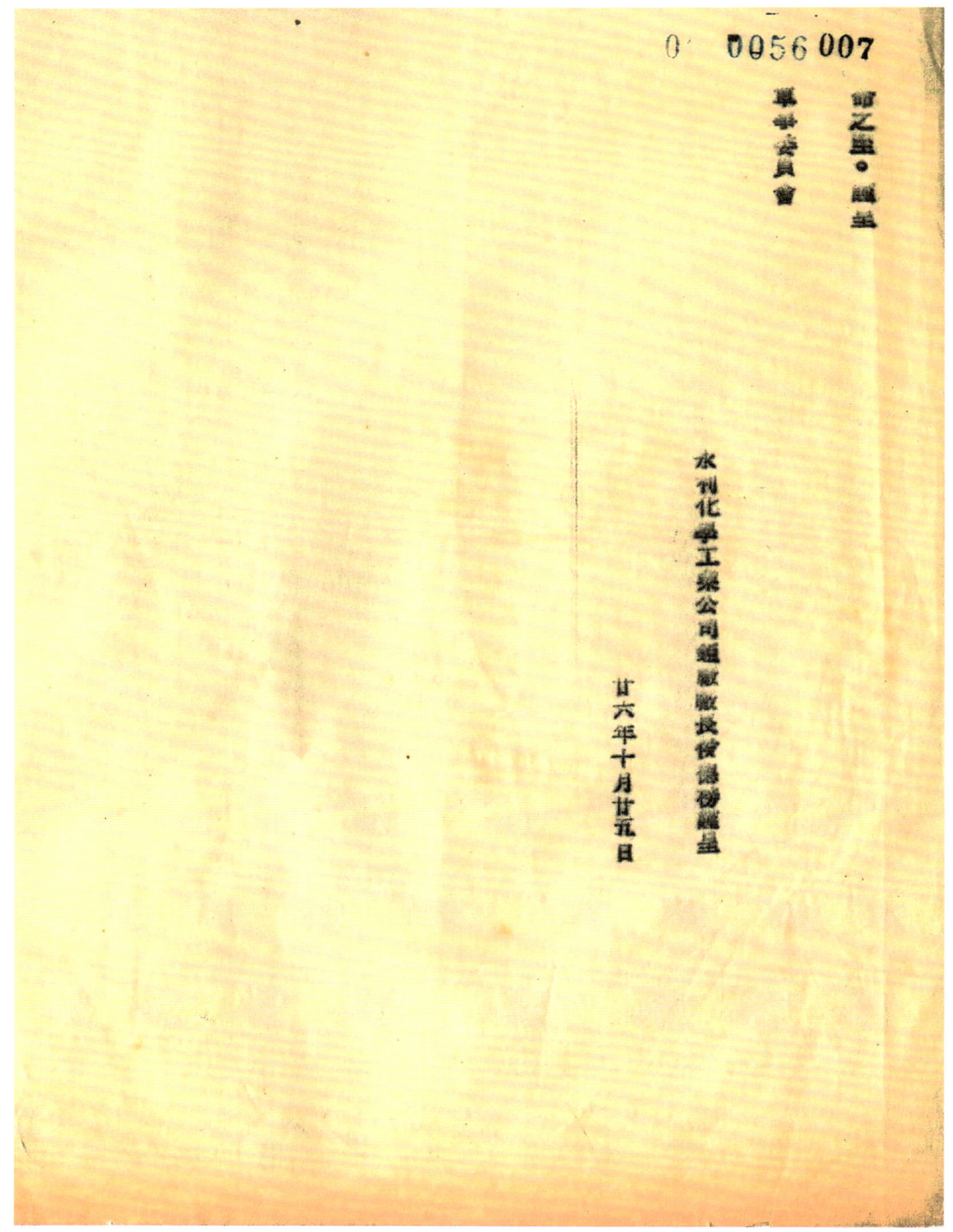

部之呈。謹呈

軍事委員會

永利化學工業公司錏廠廠長侯德榜謹呈

廿六年十月廿九日

永利化学工业公司南京錏厂侯德榜关于该厂遭日机空袭申请相关补助致淬廉的信函（一九三七年十月二十六日）

097

字第　號第　頁

淬廉吾兄大鑒：日昨趋謁，暢談為快。敝廠事諸承

維護，感何可言。呈軍委會文已於昨晨送　兄台，諒蒙映鑒，俾

得早獲邀准為盼。在目前防空設備未佈置妥貼以前，修復事

整理，難免不再被敵機襲擊。尊見甚是，弟亦見及此，故先已

準備將鐵工、翻砂、電工等廠分遷至附近鄉村內工作，又職員住處

亦預為搬移，將工廠各部封閉，使全廠成為荒涼景象，不再成

為敵人目標。故此後廠內蔭蔽處整理事件均可進行，不至有何問

題。此時切盼政府對於補助之案及防空經費早獲批准，俾即籌

備進行。蓋修復工程亦非短期間所能辦竣。承　推愛不僅弟一人

感激之也。進行如何，懇隨時電告敝同事楊仲孚兄轉知為荷。至　兄處擬

調嚴子祥兄幫忙，自當遵　命。頃已轉知嚴君即日來京面謁，並以奉

告。專此，祗請　勛安

弟侯德榜拜啓

廿六年十月廿六日

永利化學工業公司錏廠

文13

永利化学工业公司南京铔厂侯德榜等关于该厂第三次遭日机空袭报骝先、幼甫的呈文（一九三七年十月二十九日）

094

全　廿六　十　廿九

騮先主席
幼甫處長鈞鑒：感電敬悉。本月廿一日敵機第三次轟炸敝廠，竟投巨量炸彈十八枚之多，機件大半被燬，損失不貲。全體員工幸均無恙，荷承
垂詢，至爲紉感。敝廠雖迭遭暴敵摧殘，而在職同人仍本以往奮鬥精神，繼續爲國努力，用副
期望。知蒙
不吝教益，尤深感激，專此布悃，並致謝忱。祗頌
政祺

侯德榜
范鋭　謹啓
傅爾攽

永利化学工业公司南京錏厂关于该厂遭日机空袭无法正常工作报六合县第四区徐区长的呈文

（一九三七年十月三十日）

088

逕啓者：敝廠迭遭敵機轟炸，致工作未能照常進行，茲爲避襲政府用命，並謀安全起見，擬將鐵工部份兩廠暫移卸甲甸倪家舖前面地方，矯正修蓋臨時棚屋，以利工作，相應函達，即希查照，並請轉知梁培鄉鄉長爲荷。此致

六合縣第四區徐區長

啓

全　廿六　十　三十

永利化学工业公司南京铔厂管理员关于该厂遭日机空袭情况向永利公司债银团事务所的汇报（一九三七年十一月三日）

附：永利化学工业公司南京铔厂第三次遭日机空袭的财产损失

永利化學工業公司錏廠

086

錏字第十五號第 頁　中華民國廿六年十一月三日

敬啓者：前上十四號報告公函，諒登

鈞鑒。敝廠十月份因電流不足，硫酸錏殊鮮出品，即硝酸錏前後亦僅共出售壹噸餘。自上月廿一日遭敵機第三次轟炸以來，迄今未能工作，查所毀機件，大半來自國外，一時決難修復，茲將各部所受損失及本年一月一日起增加之財產，另單陳報，備所登記。此外小氣櫃，硝酸廠，鍋爐房，高壓部機件房屋地基全受震動傷損，勢非大加整理不克，實際損失，此時尚難估計，現鐵工，翻砂兩廠，因特殊關係，暫移廠間工作，俾可避免目標。至於其他部份，此時能否修理繼續工作，須待范總經理到後方能決定也。此上

永利公司債權團事務所

敝廠管理員

南京廠增加／損失單一紙

廠址：江蘇六合縣卸甲甸

通信處：南京下關鮮魚巷四十號永利公司辦事處 電報掛號四三五四 電話四一三四七

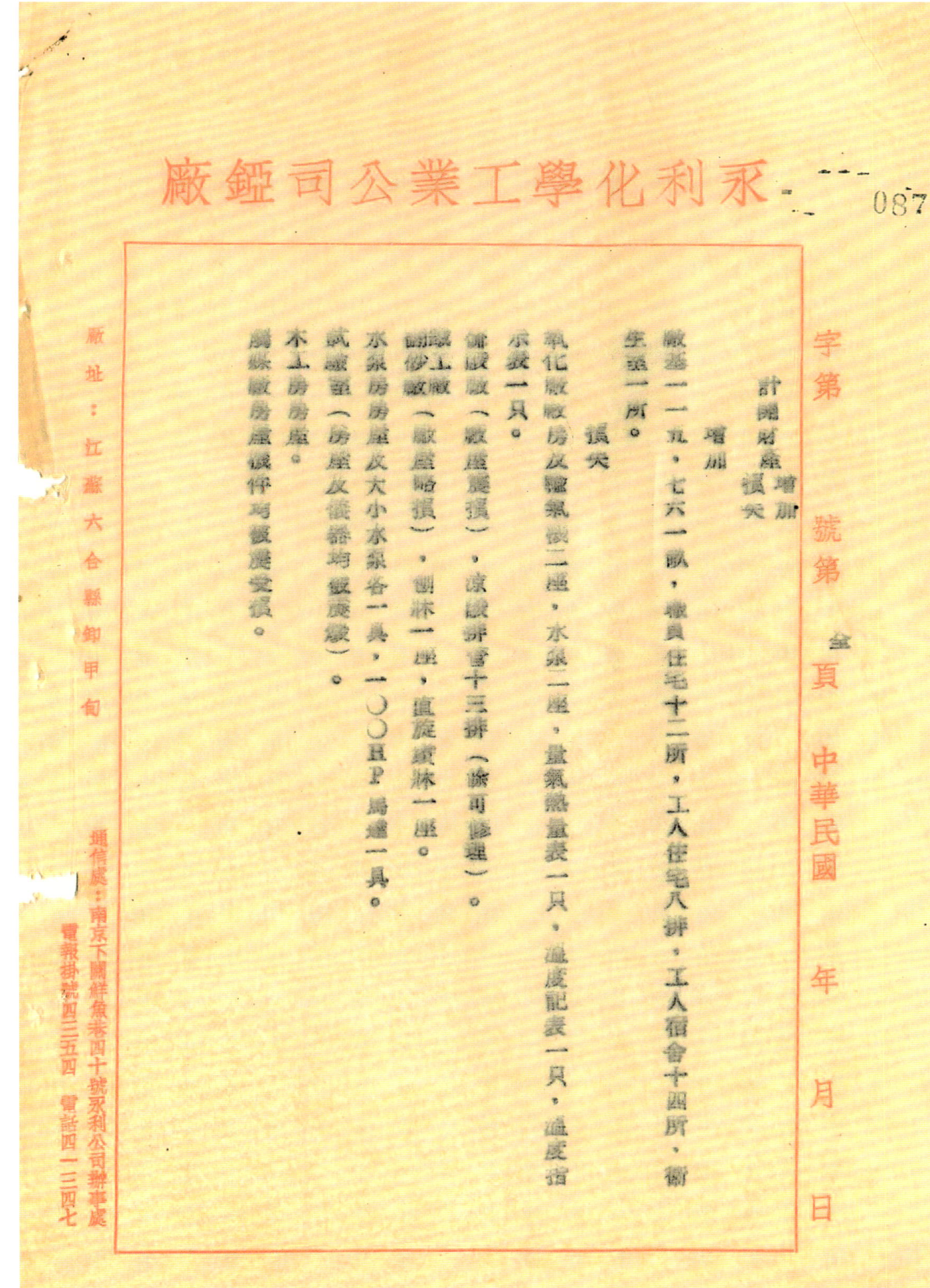

永利化學工業公司錏廠

087

字第　號第　全　頁　中華民國　年　月　日

計開財產 增加 損失

增加

廠基一一五．七六一畝，職員住宅十二所，工人住宅八排，工人宿舍十四所，衛生室一所。

損失

氧化廠廠房及壓氣機二座，水泵二座，量氣熱量表一只，溫度記表一只，溫度指示表一只。

硝酸廠（廠屋震損），凉酸排管十三排（尚可修理）。

鐵工廠 翻砂廠（廠屋略損），刨床一座，直旋鑽牀一座。

水泵房房屋及大小水泵各一具，一〇〇HP馬達一具。

試驗室（房屋及儀器均被震壞）。

木工房房屋。

鍋爐廠房屋儀件均被震受損。

廠址：江蘇六合縣卸甲甸

通信處：南京下關祥魚巷四十號永利公司辦事處

電報掛號四三五四　電話四一三四七

国民政府军事委员会第三部关于永利化学工业公司南京铔厂被日机炸毁函商工矿调整委员会查核办理补助下发永利化学工业公司的训令（一九三七年十一月三日）

國民政府軍事委員會第三部訓令

事由	擬辦	決定辦法	備考

附件

第　　字　　號　收文

字第　　號　　年　　月　　日　　時到

01602 009

國民政府軍事委員會第三部訓令 化字第13號

令永利化學工業公司

案奉

委員長交辦該廠呈為本廠近被敵機炸毀屯要請仍請予補助等情一案查房舍修復工費二百萬元已由商工礦調整委員會查核辦理至防空費一百萬元已商請秘書廳轉陳核示仰即知照

此令

008

社長俞文顥

中華民國三十六年十二月三日

国民政府军事委员会防空处关于永利化学工业公司遭日机炸毁筹划复工、置备防空设备等的公函

（一九三七年十一月十日）

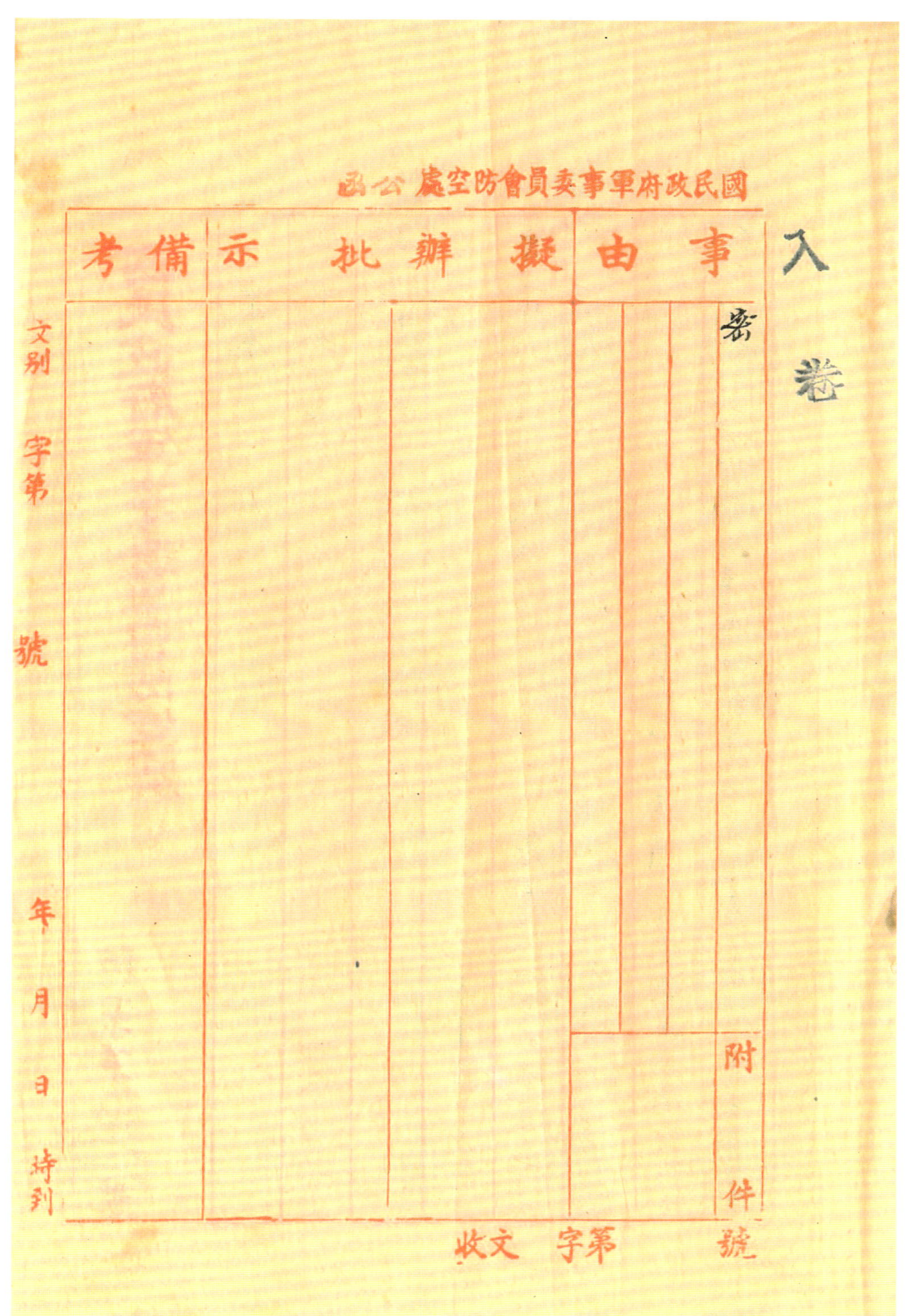
國民政府軍事委員會防空處公函

入

卷

事由	擬辦	批示	備考
密			
附件			

文別　字第　號

年　月　日　時到

收文　字第　號

003

國民政府軍事委員會防空處公函

防一字第四四三號

案奉

軍事委員會本月七日秘侍字第八零六號訓令內開：「據本會第三部呈稱：『永利化學工業公司遭受敵機炸毀，籌劃復工佈置防空設備，至為迫切，呈請核示』等情。查永利公司為最重要之國防化學工廠，此次慘遭敵機炸毀，深堪痛惜，籌畫復工，自不可緩，已飭該部交工礦委員會加以補助，期可速成。惟鑒於此次被炸情形之慘重，則復工以後之防空設備，尤有先事準備之必要，應由該處對於該廠所必需之一切防空設備，迅即負責切實規畫辦理，俾策安全。除另

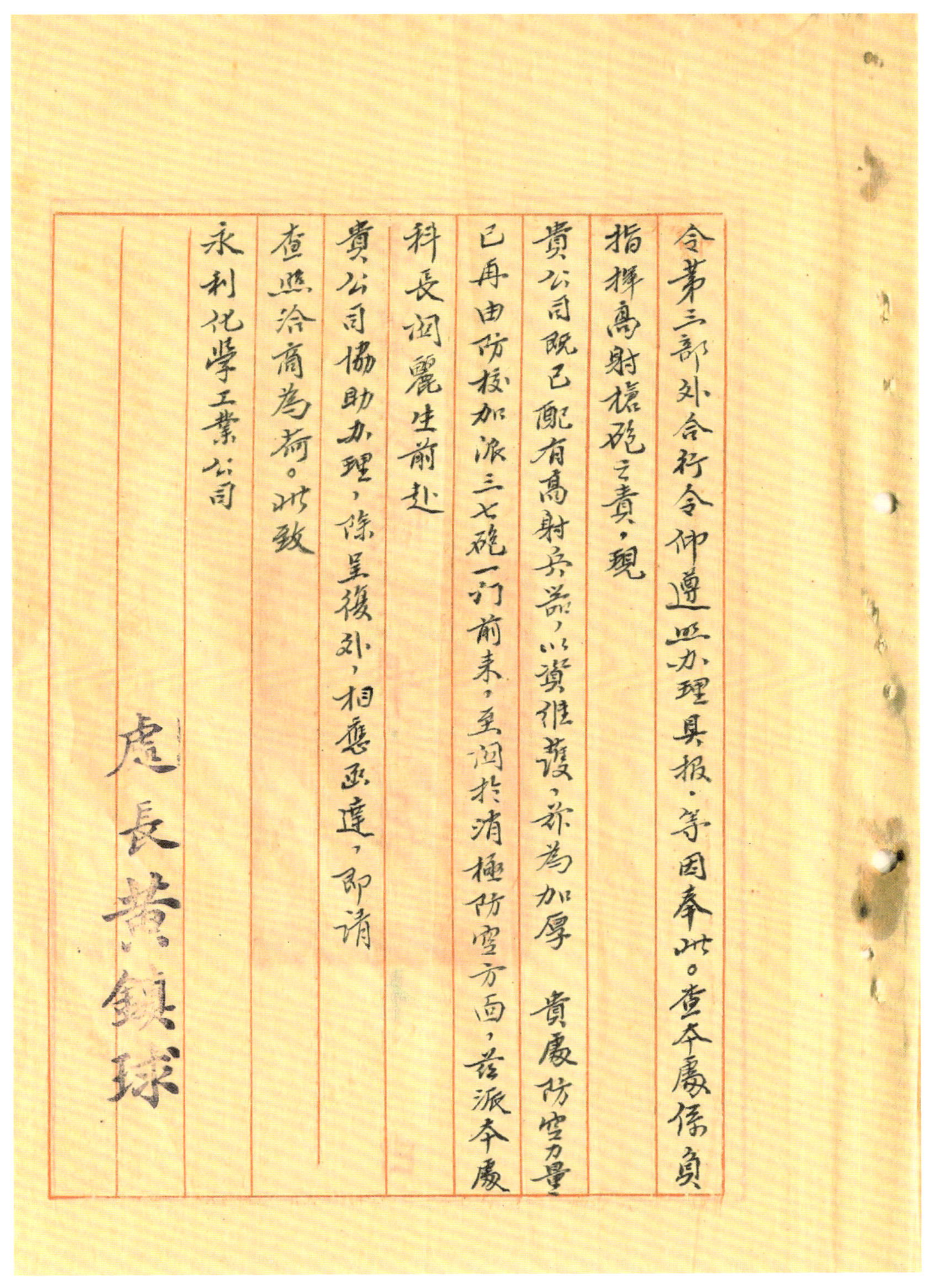

令第三部外，合行令仰遵照办理具報。等因奉此。查本處係負
指揮高射槍砲之責，現
貴公司既已配有高射兵器，以資維護，亦為加厚　貴處防空力量
已再由防校加派三七砲一門前來，至關於消極防空方面，茲派本處
科長閻麗生前赴
貴公司協助办理，除呈復外，相應函達，即請
查照洽商為荷。此致
永利化學工業公司

處長黃鎮球

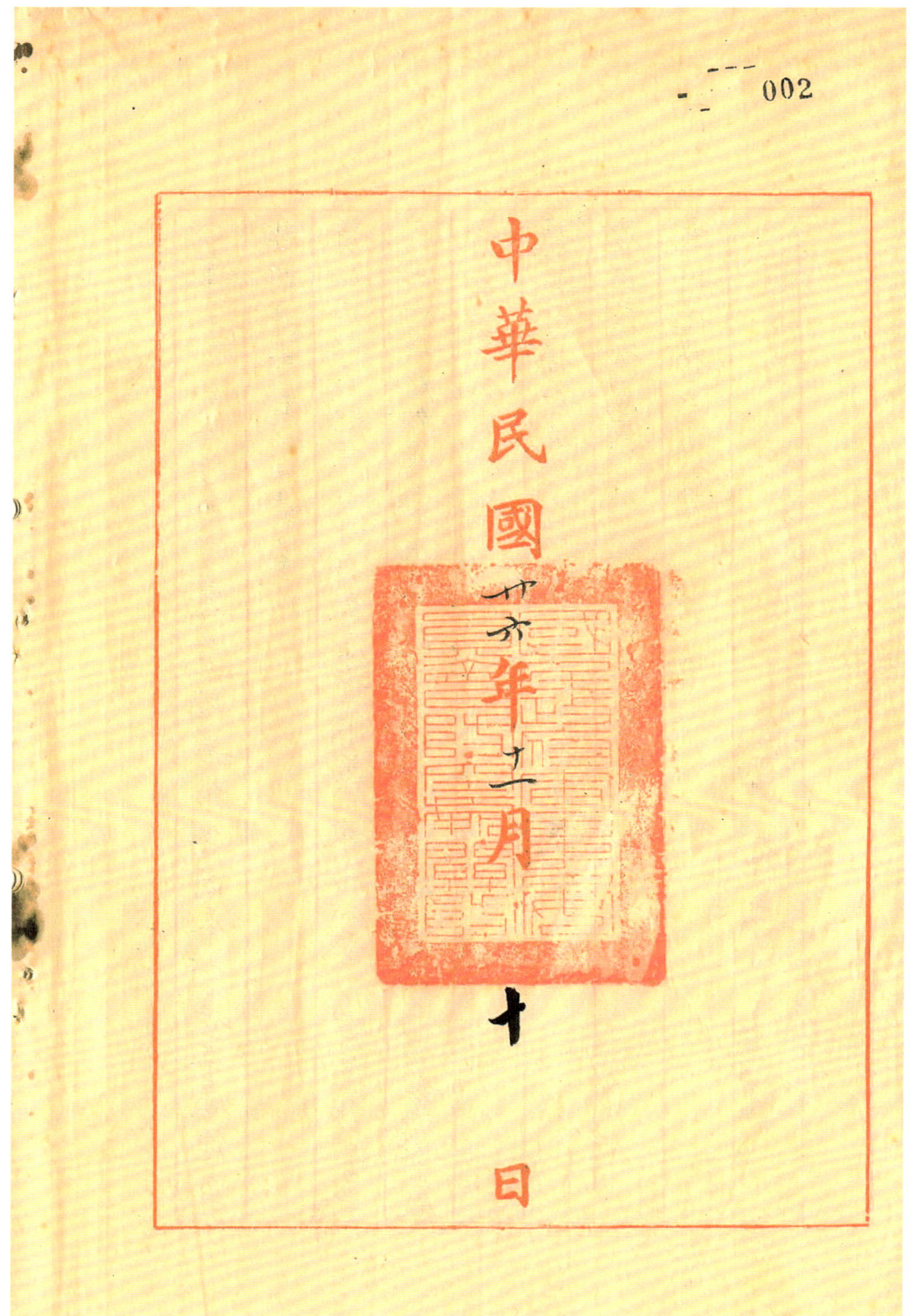
002

中華民國卅六年十一月十日

二、日伪时期关于侵占及掠夺的公文、清册及资产目录等

财政部部长孔祥熙关于永利化学工业公司塘沽制碱厂被敌没收补助建新厂的批文（一九三八年一月七日）

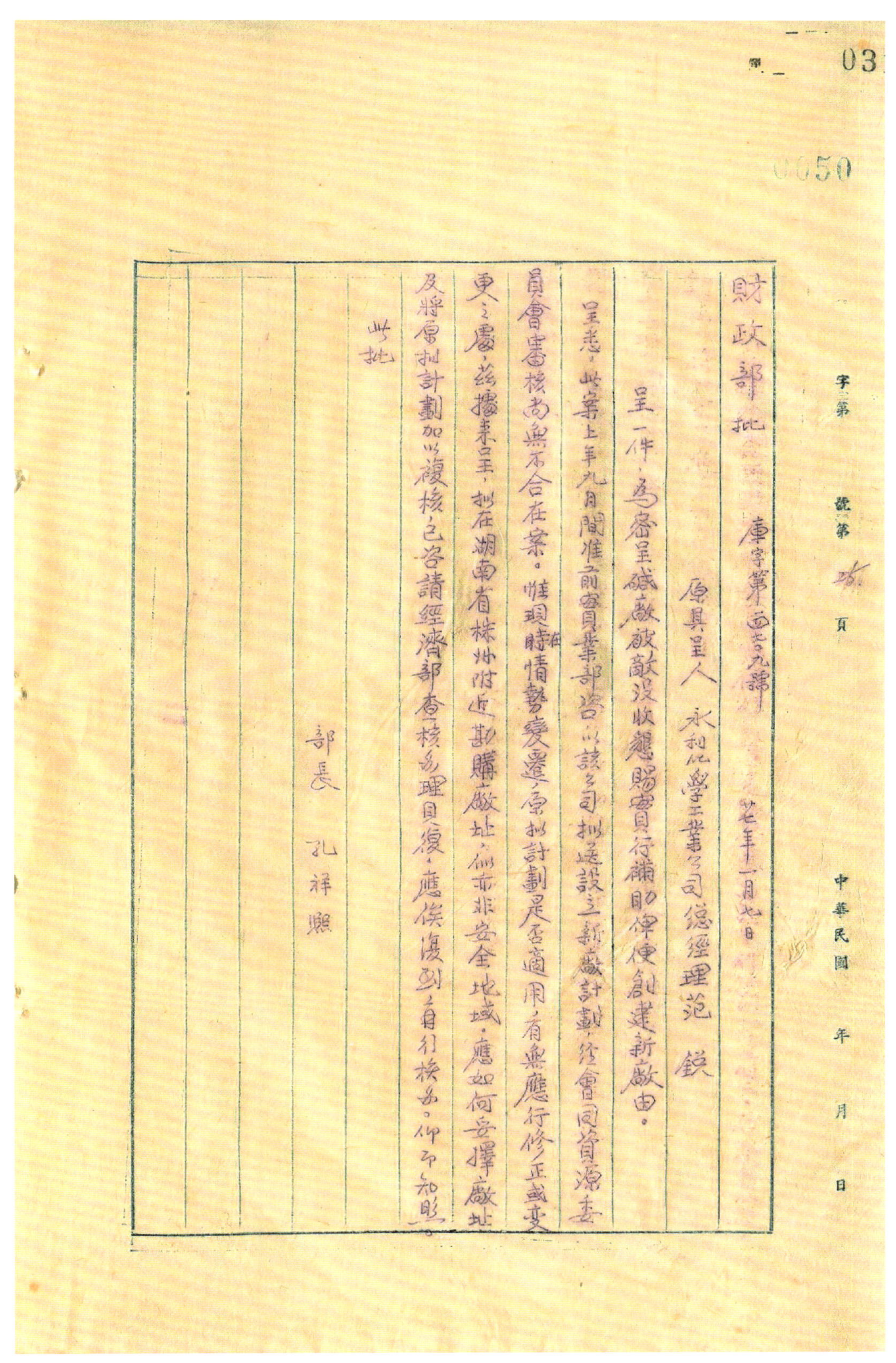

財政部批　庫字第五七九號　廿七年一月七日

原具呈人　永利化學工業公司總經理范銳

呈一件，爲密呈碱廠被敵没收，懇賜實行補助，俾便創建新廠由。

呈悉。此案上年九月間准前實業部咨以該公司擬建設之新廠計劃，經會同資源委員會審核尚無不合在案。惟現時情勢變遷，原擬計劃是否適用，有無應行修正或變更之處，兹據來呈，擬在湖南省株州附近勘購廠址，似亦非安全地域，應如何妥擇廠址及將原擬計劃加以複核之處，已咨請經濟部查核辦理見復，應俟復到再行核辦。仰即知照。此批。

部長　孔祥熙

永利化学工业公司总经理范旭东关于该公司塘沽碱厂申请补助以建新厂等事宜报经济部翁文灏部长的呈文（一九三八年一月九日）

字第　號第20頁

呈經濟部長　翁部長　　廿七年一月九日

謹略陳者：敝公司前因塘沽碱廠被敵沒收，於去年十二月十二日呈財政部，請依據行政院令實行補助，俾便創建新廠。本年一月七日奉一四七〇九號批開：「此案上年九月間，准前實業部咨以該公司擬選設之新廠計劃，經會同資源委員會審核尚無不合在案。惟現在情勢變遷，原擬計劃是否適用，有無應行修正變更之處，茲據來呈，擬在湖南株州附近勘購廠址，似亦非安全地域，應如何妥擇廠址及將原擬計劃加以覆核之處，已咨請經濟部查核見復，應候復到再行核辦」等因，仰見財政部審核周詳，至堪欽佩。既荷咨請

鈞部核議，謹就咨詢各項，略陳梗概，俾便參考。查去年八月十二日敝公司呈前實業部之新廠計劃大綱，共分一、廠址，二、預算，三、施工概略等項，奉批尚無不合，業已着手進行，不意長江下游情勢突變，所經勘定安徽、江蘇省境之地址，皆不適用，一切計劃，勢須變更，茲按原呈順序，分別酌予修改如次：

中華民國　年　月　日

二、廠址：製造純鹼以粗鹽、灰石、煙煤、焦炭、亞摩尼亞等為主要原料，每製純鹼一噸需粗鹽兩噸有餘，故廠址擇定條件首重粗鹽之供給是否便利，公司前呈實業部文內亦曾極力主張，如在長江沿岸設廠，離海口甚遠，不可越過安徽省境，現在情勢既殊，惟有側重其他原料之集中地以補粗鹽不便之缺陷。查湖南湘潭株州一帶當粵漢湘黔各幹路要衝，並有河道可通長江，政府合資經營之煤礦及大規模之鋼鐵、煉焦等廠即在左近，蔚為內地之工業中心，附近並有良質灰石，凡鹼廠所需原料，除粗鹽之外，殆無不具備，其地且有膏鹽礦脈，分佈極廣，惜向用土法開採，儲量均不見佳，公司已著手鑽試，希望深至千五百至二千尺處或有較厚積蓄，縱不能全量供給本廠粗鹽，或可用作補充，聊資調濟。至於國防安全，在公司愚見，以為此次戰事最後吾國而果能獲得相當地位，中國勢必重整國防，即離海岸亦至安全，否則整個國將滅亡，何須我輩籌劃國防大計，公司今日於數千萬資產蕩盡之餘，仍不忘為祖國負復興國防工業之重任者，無非抱定

字第　　號第 21 頁

中華民國　　年　　月　　日

中國必勝信念亦必處處及腹心之地，尚餘危險之區，微忱尚希 明察。

抑有附帶陳述者：純鹼製造，有其特殊性質，廠址選定，必當力求適合，否則必遭慘敗。頃因戰局緊張，群認四川為最安全地帶，加以四川產鹽，以為製造純鹼之其相宜，證以公司調查所得，竊認為時尚早，製造純鹼之條件，迄未齊全，必須少待。公司為圖開發四川化學工業，決其在川設立一食鹽電解廠，製造燒、純鹼，此其性質頗有純鹼製造不同，川省不惟適合該廠生存條件，且可為將來化工發展之起點也。

二、預算：包去年呈前實業部文，本公司全廠工程預算共八百萬元，其支配細數於下：

1. 廠址（約二千畝） 一四〇，〇〇〇元
2. 製鹼機件及附件 二，六一二，五〇〇元
3. 原動力機器及附件 一，四〇〇，〇〇〇元
4. 原鹽處理裝置 三四四，〇〇〇元
5. 淨水設備 三三五，〇〇〇元

字第　號第　頁

中華民國　年　月　日

6. 廠屋及宿舍建築工料 〡〢〥〇,〇〇〇元

7. 全廠汲水裝置及管線 〤〢〇〇,〇〇〇元

8. 地下工程及廢液處理工料 〦〢〇,〇〇〇元

9. 工程費用 每月平均一萬六千元 按三十六個月計 〥〧〦,〇〇〇元

合計 〨,〇〇〇,〇〇〇元

以上九項總數八百萬元。現廠設內地,原鹽須由海岸運往,勢非添加專用之運輸設備不可。真次原動力機器及附件,須購自國外,戰期或戰後,物價匯兌,皆不免激變,故第三、第四兩項目之預算,恐难照舊成立,將來惟將該項支出急補,以免超過。

三、施工概畧 本廠仍用蘇爾維法 Solvay process 製造純鹼。全部工程,須定三年完成。現值戰時,工程進行自當力避損失,決定先從購地,整理廠基,佈置地下工事等入手。預算表第二項所列之製鹼機器及附件,國內無現成品可買,皆須本廠自造。幸本司鉄工、翻砂一部份設備,此次已搬往重慶,現在負購地

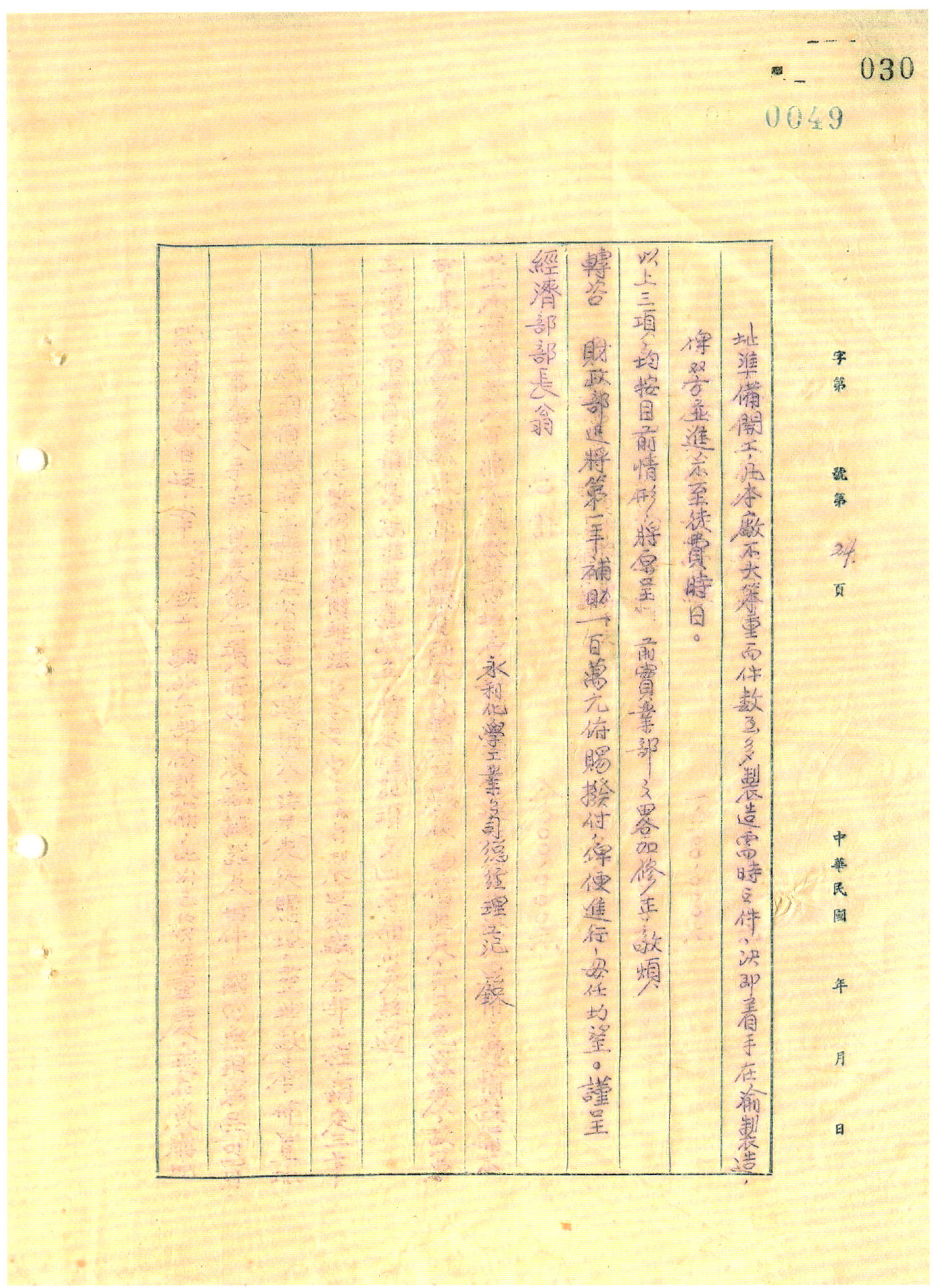

030

0049

字第　號第 24 頁

址準備開工，凡本廠不大笨重而件數至多之製造需時之件，决即着手在渝製造，

俾節省並避免徒費時日。

以上三項，均按目前情形，將原呈前實業部之文略加修正，敬煩

轉咨 財政部迅將第一年補助一百萬元俯賜撥付，俾便進行，無任切望。謹呈

經濟部部長翁

永利化學工業公司總經理范銳

中華民國　年　月　日

永利化学工业公司总经理范旭东关于财政部给予补助未付等事宜报行政院的呈文（一九三八年二月十四日）

呈行政院　　廿七年二月十四日

謹呈者，竊敝公司於去年七月華北横遭暴敵壓迫，中國唯一國防基本工業行將燬滅，於八月一日具呈

前實業部，請賜維護，當荷擬具補救辦法四條，呈請

鈞院核准，並承

令知　財政部在案。前因鹼廠情形特殊，一再斟酌，未能作最後決定，故第一年補助費一百萬元，迄未蒙付下。現為趕緊完成以應軍事急需，且顧慮地址安全，決在四川自流井附近設廠，創設小規模鹼廠，仍用蘇爾維法製造純鹼，敝即日前往籌備。為此懇予

令知財政部將第一年補助費一百萬元迅賜撥給，俾便進行，無任感禱！謹呈

行政院　院長孔　副院長張

永利化學工業公司總經理范銳

字第　號第 32 頁

中華民國　年　月　日

永利化学工业公司总经理范旭东关于申请该公司碱厂一期补助费等事宜由香港致财政部的电文及财政部的回电
（一九三八年四月五日至十日）

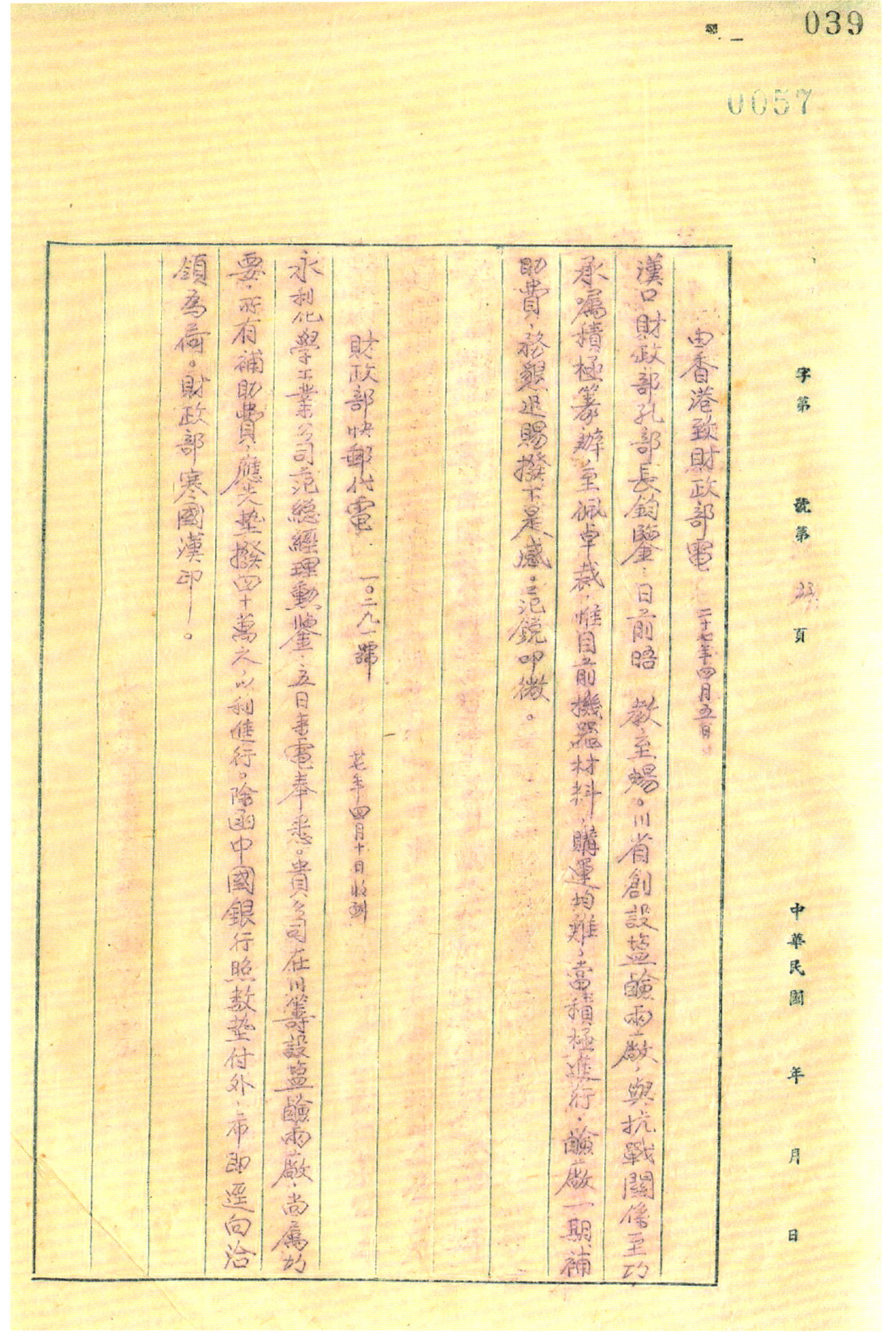
039

0057

字第　　號第　　頁

由香港致財政部電　二十七年四月五日

漢口財政部孔部長鈞鑒：日前晤　教至暢。川省創設鹽鹼兩廠，與抗戰關係至切，承屬積極籌辦，至佩卓裁。惟目前機器材料，購運均難，當積極進行。鹼廠一期補助費，務懇迅賜撥下是感。范銳叩微。

財政部快郵代電　一〇二九一號　廿七年四月十日收到

永利化學工業公司范總經理勳鑒：五日來電奉悉。貴公司在川籌設鹽鹼兩廠，尚屬切要，所有補助費，應先墊撥四十萬元，以利進行。除函中國銀行照數墊付外，希即逕向洽領為荷。財政部寒國漢印。

中華民國　　年　　月　　日

永利化学工业公司总经理范旭东关于向财政部申请补助筹设新厂等事宜致中国银行的公函（一九三八年四月二十日）

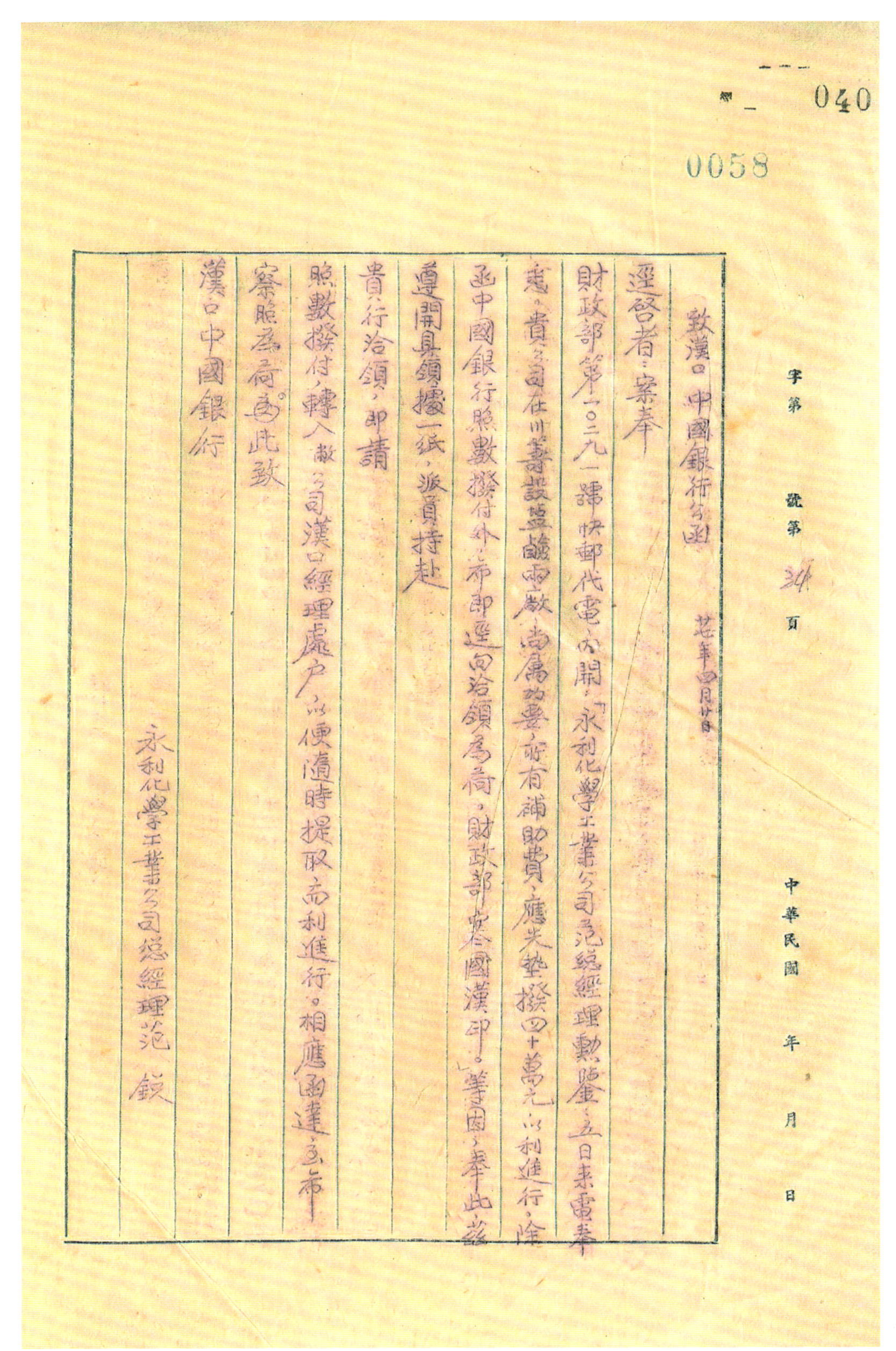

040

0058

致漢口中國銀行公函　廿七年四月廿日

逕啓者：案奉

財政部第一〇二九一號快郵代電內開：「永利化學工業公司范總經理勛鑒：五日來電奉悉。貴公司在川籌設鹽鹼兩廠，尚屬切要，所有補助費，應先墊撥四十萬元，以利進行。除函中國銀行照數撥付外，希即逕向洽領為荷。財政部寅咨國漢印。」等因，奉此，茲遵開具領據一紙，派員持赴

貴行洽領，即請

照數撥付，轉入敝公司漢口經理處戶，以便隨時提取，而利進行。相應函達，至希

察照為荷。此致

漢口中國銀行

永利化學工業公司總經理范　銳

字第　號第 34 頁

中華民國　年　月　日

经济部关于给予补助等事宜给永利化学工业公司的训令（一九三八年四月二十三日）

041

0059

字第　號第 35 頁

中華民國　年　月　日

（密）經濟部訓令　漢字第九五四號　廿七年四月廿三日

令永利化學工業公司

奉

行政院本月廿一日漢字第一一一八號訓令開：

「本院第三五九次會議，該部會同財政部提議，請照案補助永利化學工業公司在川設置鹼廠，並乞轉送國防最高會議核定一案。經議決：『一次撥足三百萬元，作為官股，但須縮短完成年限，交財政經濟兩部與公司商洽進行辦法呈核』。除分令外，合行令仰遵照」。

等因；奉此。查此案前經飭據該公司呈復在四川設廠辦法到部，經會同財政部提請行政院會議請照案補助在案。茲奉前因，合行令仰該公司知照。此令。

部長　翁文灝

永利化学工业公司关于其国防化工业在华北遭日毁灭申请补助报经济部的呈文（一九三八年十一月十五日）

016

永利化學工業公司　呈　經濟部

事由	擬辦	批示	備考
爲呈覆公司製鹼廠並無新訂契約擬陳經過大概並檢呈章程二份仰祈鑒察由。			
附件：附公司章程二份。			

號　字第　收文

呈　字第　號　年　月　日　時到

爲呈覆事（密）：竊公司鑒於華北情形危殆，中國惟一國防基本化學工業行將毁滅，曾於廿六年八月一日密呈

鈞部，請予補助三百萬元，在南方創設鹼廠，以存命脈。比奉

鈞部第二一二三三號批略開：業於八月三日呈請　行政院核示，奉令應准如所議辦理，並已令飭財政部遵照，等因；奉此，第一次補助費四十萬元，經於本年四月十四日奉　財政部電令，憑向漢口中國銀行洽領，隨曾遵電具領在案。嗣於四月二十三日奉

鈞部漢工字第九五四號訓令略開：　行政院將公司補助一案，轉送　國防最高會議核定，經議決一次撥足三百萬元作爲官股，等因；奉此，比於五月十九日呈覆，懇准俟時局稍安，再行定期召開股東會提請追認在案。再

於六月六日奉

鈞部漢工字第一三五三號通知略開：奉院令開：案經提出上月三十一日本院第三六五次會議，議决通過，並已送請　國防最高會議核定。又於六月二十日奉

鈞部漢會字第一四八二號通知略開：再咨　財政部續予撥發一百萬元，各等因；奉此，比由公司賡續具領有案。茲再奉

鈞部十月八日川會字第一一六二〇號通知略開：飭將公司製鹼廠新訂章程契約各二份，檢送呈部，以使核轉建設事業專款審核委員會祕書處，等因；奉此，現公司爲籌劃工程設計繪圖等要務，特派總工程師侯德榜於本年八月六日前赴柏林，親與廠家商量，俾早日完成；一面在川省犍爲縣五通

017

備，積極進行購地建廠，以及製鹼種種應先準備事項，凡屬舊廠原有技術專員，概經於此集中，努力邁進，冀於此全面抗戰期間，爲我國防基本化學工業各盡其能，勿令中輟，惟此次政府原定之補助費案，忽蒙改爲官股，匆促間未得通告股東之機會，查公司股本總額五百五十萬元，早經全數收足，並無餘額添收新股，今奉令指加官股，必先經股東大會通過修改章程，始能實行，現値戰時，股東南北分離，集會殆不可能，故於五月十九日呈請

鈞部，俟時局稍安，容再定期開會提請追認，旋奉漢工字第一三五三號通知照辦在案，此外並無新定契約，特撮陳經過大概，並檢呈公司章程二份，即祈

018

鑒察。

謹呈

經濟部部長

次長

附公司章程二份。

永利化學工業公司總經理范銳

現住重慶武庫街十二號

016

中華民國廿七年十一月十四（五）日

永礼总公司专务董事关于尽快制定本公司职员并从业人员预存款的规定致浦口工业所长的函（一九三九年八月二十八日）

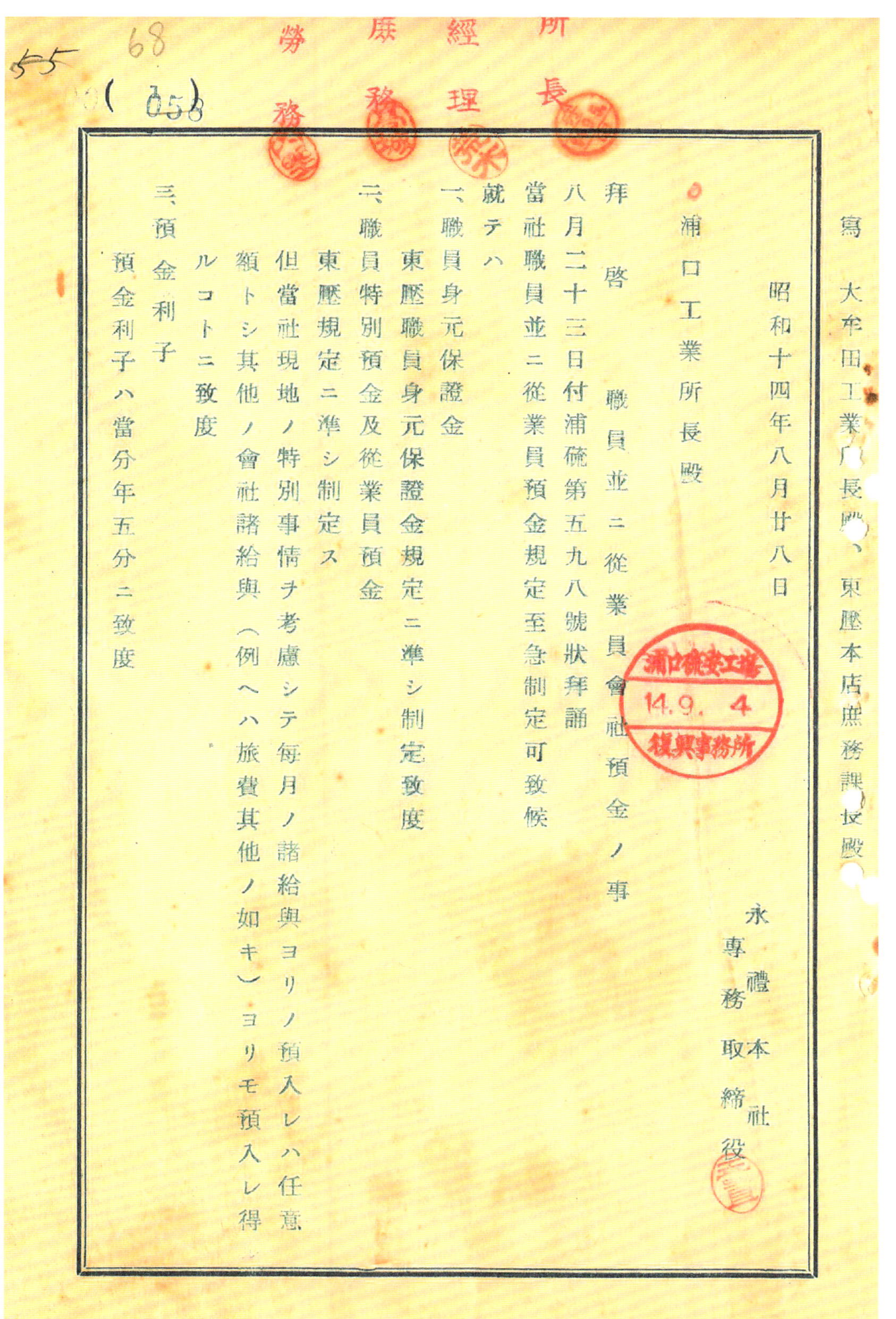

写　大牟田工業所長殿、東壓本店庶務課長殿

昭和十四年八月廿八日

永禮本社
専務取締役

浦口工業所長殿

職員並ニ従業員會社預金ノ事

拜啓

八月二十三日付浦硫第五九八號狀拜誦

當社職員並ニ従業員預金規定至急制定可致候

就テハ

一、職員身元保證金

東壓職員身元保證金規定ニ準シ制定致度

二、職員特別預金及従業員預金

東壓規定ニ準シ制定ス

但當社現地ノ特別事情ヲ考慮シテ毎月ノ諸給與ヨリノ預入レハ任意額トシ其他ノ會社諸給與（例ヘハ旅費其他ノ如キ）ヨリモ預入レ得ルコトニ致度

三、預金利子

預金利子ハ當分年五分ニ致度

5669

(2)

四、預金整理

(イ)身元保證金ハ本店ニテ取扱フコト

(ロ)職員特別預金及從業員預金ハ浦口工業所分ハ浦口ニテ人別整理ノコト

五、當社ニ轉籍者ノ舊任個所ニ於ケル預金ハ舊任個所別口預金ニ預リ置キ願フコトハ舊任個所御都合悪キヤニ考ラルヽニ付東歴ヨリ付替アル場合ニハ當社ニテ引續キ當社預金ニ整理致度

右御返事旁々得貴意度候

草々

44 51 G47

永禮化學工業株式會社營業規則

第一條　取締役會ハ必要ニ應シ社長之ヲ招集シ其議事ハ出席者ノ議決權ノ過半數ヲ以テ決ス可否同數ナルトキハ議長之ヲ決ス

社長事故アルトキ又ハ缺員ノトキハ專務取締役、社長及專務取締役共ニ事故アルトキ又ハ缺員ノトキハ他ノ取締役ノ一人前項ノ職務ヲ代行ス

但都合ニ依リ取締役會ヲ招集セス回議ノ方法ヲ以テ之ニ代フルコトヲ得

第二條　左ノ事項ハ取締役會ノ決議ヲ經ル事ヲ要ス

一　株主總會ノ招集ニ關スル件

二　定款ノ變更ニ關スル件

三　決算書ノ作成及損益金ノ處分ニ關スル件

52

四　社債ノ募集、借換及償還ニ關スル件
五　會社ノ合併竝ニ解散ニ關スル件
六　增資ニ關スル件
七　前六號ノ外株主總會ニ提出スベキ議案及報告ニ關スル件
八　重要財產ノ讓渡若ハ擔保提供又ハ讓受ニ關スル件
九　事業ノ廢止、休止又ハ重要ナル設備ノ變更ニ關スル件
十　事業計畫及豫算ノ作成又ハ變更ニ關スル件
十一　重要ナル規則ノ制定及改廢ニ關スル件
十二　株式ノ應募引受又ハ買入其ノ他投資ニ關スル件
十三　前項以外ノ有價證券ノ取得及處分ニ關スル件
十四　資金ノ借入又ハ貸付ニ關スル件
十五　株金ノ拂込ニ關スル件

45 53

048

十六　生産及販賣ノ重要ナル方針ニ關スル件
十七　取引銀行ノ選定及變更ニ關スル件
十八　職員ノ採用、任免、賞罰其ノ他重要ナル人事ニ關スル件
十九　重要ナル訴訟及訴願並ニ官公署ニ對スル諸申請ニ關スル件
二十　重要ナル契約ノ締結ニ關スル件
二十一　一口貳千圓以上ノ寄附ニ關スル件
二十二　前各號ノ外業務執行上重要ナル事項ニ關スル件

第三條　當會社職員ノ資格ヲ左ノ通リトス

一　管事
一　管事補
一　參事
一　參事補

54

一　技手、書記

一　雇員

第四條　必要ニ應シ店限及囑託ヲ置ク

第五條　本店及工場等ノ職務章程ハ別ニ之ヲ定ム

46 55

049

永禮化學工業株式會社本店職務章程

第一條　本店ニ左ノ職員ヲ置ク

一　課　長

一　係　員

第二條　課長ハ其課ノ事務ヲ管掌ス

係員ハ各職ニ附屬シ其職務ニ從事ス

第三條　必要ニ應シ技師長、事務長、秘書、課長補佐及係長ヲ置ク

必要ニ應シ出張員ヲ置ク

永礼化学工业株式会社事务所职务章程（一九四〇年八月九日）

永禮化學工業株式會社事業所職務章程

第一條　事業所ニ左ノ職員ヲ置ク

一　所長

一　課長

一　係員

第二條　所長ハ其事業所ノ事務ヲ管掌ス

課長ハ所長ノ事務ヲ分掌ス

係員ハ各職ニ附屬シ其職務ニ從事ス

第三條　必要ニ應シ次長、技師長、事務長、秘書及係長並各職ニ補佐ヲ置ク

永禮化學工業株式會社勘定取扱方ノ件

一、當會社本店並ニ工場勘定ハ別紙勘定整理規定ニ從ヒ其勘定ヲ整理スルモノトス

二、東壓社並當會社間相互ノ立替勘定ハ都度勘定通知ヲ發行スル事トシ東壓社本店ニ於テ毎月二十日ヲ以テ締切決濟スルモノトス

東壓社本店ハ右決濟ノ上ハ直チニ支拂明細書ヲ作成當會社本店ニ送附スルモノトス

右相互ノ立替金ニ付テハ東洋高壓社々内日歩ニヨリ利息ノ計算ヲナス

三、三井物産上海支店並ニ當會社間相互勘定ニ付テハ別ニ定ムル處ニ據ル

四、東壓社ヨリノ復舊費勘定引繼ニ關シテハ別ニ定ムル處ニ據ル

五、東京三井銀行本店ニ左ノ當座口ヲ設クルモノトス

永禮化學工業株式會社代表取締役　玉置豐助

（但會社設立前ハ永禮化學工業株式會社發起人總代塙雄太郎名義）

前項當座預金ハ必要ニ應ジ通知預金又ハ定期預金ニ變更シ得ルモノトス

58

六、右三井銀行本店預金ニ關スル代理人ハ東壓社ニ委任スルモノトス

復舊費勘定引繼ノ件

一、東壓社本店浦口工場勘定ハ五月八日現在ヲ以テ締切（大牟田工業所其他立替勘定ハ五月八日到着分迄ヲ入帳）ノ事

二、浦口工場復興事務所ハ五月八日ヲ以テ其勘定ヲ締切ル事

三井物産上海支店立替金ハ五月八日迄ノ立替勘定ヲ入帳スル事

本店勘定通知最終分ニハ其ノ旨明記スル事

右全部入帳済ノ上收支報告ヲ作成東壓社本店ニ送附スル事

三、東壓社本店ハ立替金ニ對スル利息計算（年五分）ヲナシ浦口工場勘定ヲ締切リ、勘定明細書ヲ作成永禮社本店ニ送附スル事

四、永禮社本店ハ右勘定明細書ニ依リ東壓社立替金ヲ其三井銀行本店當座勘定ヨリ東壓社本店ニ支拂ヲナス事

五、右復舊費勘定締切后ノ東壓社立替勘定ハ永禮社勘定トシテ取扱フ事

永礼化学工业株式会社结算整理规定（一九四〇年八月九日）

永禮化學工業株式會社勘定整理規定

第一條　帳簿ハ左ノ通リトス

日記帳

元帳

補助簿

第二條　勘定科目ハ別記ノ通リトス

第三條　本店工場間ノ相互ノ立替勘定ハ都度付替ヲナス

第四條　工場ハ毎旬ノ收入及支出ヲ收支報告ヲ以テ本店ニ報告ス

第五條　工場ハ毎月廿五日迄ニ左記書類ヲ作成シ本店ニ送附ス

イ、貸借對照表（前月末）

ロ、未決算內譯表（〃）

ハ、工程及經費月表（前月分）

ニ、起業費支拂月表（〃）

ホ、倉庫品受拂表（〃）

61

第六條 工場ハ毎期末左ノ書類ヲ作成シ本店ニ送附ス

(イ) 工程及經費ノ決算書及翌季豫算書

(ロ) 起業費支拂ノ決算書及翌期豫算書

(ハ) 翌季事業計畫書

(ニ) 翌期資金豫算書

第七條 本店ハ毎月末左記書類ヲ作製ス

(イ) 貸借借對照表

(ロ) 損益月表

第八條 本店ハ毎期末左記書類ヲ作製ス

(イ) 損益計算書

(ロ) 貸借對照表

(ハ) 財產目錄

(ニ) 營業報告書

(ホ) 翌季損益豫算書

永礼化学工业株式会社结算科目（一九四〇年八月九日）

51 62 054

勘定科目

借方

科目	細目	摘要
未拂込資本金		
起業費	特許權	特許權代ヲ整理ス
	○○工場	土地、建物、機械其他ノ設備費ヲ整理ス
	其他	其他ノ設備費ヲ整理ス
起業費假出金		未完了起業費ヲ整理ス
有價證券		公債、社債、株券等所有有價證券ヲ整理ス
貯藏品		
製產品	前期繰越高	期末製品殘高見積代ヲ整理ス
創立費		
營業費	本店	
	工場	
	臨時費	臨時的性費ヲ有スル費用ヲ整理ス
諸利息		支拂利息ヲ整理ス
未達勘定		本店、工場間ノ未達勘定ヲ整理ス
未決算	未收入	未收賣掛代金其他ヲ整理ス
	假支出	旅費、引當賃金、從業員ニ對スル諸貸付金其他ノ仮拂金

科目	細目	摘要
	販賣諸費	製品販賣ニ要スル諸掛ヲ整理ス
受取手形		
銀行	定期預金	
	通知預金	
	當座預金	
正貨		
損益	前期繰越損金	
	本期損失金	

貸方

資本金		
法定積立金		
別途積立金		
恩給基金		
從業員福利基金		從業員退職給與金及福利施設費引當金ヲ整理ス
社債		
借入金		
預リ金	身元保證金	
	特別預金	
	從業員積金	
	臨時預金	
保證金	受入保證金	
製產品	製品賣上代	製品賣上手取金ヲ整理ス
諸利息		收入利息ヲ整理ス
雜收入		雜口收入金ヲ整理ス

不達勘定

科目	細目	摘要
未決算	未拂金	掛買其他支拂未濟金ヲ整理ス
	假收入	製品賣上高ニシテ手取計算未濟ノモノヲ整理ス
	假受金	製品代以外ノ假收入金ヲ整理ス
支拂手形		
未拂配當金		
損益	前期繰越益金	
	本期利益金	

永礼化学工业株式会社工厂的结算科目（一九四〇年八月九日）

工場ニ於ケル勘定科目

借方		貸方	
本店勘定		本店勘定	
貯藏品		預金	身元保證金
未決算	未收入		特別預金
	假支出		從業員積金
正貨			臨時預金
		未決算	未拂金
			假受金

永礼总公司专务董事关于工人回国手续给浦口工业所长的函（一九四〇年八月九日）

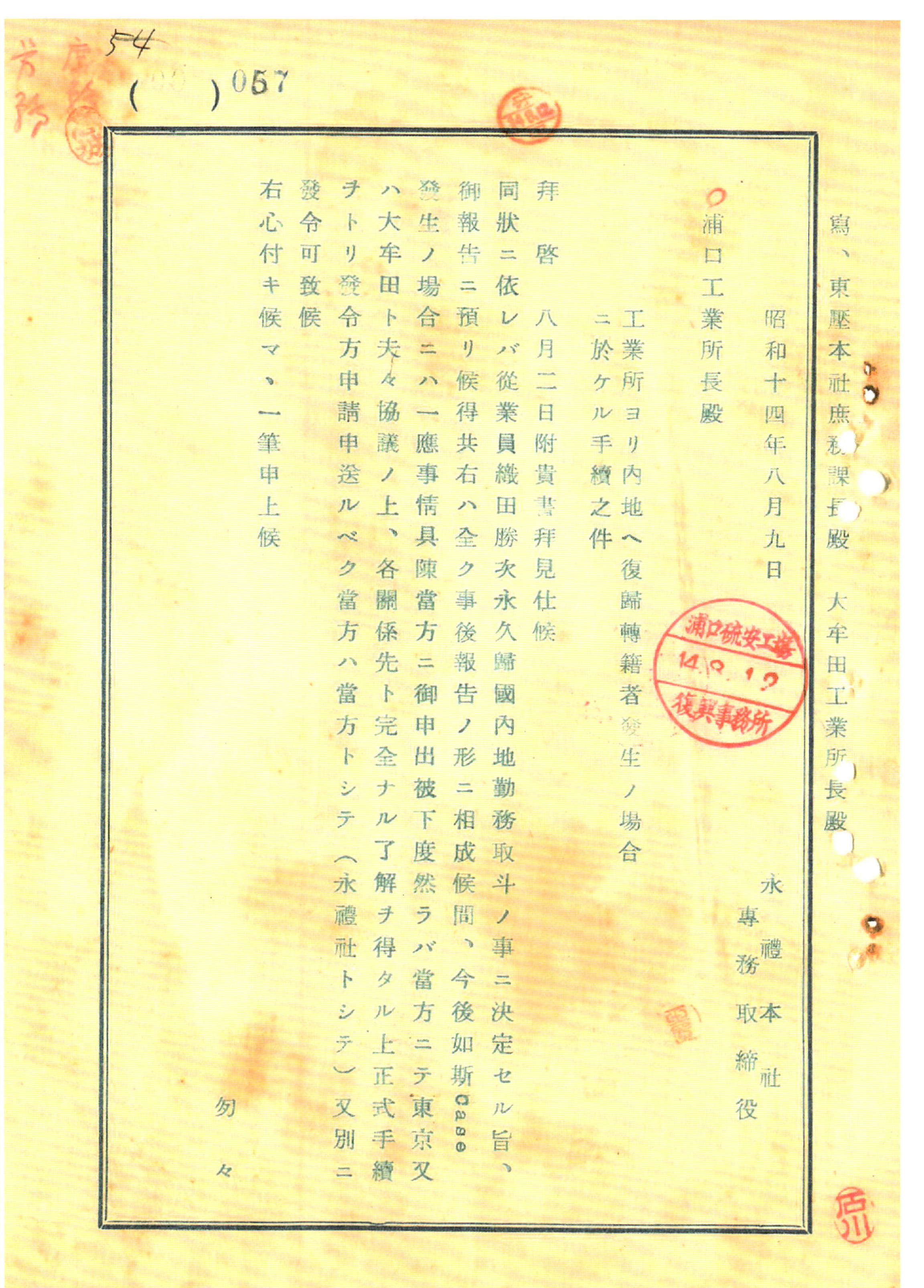

(　　) 057

寫、東壓本社庶務課長殿　大牟田工業所長殿

昭和十四年八月九日

永禮本社
專務取締役

浦口工業所長殿

工業所ヨリ内地ヘ復歸轉籍者發生ノ場合ニ於ケル手續之件

拜啓　八月二日附貴書拜見仕候

同狀ニ依レバ從業員織田勝次永久歸國内地勤務取斗ノ事ニ決定セル旨、御報告ニ預リ候得共右ハ全ク事後報告ノ形ニ相成候間、今後如斯Case發生ノ場合ニハ一應事情具陳當方ニ御申出被下度然ラバ當方ニテ東京又ハ大牟田ト夫々協議ノ上、各關係先ト完全ナル了解ヲ得タル上正式手續ヲトリ發令方申請申送ルベク當方ハ當方トシテ（永禮社トシテ）又別ニ發令可致候

右心付キ候マヽ一筆申上候

匆々

永礼化学工业株式会社定款（一九四一年四月十七日）

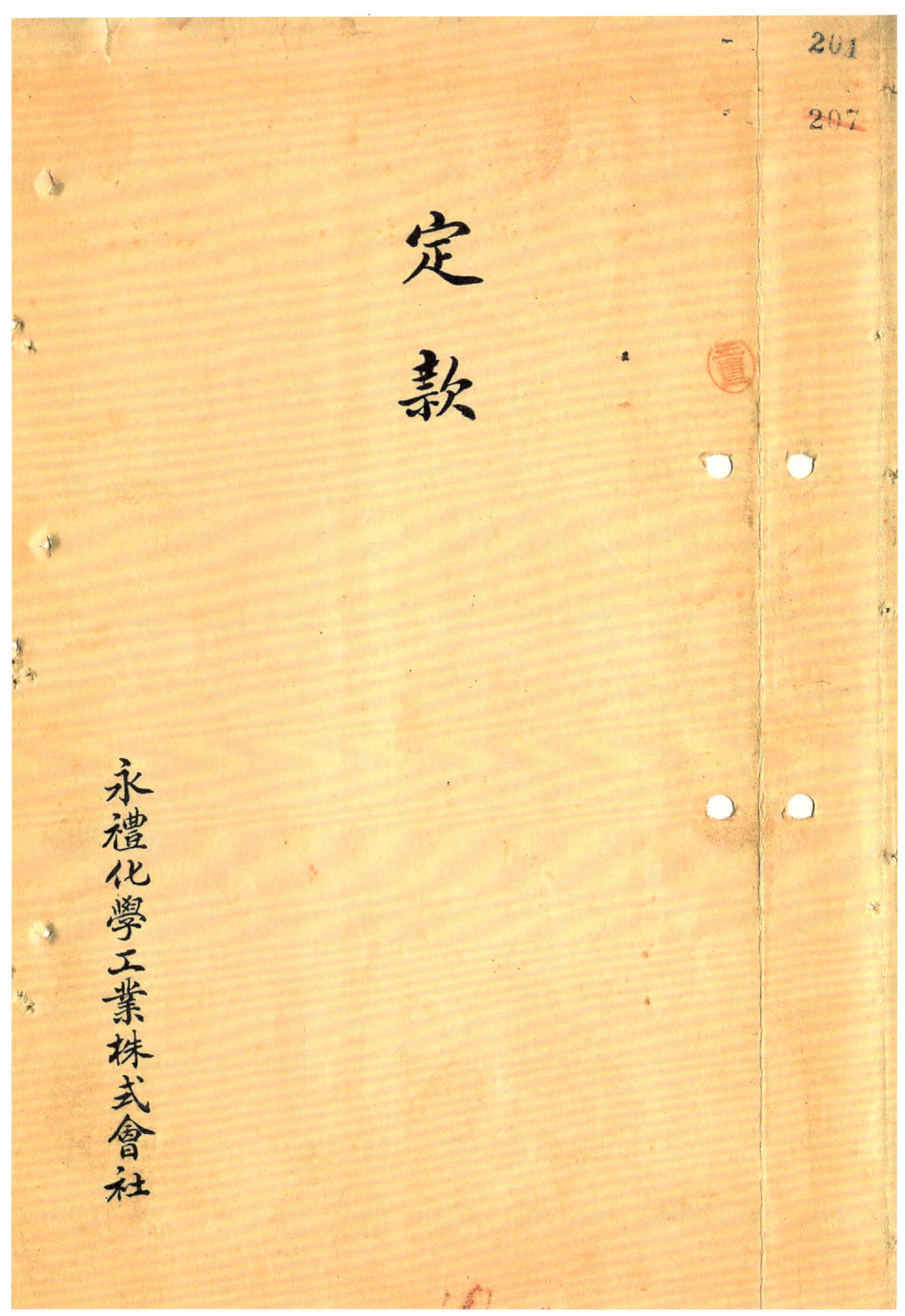
201
207
定款
永禮化學工業株式會社

永禮化學工業株式會社定款

第一章　總則

第一條　當會社ハ永禮化學工業株式會社（華文ニテハ永禮化學工業股份有限公司）ト稱ス

第二條　當會社ハ左ノ事業ヲ營ムヲ以テ目的トス

一、窒素肥料及其他ノ化學製品ノ製造並販賣

二、前項ニ附帶スル業務

第三條　當會社ハ本店ヲ上海ニ、工場ヲ浦口ニ置キ尚業務ノ狀況ニヨリ便宜ノ地ニ支店、工場又ハ出張所ヲ設クルコトヲ得

第四條　當會社ノ資本ハ一千萬圓トス

第五條　當會社ノ公告ハ政府公報及新聞紙ニ掲載シテ之ヲ爲ス

第二章　株式

第六條　當會社ノ株式ノ總數ヲ二十萬株トシ一株ノ金額ヲ五十圓トス

第七條　當會社ノ株式ハ總テ記名式トシ株券ノ種類ハ一株券、十株券、百株券及千株券ノ四種トス

第八條　本會社ハ別ニ掲クル資産ヲ合計四百萬圓ニ評定シ之ニ對シ全額拂込ノ株式八萬株ヲ與フルモノトス

第九條　株金ノ拂込ハ現金出資ニ付テハ第一回ハ一株ニ付二十五圓トシ第二回以後ノ拂込ノ時期、方法及金額ハ取締役會ノ決議ヲ以テ之ヲ定ム

第十條　株金ノ拂込ヲ怠リタル株主ハ其拂込期日ノ翌日ヨリ株主又ハ讓渡人カ拂込ヲ爲シタル當日又ハ失權株式競落當日ニ至ル迄一百圓ニ付一日四錢ノ割合ノ遲延利息及之カ爲メニ生シタル費用ヲ賠償スヘキモノトス

第十一條　株主ハ當會社所定ノ書式ニヨリ其氏名、住所及印鑑ヲ屆出ツヘキモノトス

株式共有者ハ前項ノ外株主ノ權利ヲ行使スヘキモノ一名ヲ定メ之ヲ屆ツヘキモノトス

株主ノ法定代理人ハ其氏名、住所、印鑑及其資格ヲ證スル書面ヲ當會社ニ屆出ツヘキモノトス

前三項ニ異動ヲ生シタルトキ亦同シ

第十二條　株式ノ讓渡、相續、遺贈其他ノ事由ニヨリ名義書換ヲ爲サントスル株主ハ當會社所定ノ書式ニヨリ當事者連署シ之ニ株券並手數料ヲ添ヘ當會社ニ其請求ヲ爲スヘシ

第十三條　株券ノ毀損、汚損又ハ分合ニヨリ新株券トノ引換ヲ請求スルトキハ株券引換請求書ニ株券ヲ添ヘ之ヲ當會社ニ提出スヘシ、但當會社ニ於テ其眞僞ヲ鑑別シ難キトキハ株券亡失ノ例ニヨルモノトス株券ヲ亡失シ又ハ盜難ニ罹リタル株主ハ其事由ヲ詳記シタル書面ヲ作成シ當會社ノ承認スル保證人二名以上ノ連署ヲ以テ當會社ニ新株券ノ交付ヲ請求スルコトヲ得ルモノトス

前項ノ請求アリタルトキハ當會社ハ請求者ノ費用ヲ以テ直ニ其旨ヲ公告シ六十日ヲ經ルモ異議ヲ申出ツルモノナキトキニ限リ新株券ヲ交付スルモノトス此場合ニ於テ舊株券ハ當然無效トス

第十四條　株式ノ名義書換手數料ハ株券一通ニ付十錢トシ株券ノ引換其他新株券ノ交付手數料ハ新株券一通ニ付五十錢トス

第十五條　當會社ハ豫メ公告ノ上定時株主總會前三十日ヲ超エサル期間株式ノ讓渡ニヨル株券ノ名義書換ヲ停止ス

前項ノ外特ニ必要アルトキハ豫メ公告ノ上株式ノ讓渡ニヨル株券ノ名義書換ヲ停止スルコトアルヘシ

第三章　株主總會

（205）

198

第十六條　當會社ノ定時株主總會ハ毎年四月ニ臨時株主總會ハ必要アル毎ニ社長之ヲ招集ス

第十七條　株主總會ノ議長ハ社長之ニ當ル

第十八條　株主ハ當會社ノ他ノ株主ニ委任シテ其議決權ヲ行フコトヲ得此場合ニ於テハ其代理權ヲ證スル書面ヲ當會社ニ差出スヘシ

第十九條　株主總會ノ決議ハ出席シタル株主ノ議決權ノ過半數ヲ以テ之ヲ爲ス可否同數ナルトキハ議長ノ決スル所ニヨル

第二十條　株主總會ニ於テ決議シタル事項ハ之ヲ決議錄ニ記載シ議長及出席株主二名以上之ニ署名捺印スルモノトス

第四章　役員及取締役會

第二十一條　當會社ニ取締役四名以上、監查役二名以内ヲ置ク

第二十二條　取締役ノ任期ハ三年、監查役ノ任期ハ一年トス但各在任中ノ最終ノ決算期ニ關スル定時總會ノ終結以前ニ任期滿了スルトキハ其終結ニ至ル迄之ヲ伸長ス

第二十三條　取締役及監查役ハ十株以上ヲ有スル株主中ヨリ株主總會ニ於テ之ヲ選任ス

第二十四條　株主總會ノ決議ヲ以テ取締役中ヨリ社長一名專務取締役一名ヲ選擧ス

第二十五條　社長ハ當會社ヲ代表シ取締役會ノ議長トナリ當會社ノ業務ヲ總理ス、專務取締役

ハ社長ヲ輔佐シ當會社ヲ代表シ社務ヲ掌理シ社長事故アルトキハ之レニ代リ社長缺員ノトキハ其職務ヲ行フ、社長及專務取締役共ニ事故アルトキ又ハ缺員ノトキハ他ノ取締役ノ一人之ニ代リ又ハ其職務ヲ行フ

第二十六條　取締役會ハ取締役ヲ以テ組織シ當會社ノ重要ナル事項ヲ議決スルモノトス

第二十七條　取締役會ハ社長之ヲ招集シ其議事ハ出席者ノ議決權ノ過半數ヲ以テ決ス可否同數ナルトキハ議長之ヲ決ス

第五章　計算

第二十八條　當會社ノ營業年度ハ毎年三月一日ヨリ翌年二月末日迄トス

第二十九條　當會社ノ利益金ハ毎營業年度ニ於ケル總收入金ヨリ諸經費償却金及損失ヲ控除シタル殘額トス

第三十條　當會社ノ利益金ハ左ノ方法ニヨリ之ヲ處分スルモノトス

一、法定積立金　利益金ノ百分ノ十以上

二、從業員退職給與積立金　利益金ノ百分ノ一以上

三、役員賞與金　利益金ノ百分ノ五以内

四、利益金ニ前期繰越金ヲ加ヘタル金額ヨリ前三號ノ金額ヲ引去リタル殘額ハ之

197

チ株主ニ配當シ又ハ特別積立金トシ若ハ後期繰越金トス

第三十一條　株主配當金ハ毎決算期末日ニ於ケル株主名簿記載ノ株主ニ支拂フモノトス
前項ノ配當金ハ支拂開始ノ日ヨリ起算シ五年間支拂ノ請求ナキトキハ當會社ノ所得トス

第三十二條　當會社ノ負擔ニ歸スヘキ設立費用ハ五千圓以内トス

第三十三條　當會社ノ發起人ノ引受株數、住所及其氏名左ノ如シ

范旭东关于永利化学工业公司负债严重应采取措施及想法致傅冰芝的函（一九四四年一月九日）

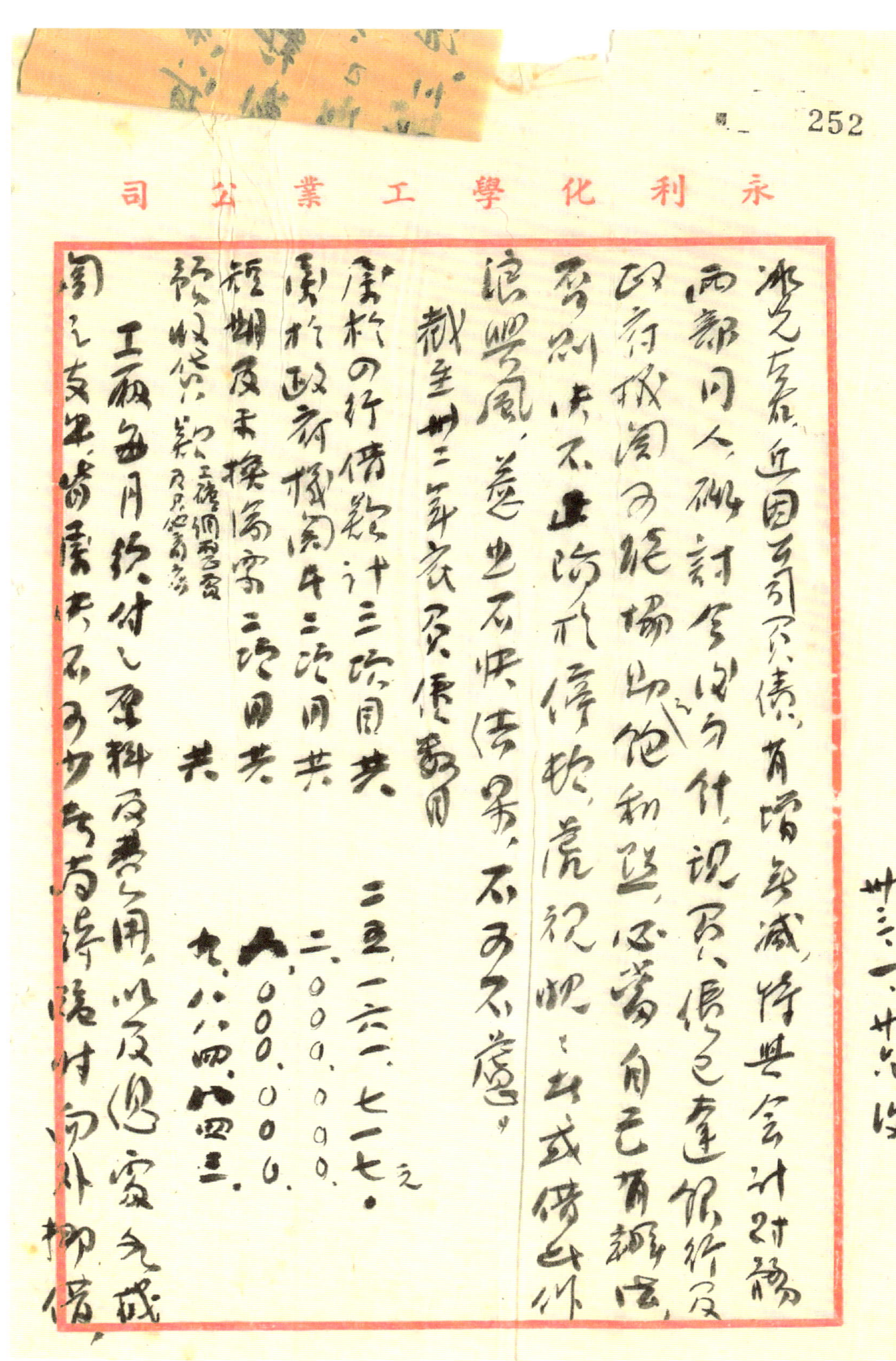

252

永利化學工業公司

卅三、一、廿六、收

冰兄左右：近因公司負債有增無減，特與會計財務兩部同人研討公司之付現負債，已達銀行及政府機關可能協助之程度，必當自己有辦法，否則決不止於停頓，荒視此此或借此作浪費風，恐出不快結果，不可不慮。

截至卅二年底負債數目

屬於同行借款計十三項，共 二五，一六一，七一七．之

屬於政府機關計二項，共 二，〇〇〇，〇〇〇．

短期及未換滿案二項，共 八，〇〇〇，〇〇〇．

預收貨款（內工礦調整處及兵工署貨款） 共 九，八八四，八四三．

工廠每月須付之原料及其他費用，以及[illegible]，閒之支出，皆屬失不可少，都有待隨時向外挪借，

253

永利化學工業公司

失信，果為外加電價錫，故脫出此危險，希望斷煤之
增產（此為煤每日三百噸）可能達到目的，使電動力方面凡可
需求，此間必為極力設法，今後務求不至中斷停滯，
之方面則計停止，即暫時不受塞之照管，
供給活動再說。
現在化行方面之活動力，經已說過，已達飽
和點，故以後做儲蓄，務望　本處多注意於
批發出賬貨倍價之貨來源，並須著手無疑，
對外失信。　凡已收貨款而未提取之貨，無論
提出一部分或未曾一度，以週轉金融，供提取
時，從係補充，免致有名無實失信，目前許多紀之至

永利化學工業公司

資力充裕，而買貨並非立採用包工程，故時限恐不十分要緊。工廠所欠未做之樣，非自定一確期償還，如能在最近三個月內，除本廠自用及償還一小部分積欠外，能够匀出五百噸至一千噸對貨，換用現金週轉，停做涂要，此間可感嘉惠矣。以上各項之外，彼有可能為總處協助者，請與本處章君及謝業章趙洽商量其條見示，是幸。順頌

大安

[illegible]

卅三、一、九

沙坪壩

范旭东关于「永利化学工业公司川厂损失大、获利难，想法紧缩开支」给永利化学工业公司南京铔厂函（一九四四年四月五日）

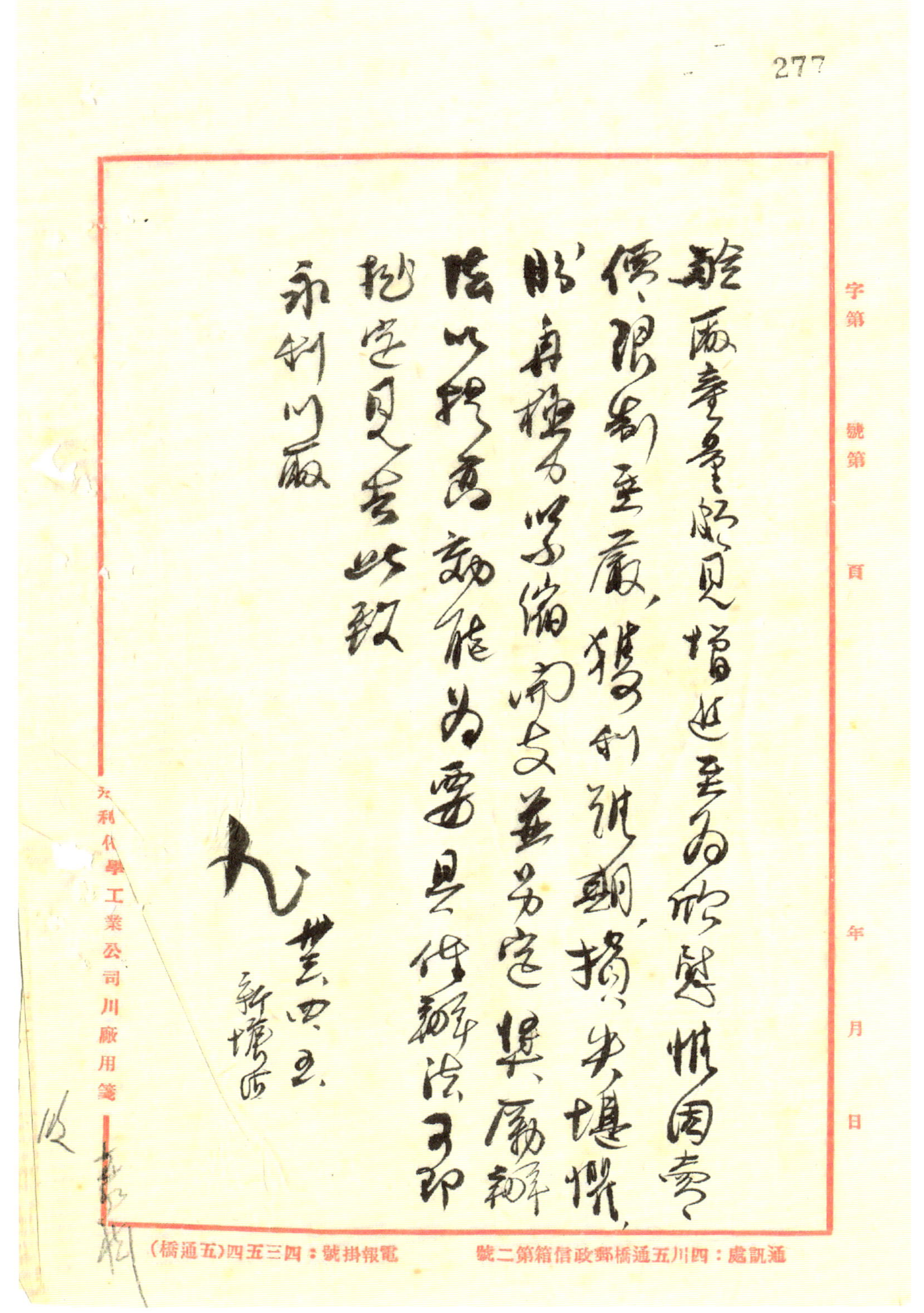

277

永利化學工業公司川廠用箋

通訊處：四川五通橋郵政信箱第二號　電報掛號：四三五四（五通橋）

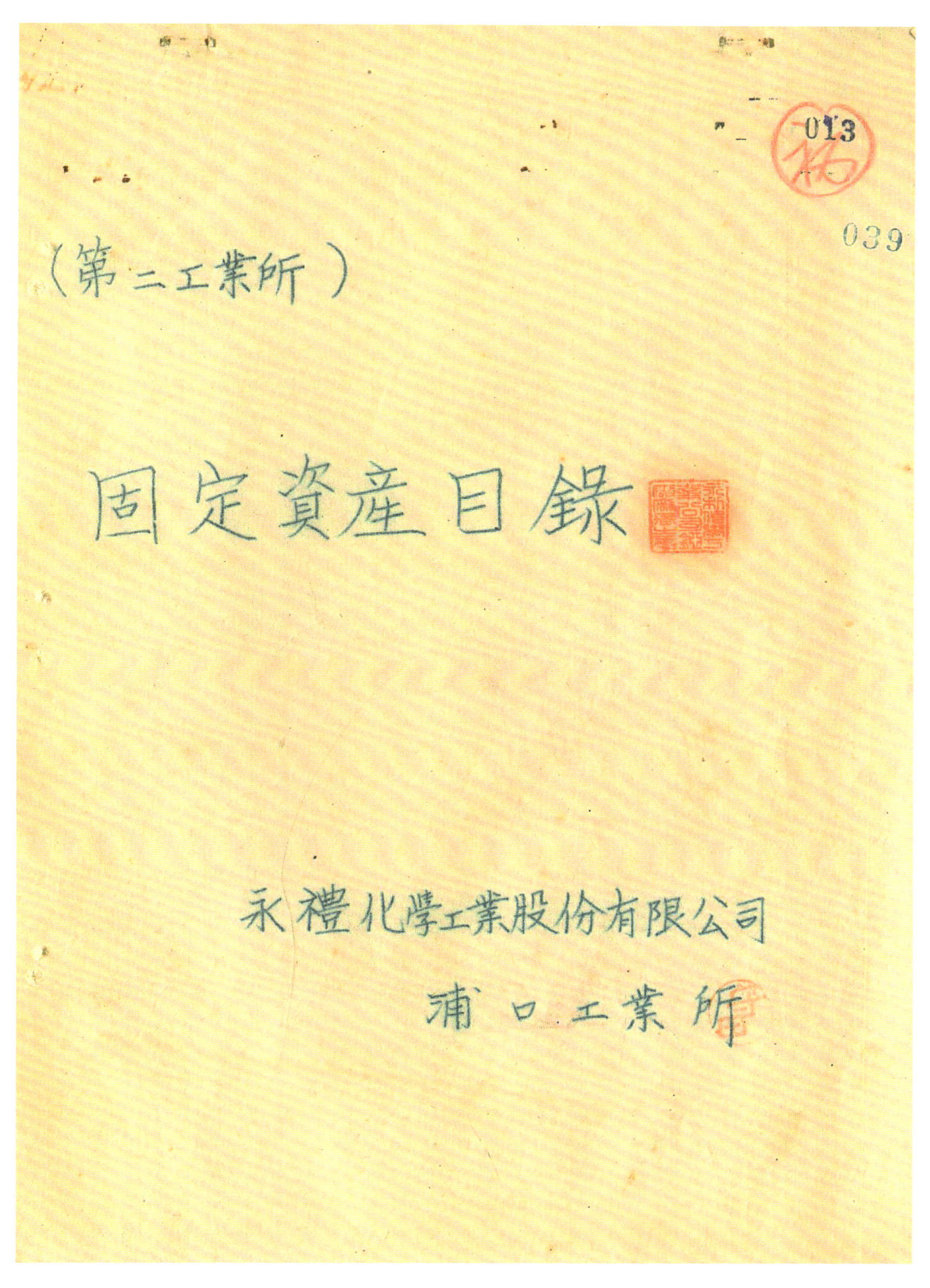
（第二工業所）

固定資産目録

永禮化學工業股份有限公司

浦口工業所

033

007

第二工業所固定資產

摘要	數量	金額		備考
土地	158,961坪	1,241,876,070	76	整地費ヲ含ム
建物	別紙	2,918,564,203	00	
機械	〃	3,095,475,600	00	
		7,255,915,873	76	

第二工業所土地買收表

No.1

等級	畝數		單價		金額		備考
第一期							
一等地	205	496	80,000	00	16,439,680	00	
二等地	18	847	50,000	00	942,350	00	
三等地	2	076	30,100	00	62,280	00	
山甲	76	270	25,000	00	1,906,750	00	
山乙	138	516	13,000	00	1,800,708	00	
建築地	2	976	80,000	00	238,080	00	
農場	20	936	80,000	00	1,674,880	00	
菜園	2	378	80,000	00	190,240	00	
果實園	1	618	80,000	00	129,440	00	
水塘	11	915	65,000	00	774,475	00	
合計	481	028			24,158,883	00	
第二期							
一等地	60	579	80,000	00	4,846,320	00	
二等地	6	949	50,000	00	347,450	00	
三等地	7	724	30,000	00	231,720	00	
山甲	69	422	25,000	00	1,735,550	00	
山乙	109	316	13,000	00	1,421,108	00	
水塘	1	394	65,000	00	90,610	00	
合計	255	384			8,672,758	00	
第三期							
一等地	31	499	120,000	00	3,779,880	00	
二等地	4	438	80,000	00	355,080	00	
山甲	24	087	40,000	00	963,480	00	
山乙	6	398	20,000	00	127,920	00	
合計	66	422			5,226,360	00	
總計	802	834			38,058,001	00	

035

R009

建物

摘要	號數	建物ノ種類	建坪	單位	金額		備考
B工場ノ分		煉瓦積洋瓦葺洋館	~~350~~	M²			
雜品倉庫	1.2	〃	350	〃	180,508.477	00	
硝子精製室	3	〃	199	〃	102,631,963	00	
硫黄〃	6	〃	183	〃	94,380.146	00	
二味混和室	7	〃	175	〃	90,254,238	00	
三味〃	8-1/2	〃	264	〃	136,154,965	00	
破碎室	10	〃	125	〃	64,467.313	00	
水压室	11-1	〃	128	〃	66.014,529	00	
水压造粒円形室	11-2	〃	128	〃	66,014,529	00	
造粒篩粉	12	〃	141	〃	72,719,129	00	
乾燥室	13	〃	154	〃	79,423,730	00	
收函室	14	〃	67	〃	34,554,480	00	
混同室	15	〃	64	〃	33,007,264	00	
光澤室	16	〃	115	〃	59,309,928	00	
假置場	18-1.3/2.4	〃	42	〃	21,661,017	00	
火藥庫	19	〃	32	〃	16,503,632	00	
更衣室	21	〃	264	〃	136,154,965	00	
便所	23-1/2	〃	27	〃	13,924,940	00	
事務室	24	〃	90	〃	46,416,465	00	
警備本部	26	〃	228	〃	117,588,379	00	
ボイラー室	30	〃	173	〃	89,222,761	00	
給水ポンプ室	32	〃	45	〃	23,208,232	00	
守衛所	22	〃	52	〃	26,818,402	00	
変電所	24	〃	60	〃	30,944,310	00	
望樓		煉瓦積鉄筋コンクリート屋根	84	〃	43,320,441	00	
T.M工場ノ分							
雜品倉庫	1	煉瓦積洋瓦葺洋館	105	〃	54,152,543	00	
テトリール庫	2	〃	35	〃	18,050,848	00	
アルコール庫	3	〃	77	〃	39,711,865	00	

036

P.2 010

摘要	號數	建物ノ種類	建坪	單位	金額		備考
爆粉庫	4	煉瓦積 洋瓦葺 洋館	28	M2	14,440,678	00	
雷管庫	5	〃	28	〃	14,440,678	00	
管体製造室	6	〃	194	〃	100,053,270	00	
雷管熱処理室	7	〃	49	〃	25,271,187	00	
雷汞化成室	8	〃	208	〃	107,273,609	00	
爆粉混合室	9	〃	81	〃	41,774,819	00	
造粒室	10	〃	40	〃	20,629,540	00	
風晒室	11	〃	54	〃	27,849,879	00	
拂拭篩分室	13-½	〃	98	〃	50,543,973	00	
雷管填薬室	14	〃	163	〃	84,065,376	00	
雷汞水蓄室	15	〃	24	〃	12,377,724	00	
事務室	20	〃	78	〃	40,227,603	00	
乾燥室	12	〃	287	〃	148,016,951	00	
N工場ノ分							
雜品倉庫	3	〃	175	〃	90,254,238	00	
二次混和仕上室	8	〃	745	〃	384,225,187	00	
					2,918,564,203	00	

機械

品名	数量	單位	金額		備考
水圧機	6	台	198,000,000	00	
水圧ポンプ	2	〃	75,100,000	00	
手働圧搾機	3	〃	25,800,000	00	
管体圧搾機	4	〃	34,400,000	00	
微粉砕機	2	〃	67,000,000	00	
高圧ポンプ	3	〃	90,000,000	00	
截断機	1	〃	15,800,000	00	
粉砕分離機	1	〃	45,900,000	00	
減速機	5	〃	65,000,000	00	
空氣圧縮機	2	〃	30,000,000	00	
微粉砕機	3	〃	105,000,000	00	
粗粉砕機	1	〃	50,000,000	00	
湿和機	2	〃	24,000,000	00	
破砕機	2	〃	70,000,000	00	
造粒機	1	〃	28,000,000	00	
送風機	1	〃	78,000,000	00	
光澤機	1	〃	19,900,000	00	
電動機	76	〃	1,973,575,600	00	
汽缶(小)	2	基	100,000,000	00	
合計			3,095,475,600	00	

三、损失调查办法

143　181

永利化學工業公司
YUNGLI CHEMICAL INDUSTRIES, LTD.

No.

年　月　日

抗戰損失調查辦法　三十四年九月二十一日內政部抗戰損失調查委員會公布（第一次委員會會議修正）

第一條　自九一八事變之日起凡在中華民國領土內所有中國之公私機關團体或人民因抗戰被敵强佔奪取徵發破壞轟炸或殺戮姦擄等暴行遭受之損失或中國在敵國領土及其侵略區內遭受之損失應由中央及地方有關機關依左列各款調查並送內政部抗戰損失調查委員會（以下簡稱本會）並得委托其他機關或延聘中外人士担任查报与通讯

一、人民傷亡之損失

二、人民私有財產之損失

三、中央省市縣各級政府及其所屬機關公有財產之損失

四、公立或私立各级学校財產之損失

五、公營或民營事業財產之損失

六、人民團体之損失

七、古物書畫之損失

八、關于國家经常歲入減少之損失

九、關于國家经常歲出或臨時支出增加之損失

144

182

永利化學工業公司
YUNGLI CHEMICAL INDUSTRIES, LTD.

No.　　　　年　　月　　日

十、關于淪陷區天然資源之損失

十一、關于淪陷區金融破壞之損失

十二、關于因敵人在淪陷區經營工礦交通及其他生產事業所受之損失

十三、關于中國之公私機關團体或人民在敵國領土及其佔領區內之損失

十四、關于敵國公私機關團体或人民所欠中國公私機關團体或人民債務之損失

十五、關于人民在淪陷區因被迫吸食毒品及種植毒品所受之損失

十六、其他損失

第二條　前條規定各款之損失應由各主管機關督飭所屬切實調查登記并填具報告書(表)轉送本會審核彙編

前項所稱主管機關在中央為各部會署處，在省(市)為省(市)政府

第三條　各機關查報損失之報告書(表)由主管機關依照抗戰

永利化學工業公司
YUNGLI CHEMICAL INDUSTRIES, LTD.

No.……… ……年……月……日

損失查報需知附表分類列報具有價值可計者應以損失時之價值為準

第四條 本辦法施行前如各机關查有屬於第一條各款損失之資料應由該管主管机關全部彙送本會核編其未經查報或查報不完全者並于收到本辦法後從速查報

第五條 各机關為辦理查報損失之便利得斟酌當地實際情形依本辦法制定必要之章則

前項章則並呈由主管机關核轉內政部備案

第六條 屬于軍事範圍之抗戰損失調查辦法另定之

第七條 友邦在華公私机關團体或人民在中國領土或敵國領土及其佔領區內所受之損失依照互惠原則登記之

第八條 本辦法自公佈日施行

永利化学工业公司抗战损失查报须知（一九四五年九月二十一日）

148

184

永利化學工業公司
YUNGLI CHEMICAL INDUSTRIES, LTD.

No.…………　　　　……年……月……日

抗戰損失查報需知　三十四年九月二十一日内政部抗戰損失調查委員會第一次委員會議修正

一、抗戰損失之範圍：

抗戰損失之範圍包括自九一八事變起凡在中華民國領土内所有中國之公私機關團体或人民因抗戰被敵強佔攫取徵發破壞轟炸或殺戮奸擄等行為所遭受之損失或中國与友邦在華之公私團体机關或人民在敵國領土及其佔領區内遭受之損失其時期之分劃如左：

1.前期自民國二十年九月十八日起至二十六年七月六日止

2.後期自民國二十六年七月七日起至戰爭結束止

二、人口傷亡查報方法：

人口傷亡除傷亡將士由軍政部督同各部隊調查外概由各市縣政府于被敵軍攻擊或被敵机轟炸地點派員督同該管警察及鄉鎮長依照人口傷亡調查表（表式1）逐戶調查據實填載三份報由縣市政府抽存一份以二份轉呈省政府抽存一份以一份轉送内政部抗戰損失調查委員會（以下簡稱本會）

三、公私財產直接損失分類：

公私財產直接損失除關于軍事方面者統由軍政部督飭所屬

永利化學工業公司
YUNGLI CHEMICAL INDUSTRIES, LTD.

No.…………　　　　年　月　日

機關部隊查報外給予左列各款：

1. 人民傷亡之損失
2. 人民私有財產之損失
3. 中央省市縣各級政府及其所屬機關公有財產之損失
4. 公立或私立各級學校財產之損失
5. 公營或民營事業財產之損失
6. 人民團體財產之損失
7. 古物書畫之損失
8. 關于國家經常歲入減少之損失
9. 關于國家經常歲出或臨時支出增加之損失
10. 關于收復區天然資源之損失
11. 關于收復區全部破壞之損失
12. 關于因敵人在淪陷區經營農礦交通及其他生產事業所受之損失
13. 關于中國之公私機關團體或人民在敵國領土及佔領區內之損失

148

186

永利化學工業公司
YUNGLI CHEMICAL INDUSTRIES, LTD.

No.　　　　年　　月　　日

14. 関于敌国公私机関团体或個人所欠中国公私机関团体或人民债务之损失

15. 関于人民在沦陷区因被迫吸食毒品及种植毒品所受之损失

16. 其他损失

四、财产直接损失查报方法：

1、第三条各款之损失属于中央各级机関者由中央机関学校或事业之主办人员于被敌军攻击或敌机轰炸财产受有损失时填具财产损失报告单（表式2）二份报告主管部会以一份抽存一份转送本会以保存有财产损失并应根据上项报告单填列汇报表（表式3-17（但如有官商合办事业应将其商股名下应摊损失数目应另填一表汇报私立专科以上学校损失应与国立学校损失分别汇报以免公私混淆）二份报告主管部会以一份抽存一份转送本会为俟部会本身受有损失亦应填列单表迳送本会

永利化學工業公司
YUNGLI CHEMICAL INDUSTRIES, LTD.

No.　　　　年　　月　　日

187 149

2. 第三條各款之損失屬于省市各機關者由省市機關學校或事業之主管人員於被敵軍攻擊或敵机轟炸財產受有損失時填具財產損失報告單(表式2)二份報告省市政府以一份抽存一份轉送本會並須公有財產損失並應根據上項報告單填列彙報表(表式3-17)(但如有官商合辦事業遭受損失其商股名下應攤損失數目應另行列表彙報於其中中小學校損失亦應省市主管學校損失分別彙報以免分類混淆)二份報告省市政府以一份抽存一份轉送本會並須省市政府本身學有損失亦應填具單表分送本會

3. 第三條各款之損失屬于縣市機關者由各縣市機關學校或事業之主辦人員於被敵軍攻擊或敵機轟炸時財產受有損失時填具財產損失報告單(表式2)三份報告縣市政府一份抽存二份轉呈省政府一份抽存一份轉送本會並須公有財產損失並應根據上項報告單填列彙報表(表式3-13)(但如有官商

永利化學工業公司
YUNGLI CHEMICAL INDUSTRIES, LTD.

No.______ ____年____月____日

呈報事業遭受損失,其商股名下應行損失數目,應另列一表呈報。私立學校損失亦應由縣市立學校及鄉鎮保甲損失分别彙報,以免混淆)三份,報告縣市政府,以一份抽存,二份轉呈省政府,以一份抽存,一份轉送本會。如係縣市政府本身受有損失,亦應填具報表各一份,呈送省政府,以一份抽存,一份轉送本會。敵人攻擊轟炸以前,関于公有建築物等自我破壞之損失,應由主管機關及所在地縣市政府負責列報。

4 第三條各款之損失屬于人民及團体者,由各縣市政府根據敵軍攻擊或敵機轟炸地點,派員前往,會同該管警察、鄉鎮長及農工商會等團体,令受損失之人民團体據實填具財產損失報告單(表式之)三份,交由該管鄉鎮長或所屬團体加章轉報縣市政府(又不能覓得物主時,可由鄰居同業或保甲長代為彙報),以一份抽存,二份轉呈省政府,以一份抽存,一份轉送本會。但銀行業之損失得收三份,概由銀行公會以一份抽

永利化學工業公司
YUNGLI CHEMICAL INDUSTRIES, LTD.

No. 　　年　　月　　日

存二份轉呈財政部以一份抽存一份轉送本会

六、官商合辦之事業其官股部分由國庫支出者則視為國營事業其損失逕報主管部會其官股部分係省款或市縣款則視為省營或縣市營事業其損失報告省或市縣政府但各項附註官股或商股成份該部会或該省市縣政府於彙報損失時對于此種官商合辦事業應將其各項損失數目按照官商股成份攤算將官股應攤損失分別填列財產損失彙報表以示區別

五、凡在機關學校或公營事業內服務員工及經營農工商業加入職業團体者如家屬有傷亡私人財產有損失均可填具表單（表式1及2）由服務之機關學校或團体等轉報其餘人民仍應自行向縣市政府或鄉鎮公所呈報原籍淪陷者可向寄籍地市縣政府或鄉鎮公所具報惟須注意不得重報服務機關學校團体之主管人及縣市政府鄉鎮公所均負審查之責

152

190

永利化學工業公司
YUNGLI CHEMICAL INDUSTRIES, LTD.

No. ________ 年 月 日

六、呈報人口傷亡及財產損失表件時應儘量附呈證件由縣市政府鄉鎮公所或查驗蓋章證明並在原表上加以注明重要證件須於填送者並送本會

七、飭告人民報告損失：

各地方人口傷亡及私有財產損失除由縣市政府依照四、五兩條辦法調查外並應飭告人民有上項損失者可向該管鄉鎮或所屬農工商會等團體報告以期周至

八、間接損失之分類：

㈠公私財產間接損失應查報左列三項。

1. 各機關各學校費用之增加

2. 各種營業可獲純利額之減少及其費用之增加

3. 傷亡人員之醫藥埋葬等費

九、間接損失查報方法：

1. 關於各機關各學校因抗戰增加之支出如遷移費防空設備費疏散費救濟費撫卹費等應由各機關學校之主辦人員負責據實填支出款表（見附表式18）分別報告主管

永利化學工業公司
YUNGLI CHEMICAL INDUSTRIES, LTD.

No.　　　　　　　　　　　　年　　月　　日

部會及各省市縣政府（各部會直屬機關國立學校及私立專科以上學校報告主管部會，省屬機關省立學校及私立中學報告省政府，市或縣屬機關市或縣立學校鄉鎮保小學報告市或縣政府）。各該部會及各該省縣市政府將所屬機關學校表報彙核後加入本機關間接損失彙列總表（表式18）（但私立學校之損失應與國省市縣立學校之損失分別列表以別公私）呈送本會。

乙. 各種營業可獲純利額之減少，國營者應由該事業之主辦人員依後列計算方法儘最實估計，並查明因抗戰增加之費用（限於遷移費、防空費、救濟費、撫卹費四項）列表（表式19）報告主管部會彙列總表（表式19）呈送本會；縣市營者則由縣市政府彙列總表（表式19）二份，以一份呈送本會，以一份呈送該管省政府備查；民營者則由當地之商號團體調查估計列表（表式26）報由縣市政府彙列總表（表式27）二份，以一份送本會，以一份送該管省政府備查；官商合辦事業間接損失仍照

永利化學工業公司
YUNGLI CHEMICAL INDUSTRIES, LTD.

No.　　　　　　年　　月　　日

四、條5款所定办法查报

復純利减少之計算方法

營業在戰前獲利而本年獲利較少者：

1. 營業經報淨數或營業總得淨數＝營業總額與營業用數之差

可獲純利减少＝戰前三年營業經報淨數平均數—本年營業經報淨數

（如營業三年不足一年亦可以照常經報淨數平均數計算其損失之總數按照本年營業

近數可獲淨數）

營業在戰前獲利而本年損失者用下式：

2. 可獲純利减少＝戰前三年營業經報淨數平均數＋本年營業總得損失數（如營業

三年不足一年亦可以照常經報淨數平均數計算其損失之總數按照本年營業

營業經報可獲淨數）

營業在戰前虧損而本年亦虧損者用下式：

3. 可獲純利减少＝本年營業總得損失數—戰前三年營業總得損失數平均數

（如營業三年不足一年亦可以照常經報淨數平均數計算其損失之總數按照本年營業

近數可獲淨數）

六、關於地方之損失查報：

永利化學工業公司
YUNGLI CHEMICAL INDUSTRIES, LTD.

No.…… 年 月 日

蒙古各盟旗地方人民傷亡及公私財產直接間接損失由蒙藏委員會徵照本會附件辦法製定表式令飭各盟旗長官查報

十、華僑損失之查報：

旅外華僑因抗戰遭受之損失由僑務委員會會同外交部制定表式查報之

十一、收復區損失之查報：

1.收復地區應由該管市縣政府即時清查區內損失實情具報，克復地區內損失實情清查報告表（表式列）層送本會

十二、價值之計算及其標準：

財產損失價值均係損失時之價值為準，其有購置時之原價可查者亦應列報其原價為國幣一元論係限于必要時得以偽幣其他折合計算

十四、查報各表紙幅：

表紙一律長二八公分寬二〇·五公分

完

永利化学工业公司关于制定复建战期损失补助办法与农林部的合约（抄件）（一九四七年三月十八日）

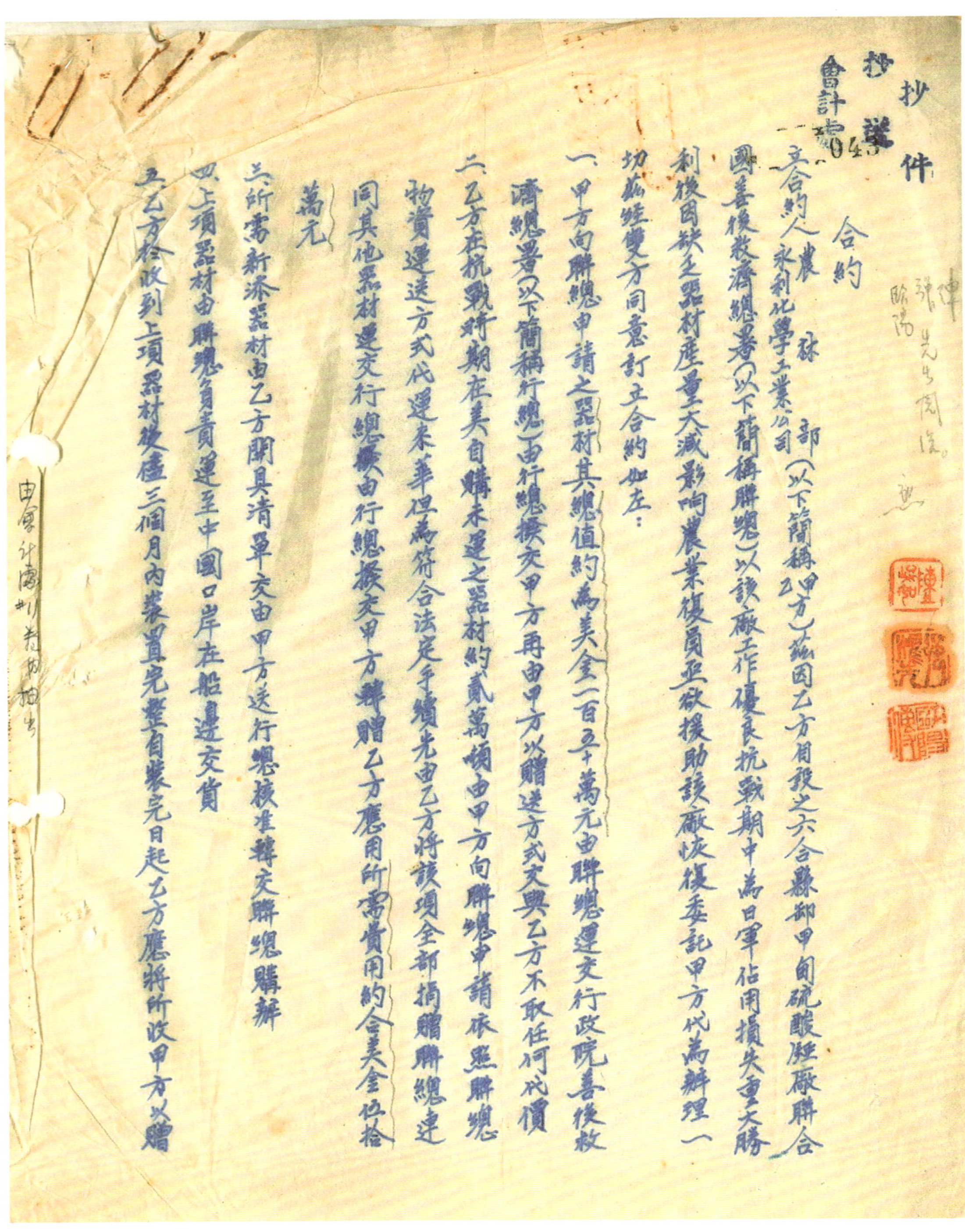

抄件

抄送會計處

合約

立合約人 農林部（以下簡稱甲方）
永利化學工業公司（以下簡稱乙方）茲因乙方自設之六合縣卸甲甸硫酸錏廠聯合國善後救濟總署（以下簡稱聯總）以該廠工作優良抗戰期中為日軍佔用損失重大勝利後因缺乏器材產量大減影響農業復員亟欲援助該廠恢復委託甲方代為辦理一切茲經雙方同意訂立合約如左：

一、甲方向聯總申請之器材其總值約為美金一百五十萬元由聯總運交行政院善後救濟總署（以下簡稱行總）由行總撥交甲方再由甲方以贈送方式交與乙方不取任何代價

二、乙方在抗戰時期在美自購未運之器材約貳萬噸由甲方向聯總申請承恩聯總物資運送方式代運來華俾為符合法定手續先由乙方將該項全部捐贈聯總連同其他器材運交行總擬由行總撥交甲方轉贈乙方應用所需費用約合美金伍拾萬元

三、所需新添器材由乙方開具清單交由甲方送行總核准轉交聯總購辦

四、上項器材由聯總負責運至中國口岸在船邊交貨

五、乙方於收到上項器材後儘三個月內裝置完整自裝完日起乙方應將所收甲方以贈

送方式交與乙方之器材價值及運費之美金總數平均分六年以同等之硫酸錏捐贈甲方其計算方法為將每月由乙方捐贈甲方之硫酸錏按照該月硫酸錏廠內交貨之市價及政府頒布之美金官價折算美金數額以於六年內乙方捐贈甲方之硫酸錏總額及價值等於甲方贈送乙方之器材及運費之原值為止但此項器材之價值及運費甲方不計利息

前項由乙方捐贈甲方之硫酸錏甲方應作為推廣及實驗之用

六、如遇非人力所能預防或抵抗之阻礙以致乙方工廠產量減低無力捐贈或竟至全部停頓乙方對於第五條規定應交之硫酸錏數量得酌量延交

七、如遇双方有争執時由双方各指定一會計師再由此二會計師公推一人組織仲裁會解決之。

八、本合約自双方簽字之日起發生效力并備具本合約一式三份以一份由甲方呈行政院備案其餘二份由甲乙兩方分執之

立合約人 農林部部長 周詒春

永利化學工業公司錏廠代表 范鴻疇

見証人 行總代表 李卓敏

中華民國三十六年三月十八日立

永利化学工业公司关于制定复建战期损失补助办法给该公司南京铔厂的公函（一九四七年五月二十七日）

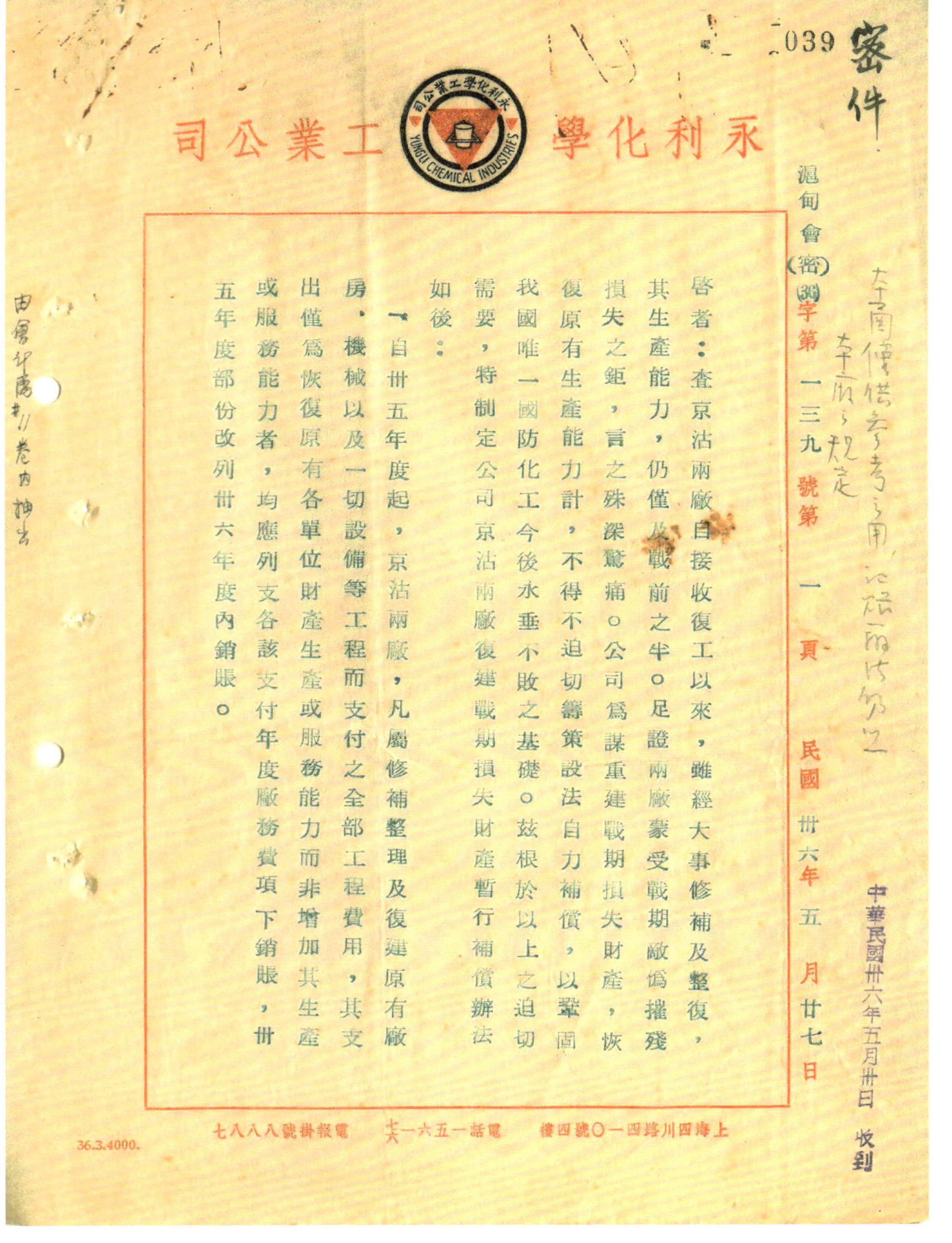

039

密件

永利化學工業公司

YONGLI CHEMICAL INDUSTRIES

滬甸會(密)(36)字第一三九號　第一頁　民國卅六年五月廿七日

啓者：查京沽兩廠自接收復工以來，雖經大事修補及整復，其生產能力，仍僅及戰前之半。足證兩廠蒙受戰期敵僞摧殘損失之鉅，言之殊深驚痛。公司爲謀重建戰期損失財產，恢復原有生產能力計，不得不迫切籌策設法自力補償，以鞏固我國唯一國防化工今後永垂不敗之基礎。茲根於以上之迫切需要，特制定公司京沽兩廠復建戰期損失財產暫行補償辦法如後：

一、自卅五年度起，京沽兩廠，凡屬修補整理及復建原有廠房，機械以及一切設備等工程而支付之全部工程費用，其支出僅爲恢復原有各單位財產生產或服務能力而非增加其生產或服務能力者，均應列支各該支付年度廠務費項下銷賬，卅五年度部份改列卅六年度內銷賬。

上海四川路一一〇號四樓　電話一五一六七／八　電報掛號八八八七

36.3.4000.

中華民國卅六年五月卅日　收到

永利化學工業公司

滬何會（密）字第一三九號第二頁

民國卅六年五月廿七日

二、會計方法　由廠方每年度預行編製復建戰期損失財產預算表，經函准總處定案後，再行按期逐步實施各項復建工程。其年度復建工程預算核定額應平分十二個月，於每月初平均付入賬內：（借）廠務費－復建戰期損失財產工程費（簡稱復建工程費）目內，（貸）復建戰期損失財產準備（簡稱復建準備）。

實付各項工程費用時，另設「復建戰期損失財產工程賬」（簡稱復建工程賬），仿照通常「在建工程」理賬法處理，俟各單位復建工程完工時，將結出之全部工料費用成本，轉入「復建準備」目內銷賬。年終結算時，應先依照其尚未完工部份之工程費用數額，將「復建準備」貸方餘額調節相抵，如準備餘額有多或少差額時，統轉入十二月份「復建工程費

上海四川路四一〇號四樓　電話一五一六一六　電報掛號八八八七

36.3.4000.

041

永利化學工業公司

滬甸會字第一三九號第三頁　民國卅六年五月廿八日

」一目內銷正。

三、戰前賬面原有各項資產現尚使用者，照舊計算折舊，經重估者，照重估值計算折舊，不另提存重置準備，或增值折舊準備。

四、戰前賬面原有資產戰期毀失已經轉入損失銷賬者，於該項財產復建完工後仍照戰前原價或重估價補列資產項下，并照計算折舊。其復建工程總成本與其原價或重估價之差額轉入「復建準備」內銷賬。

五、兩廠年度終編製借貸對照表時，應將「復建工程賬」借差與「復建準備」貸差互抵，剔除不列。

六、兩廠新增工程可以增加原有財產生產能力者，均照已往「在建工程」轉入資產成例辦理，本辦法不適用之。

上海四川路四一〇號四樓　電話一五一六六　電報掛號八八八七

36.3.4000.

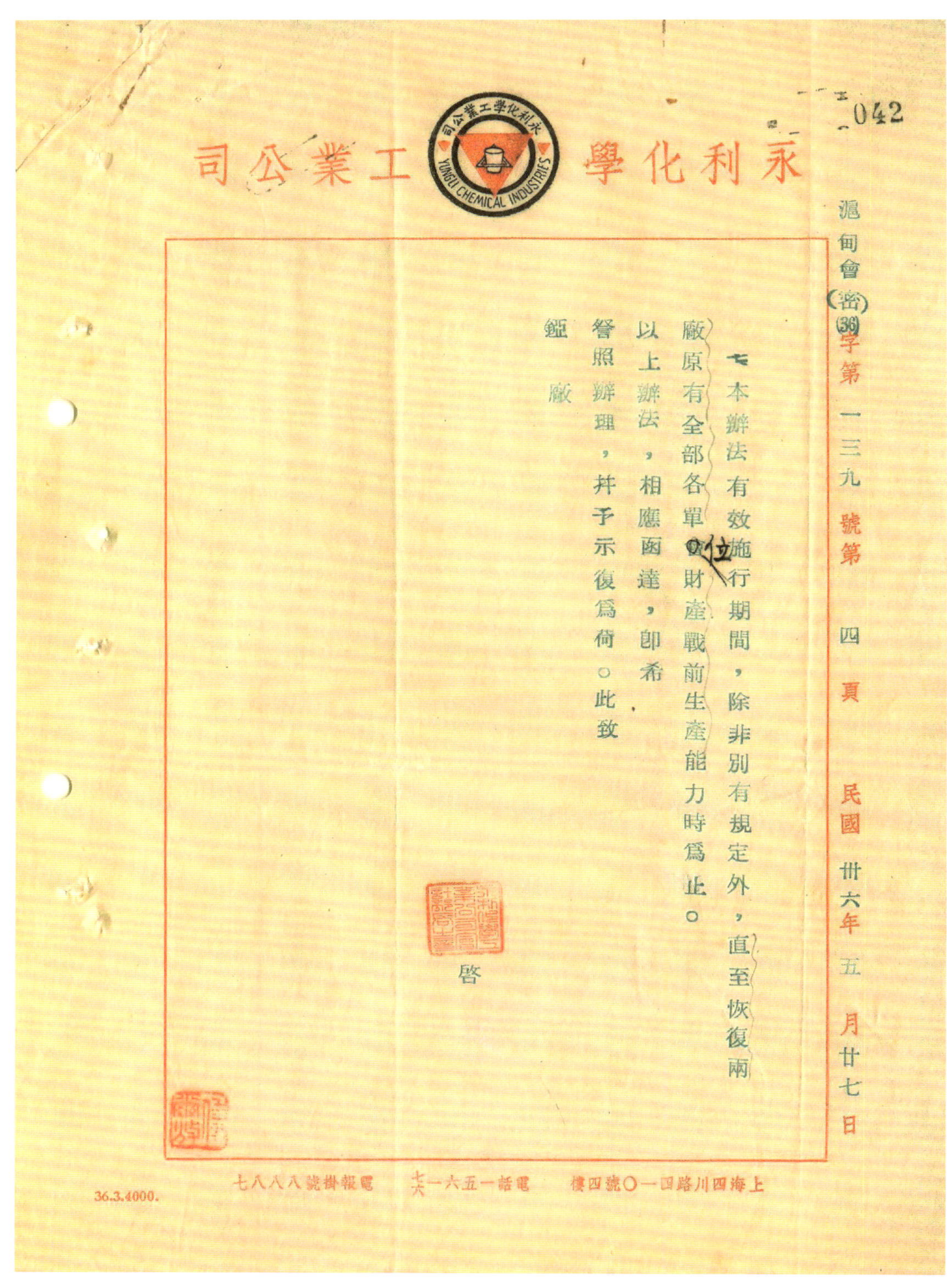
042

永利化學工業公司

滬甸會(密)(36)字第一三九號第四頁

民國卅六年五月廿七日

七、本辦法有效施行期間，除非別有規定外，直至恢復兩廠原有全部各單位財產戰前生產能力時爲止。

以上辦法，相應函達，即希

督照辦理，并予示復爲荷。此致

鈺廠

啓

上海四川路四一〇號四樓　電話一五一六一七　電報掛號八八八七

36.3.4000.

四、损失调查表、统计清册及相关公文

永利化学工业公司南京錏厂关于该厂情况与日方永礼化学工业株式会社副社长玉置丰助氏的谈话记录（一九四五年九月九日）

中華民國三十四年九月九日上午九時與日方永禮化學工業株式會社負責人副社長玉置豐助氏在上海談話記錄

今日談話與接收無關僅欲明瞭卸甲甸錏廠淪陷以後情形與最近狀況並盼能即日前去察看；

以下為玉置氏談話：

一、經過：

三井洋行與東洋高壓南社於民國廿七年三月間接日本軍方命令接收永利錏廠並受托經營四月間前去接收至五月間組織永禮化學工業株式會社由「南京政府」偽組織實物出資百分之四十即以原有殘存財產作抵由日方三井洋行與東洋高壓合出資金百分之六十備供修理添置與經營之用當時創痍滿目經年餘之整理修添翌年八月始得出貨第一年產量二萬五千噸第二年增至三萬噸第三年增至三萬五千噸工作漸上軌道售價因硫酸錏在國嚴格統制之中製造成本與開支外酌加合法利潤故雖出品年有增加而所得利潤並未隨以遞增去年秋季以後原料煤炭均生問題機件五金尤感缺乏時作時息本年七月初復接日本軍方命令特配煤斤飭即復工原定九月重行製造不期八月十日工作又告停頓當業務順利進展時日本軍方以錏廠為第一工業所另飭在廠旁購地三百畝設廠製造開始採

鑛用之炸藥作爲第二工業所機械設備裝置越半載旋亦中途停頓現在兩國間已化干戈爲玉帛在技術與科學的立場上希望原主即日接收繼續生產綫鉛廠乃中日雙方技術結晶萬不能再事破壞即在人情上言數年心血更不忍付諸東流此事有關雙方協定細則與中國政府法令不可私相授受希望在可能範圍內得於修配完整即可復工之狀態中廠歸原主·

二、近況：

1 建築　全廠數千畝原僅區以竹籬現則築有磚墻職工宿所住宅醫務添置當初破壞損各部亦經修復原狀·

2 硝酸廠　該廠被炸損失甚鉅剩餘酸塔與廢鐵於民國三十一年經日本軍方與「南京政府」僞組織同意以日金四十二萬元出售此款仍在準備基金項目中其後以小規模陶器設備繼續製造·

3 硫酸廠　原有設備用硫礦作原料及硫礦不繼原擬添置二十噸自動粉鑛爐二座技術方面本無問題以資料關係改用新案之人工粉鑛爐採馬鞍山硫化鐵鑛作原料製造硫酸出品合格現在廠存粉鑛約萬噸平均含硫質百分之四二·

4 煤炭　日本軍方重命開工時配得大量中興煤現尚剩餘不少確數待查全部財產細目結至八月十五日止正在編製中設備較接收時有增無減·

5 財政　日本三井洋行與康洋高壓投資日金三百六十萬圓其後陸續添增截至八月十五日止之資產負債及損失利益正在結算與歷屆決算報告可以提供參考。

6 職工　正常開工時日籍職工三百名華籍職工近千名臨時苦工七八百人現除日籍職工留廠警備外華籍職工大部解僱若即行復工則日籍技術員尚未離廠華人職工不難重行召集不致影響工作。

丙 希望：

原主接收後最好准予日本技術人員以工作機會若接收開工尚須時日為避免工廠因停工而受金錢與設備有形無形之消耗及製品供應業務上與需要者間接直接之損失起見苟原主能取得當局諒解以書面委托繼續在一定期間內代爲經營亦願接受承辦但每月數萬萬儲幣須籌無力墊本而損益計算則須劃期分擔以免混同。

再第二工業所於八月十一日以後一度曾被某某軍侵入其後仍由日軍嚴防得告無恙（註）此所以我方應即設法在國軍保護下早日予以接收以免意外之損失。

臨別約一星期內俟取得我方當局諒解時由玉置氏同赴廠先行察看。

永利化学工业公司南京铔厂厂长侯德榜关于该厂及塘沽制碱厂被敌侵占请求接收清查致童主任转呈总司令部的呈文（一九四五年十月六日）

敬呈者　胤侯奉
命接收永利化学工業公司硫酸錏廠大致業已接收正在清点機
件中惟查該廠与永利化学工業公司天津塘沽鹼廠同时被敵侵
佔七年之中財產既多移交換且技術亦多聯系故現欲澈底
清查硫酸錏廠非与天津永利碱廠同时並進清查點收方期澈底
之果惟由京赴津現时舟車不通為爭取时间計擬即借總務主
席搭中航公司飛机赴津會同冀熱察綏特派員公署妥要接收
永利碱廠委員將永利津京兩廠徹底对照清查為此敬懇
轉呈總司令部俯賜察核准予搭乘中航公司飛机飛津以利工作
状乞

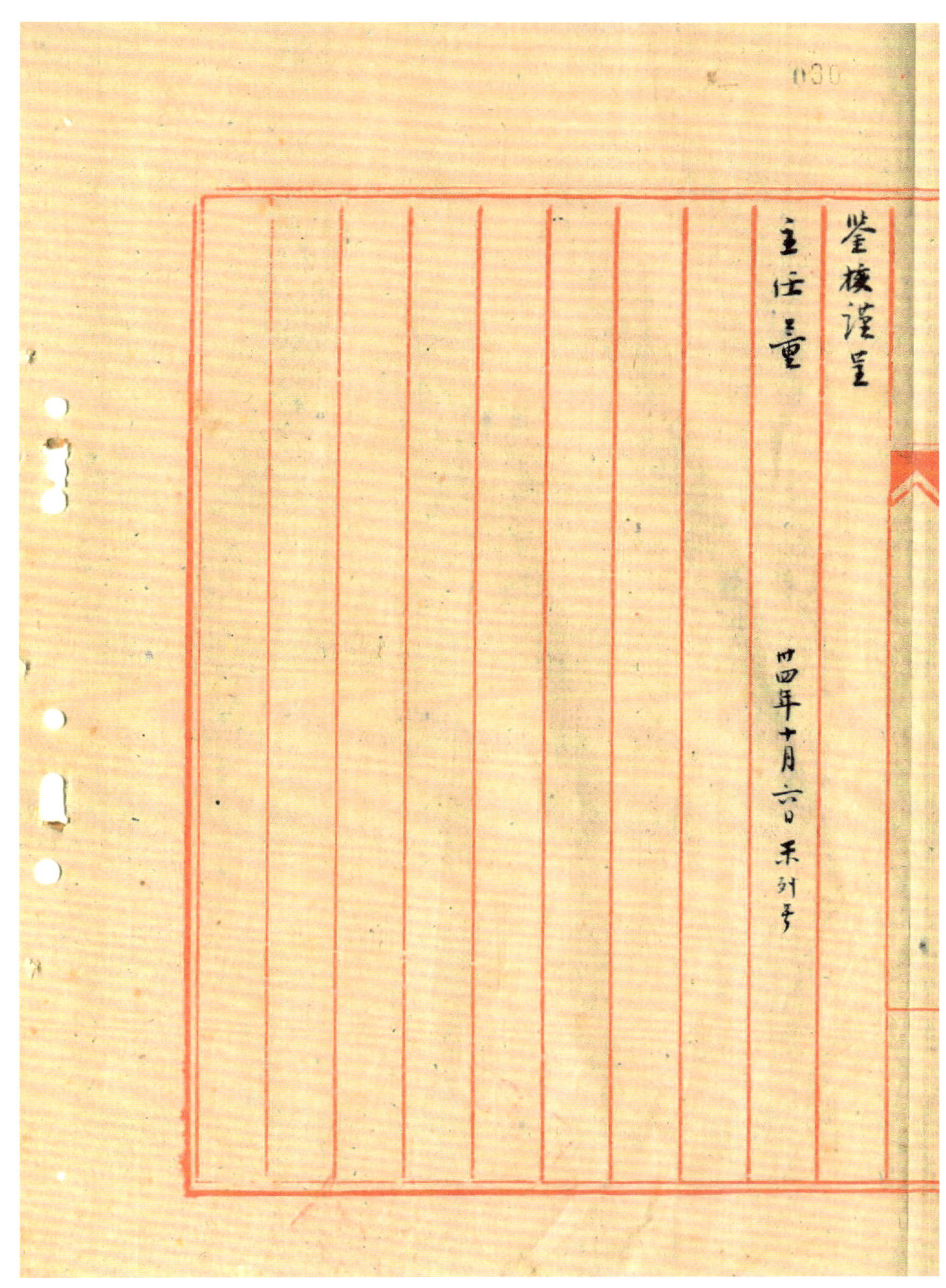
030

鑒核謹呈

主任 董

卅四年十月六日 秉列 手

永利化学工业公司南京铔厂关于该厂设备被掠夺运往日本请求收回报经济部、中国陆军总司令部等的呈文（一九四五年十月二十五日）

永利二號文　十月廿五日

呈报硫酸錏廠製造硝酸部份被敵人掠奪運往日本本土由

呈為呈請事 竊硫酸錏廠於民國二十六年淪陷敵手迄今八年幸得收復所有接收財產業經呈報鈞案在案 茲查該廠原有新型製造硝酸設備機件為全產量甚大製造硝酸之唯一工具 敵人侵佔之後視硝酸部為奇貨全部掠奪拆運赴日本之主要資以致此次接收硝酸部蕩然無存不獨為公司之損失亦抑且為建國之鉅大損失除其他部門損失情形俟試工後詳細列報外謹將硝酸部全部損失情形先行陳請伏乞鑒核備案 並請陳經濟部暨中國陸軍總司令部賜予向日敵查追硝酸部全部机件運回原地安裝以利復員

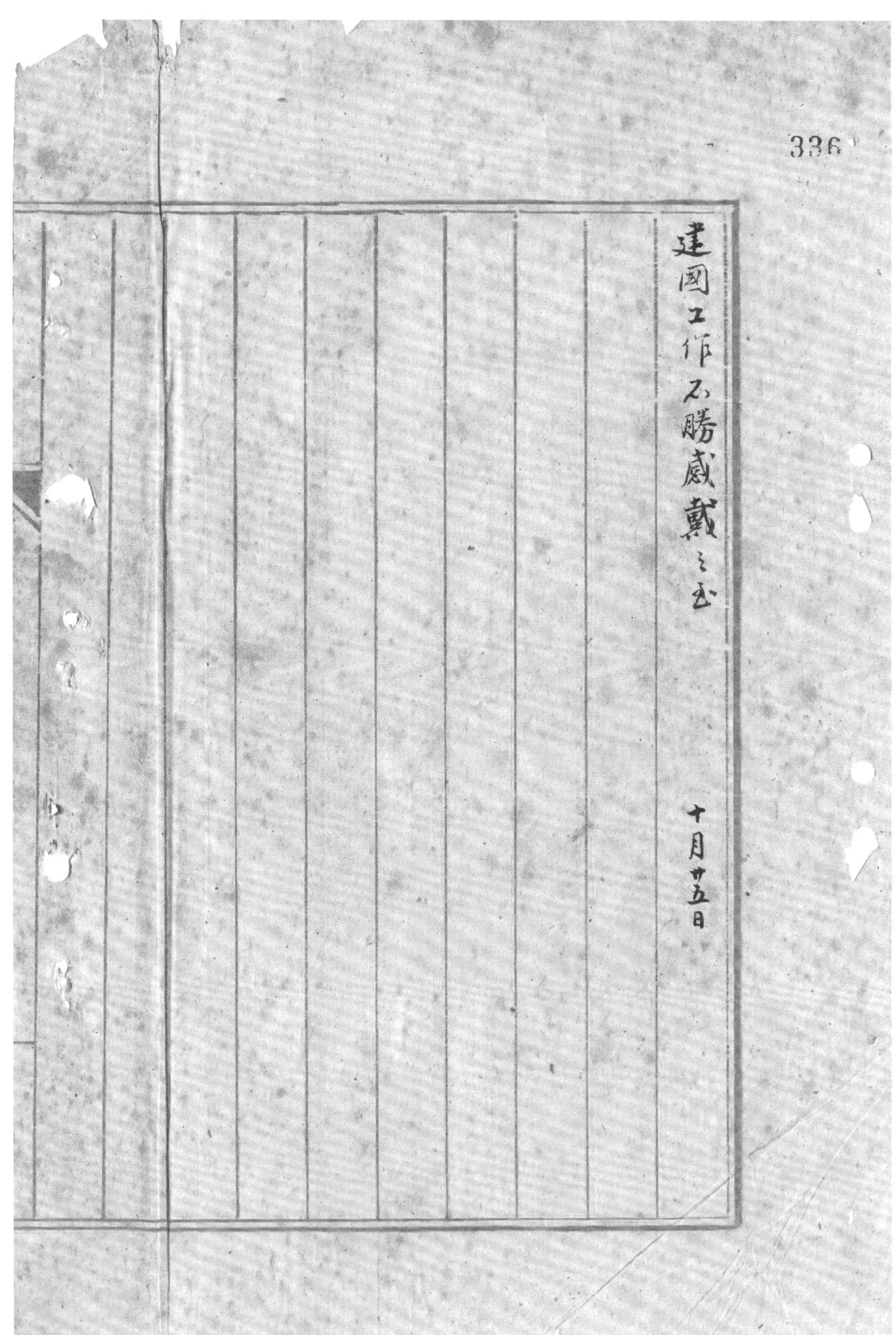

336

建國工作不勝感戴之至

十月廿五日

永利化学工业公司南京铔厂关于该厂遭受日本侵占复工请特予维护报中国陆军司令部的呈文（一九四五年十一月十八日）

呈中国陆軍總司令 文

永利公字第四号
卅四年十一月十八日

事由：呈報硫酸錏廠復工請予維持保護由。

呈為呈請事。窃永利公司於民国六年在天津塘沽設廠製鹼，以技術聞名歐美。民国二十三年奉

行政院令，設硫酸錏廠於南京浦口卸甲甸，製造硫酸、硝酸、錏液、硝酸錏、硫酸錏等化学品，供兵工化学原料及化学肥料，為中國唯一之重要化学工廠。抗戰軍興，工廠淪陷，敵人易名永礼会社，盤踞八年，將製造硝酸設備，運往日本安裝。在此期间，公司全體職員工撤退至四川五通橋創設新廠。卅四年夏秋，美國政府貸予美金一千六百萬元為擴大事業之用，業蒙

永利化学工业公司接收永礼化学公司株式会社库存器材的明细表（一九四五年十二月五日）

贮藏品在庫調　　095

品名	寸法	單位	數量	備考
酸素		本	15.	
カーバイト		18立入缶	700.	
スピトル油		18立	134.	
グリス		50立ポンド缶	25.	
代用モービル油		ドラム缶入	3.	
亜鉛引瓦斯管	3/4"	m	40.	
〃	1/2"	〃	10.	
〃	1 1/4"	〃	150.	
〃	3"	〃	300.	
〃	4"	〃	25.	
黒瓦斯管	1"	〃	1,150.	
〃	1 1/2"	〃	1,800.	
〃	2 1/2"	〃	100.	
〃	3"	〃	780.	
〃	4"	〃	90.	
〃	5"	〃	120.	
〃	6"	〃	125.	
〃	8"	〃	400.	
〃	10"	〃	30.	
引拔鋼管	2 3/4"	〃	72.	満洲鋼管
〃	1 3/8"	〃	280.	〃
〃	1"	〃	160.	〃
〃	1 1/2"	〃	36.	〃
ボイラチューブ	2"	〃	150.	
〃	1 1/4×2"	本	79.	
ステンレスパイプ	3/4"	m	24.	
〃	1"	〃	26.	
〃	2"	〃	82.	
〃	3"	〃	13.	
〃	4"	〃	9.	

096

品名	寸法	單位	數	
ユニオン	1/4"	個	89.	
〃	3/8"	〃	602.	
〃	1/2"	〃	119.	
〃	3/4"	〃	262.	
〃	1"	〃	144.	
〃	1 1/4"	〃	5.	
〃	1 1/2"	〃	458.	
〃	2"	〃	328.	
〃	2 1/2"	〃	388.	
〃	3"	〃	306.	
クロース	1/8"	〃	27.	
〃	1/4"	〃	14.	
〃	3/8"	〃	120.	
〃	1/2"	〃	186.	
〃	3/4"	〃	213.	
〃	1"	〃	138.	
〃	1 1/4"	〃	113.	
〃	1 1/2"	〃	204.	
〃	2"	〃	141.	
〃	2 1/2"	〃	108.	
〃	3"	〃	102.	
〃	4"	〃	583.	
〃	5"	〃	5.	
〃	6"	〃	5.	
銑鉄クロース		〃	956.	
ニップル	1/4"	〃	59.	各種鉄製
〃	3/8"	〃	447.	〃
〃	3/4"	〃	440.	〃
〃	1 1/2"	〃	126.	〃
〃	2"	〃	104.	〃

3

097

品名	寸法	單位	數量	備考
プラフグ	1 1/2"	個.	97.	
〃		〃	178.	プラッグ各種
チーズ	1/4"	〃	155.	
〃	3/8"	〃	196.	
〃	1/2"	〃	91.	
〃	3/4"	〃	56.	
〃	1"	〃	131.	
〃	1 1/4"	〃	107.	
〃	1 1/2"	〃	150.	
〃	1 3/4"	〃	20.	
〃	2"	〃	200.	
〃	2 1/2"	〃	80.	
〃	3"	〃	100.	
〃	4"	〃	33.	
〃		〃	950.	チーズ各種
高圧チーズ	各種	〃	520.	
銑鉄チーズ	〃	〃	1450.	
ソケット.	1/4"	〃	110.	
〃	3/8"	〃	290.	
〃	1/2"	〃	102.	
〃	3/4"	〃	467.	
〃	1"	〃	606.	
〃	1 1/4"	〃	433.	
〃	3"	〃	99.	
〃	1 1/2"	〃	523.	
〃	1 3/4"	〃	318.	
〃	2"	〃	690.	
〃	2 1/2"	〃	103.	
〃	4"	〃	72.	
〃	5"	〃	34.	

品名	寸法	單位	數量	備考
ニップル	2½"	個	268.	
〃	3"	〃	263.	
〃	4"	〃	72.	
〃	¼"	〃	65.	真鍮製
〃	3/8"	〃	252.	〃
〃	½"	〃	132.	〃
〃	¾"	〃	142.	〃
〃	1"	〃	162.	〃
〃	1½"	〃	619.	〃
〃	2"	〃	339.	〃
〃	2½"	〃	260.	〃
〃	3"	〃	80.	〃
〃	4"	〃	80.	〃
エルボ	¼"	〃	35.	鉄製
〃	3/8"	〃	498.	〃
〃	½"	〃	229.	〃
〃	¾"	〃	137.	〃
〃	1"	〃	109.	〃
〃	1½"	〃	390.	〃
〃	2"	〃	299.	〃
〃	2½"	〃	529.	〃
〃	3"	〃	172.	〃
〃	4"	〃	46.	〃
〃		〃	410.	各種
プラッグ	¼"	〃	50.	鉄製
〃	3/8"	〃	498.	〃
〃	½"	〃	163.	〃
〃	¾"	〃	189.	〃
〃	1"	〃	54.	〃
〃	1¼"	〃	35.	〃

099

品名	寸法	單位	数量	備考
ソケット	6"	個	48.	
〃	各種	〃	368.	
銑鉄ソケット		〃	248.	
キャップ	各種	〃	47.	
補心	〃	〃	791.	
高圧ソケット	Y型	〃	237.	
鑄鉄ストップ弁	1/4"	〃	230.	
鉄ストップ弁	3/8"	〃	100.	
〃	3/4"	〃	一.	
〃	1"	〃	13.	
〃	1 1/4"	〃	36.	
〃	1 1/2"	〃	152.	
〃	2 1/2"	〃	97.	
〃	3"	〃	36.	
〃	1 1/2"	〃	126.	フランヂ型
〃	2"	〃	33.	
〃	2 1/2"	〃	14	
〃	4"	〃	7.	
鉄スリース弁	2"	〃	18.	
〃	2 1/2"	〃	55	
〃	3"	〃	12.	
〃	4"	〃	5.	
〃	5"	〃	14.	
〃	6"	〃	5.	
〃	7"	〃	5.	
〃	8"	〃	8.	
フランヂ付フート弁	2"	〃	5.	検込鑄鉄製
〃	3"	〃	3.	〃
〃	4"	〃	5.	〃
〃	6"	〃	5.	〃

100

品名	寸法	單位	数量	備考
フランヂ付フート弁	8"	個	5.	鑄鉄製
ストップ弁	1/4"	〃	135.	真鍮製
〃	3/8"	〃	25.	〃
〃	1/2"	〃	30.	〃
〃	1"	〃	28.	〃
〃	1 1/4"	〃	100.	〃
〃	1 1/2"	〃	130.	〃
〃	2"	〃	70.	〃
〃	2 1/2"	〃	101.	〃
二方コック	1/2"	〃	20.	鉄製
〃	3/8"	〃	60.	〃
〃	1/2"	〃	40.	〃
〃	3/4"	〃	55.	〃
〃	1"	〃	50.	〃
〃	1 1/2"	〃	90.	〃
〃	2"	〃	20.	〃
〃	3"	〃	5.	〃
三方コック	1 1/2"	〃	3.	〃
二方コック	3/8"	〃	16.	真鍮製
〃	1/2"	〃	15.	〃
〃	3/4"	〃	10	〃
〃	1"	〃	30.	〃
〃	1 1/2"	〃	35.	〃
〃	2"	〃	16.	〃
水道カラン	1/2"	〃	70.	ニッケル製
〃	3/8"	〃	50.	真鍮
〃	1/2"	〃	60.	〃
アンダル弁	1 1/2"	〃	10.	フランヂ型
〃	2"	〃	10.	〃
〃	3"	〃	10.	〃

品名	寸法	單位	數量	備考
アングル弁	4"	個	10.	フランヂ型
〃	6"	〃	3.	
ハドレッド弁	1"	〃	11.	
〃	3"	〃	2.	
〃	4"	〃	8.	
洋釘	1½"	Kg.	80.	
〃	2"	〃	50.	
〃	3"	〃	17,700.	
〃	4"	〃	250.	
〃	5"	〃	1,000.	
〃	6"	〃	150.	
亜鉛引鉄線	#20	〃	25.	
〃	#16	〃	300.	
〃	#14.	〃	644.500	
〃	#10.	〃	150.	
〃	#8.	〃	1,240.	
セメント		俵	300.	
麻糸		Kg	300.	
白墨		箱	70.	
竹箒		本	900.	
草〃		〃	500.	
長柄束子		〃	500.	
柄付雑布		〃	1,000.	
1封度ハンマ		〃	30.	
ハンマ柄	1.5尺	〃	120.	
〃	3尺	〃	100	
金切鋸刃	12"	打	104.	
〃	16"×1"	〃	3.	機械用
〃	17×1"×16P	〃	40.	
黄ペイント	18封	缶	44.	溶解ペイント

102 8

品名	寸法	單位	數量	備考
黄ペイント	18立	缶	30	粉末ペイント
赤ペイント	〃	〃	9	溶解ペイント
黑〃	〃	〃	2	〃
灰〃	〃	〃	3	〃
銀鼠〃	〃	〃	6	〃
青〃	〃	〃	9	〃
光明丹	〃	〃	45	粉末
ペイント	〃	〃	12	色不明
剣先ショベル		丁	72	
深型〃		〃	17	
螺旋	1"	12枚入箱	7	
〃	1½"	〃	9	
〃	2"	〃	20	
〃	2½"	〃	10	
〃	3"	〃	3	
〃	4"	〃	4	
ベルトレーシンチ	#45	箱	10	
ベルトワックス		本	15	
鉄金網	#20×1"×1m	m	400	
	3/4"×1m	〃	20	
眞鍮磨		小缶	80	
電氣熔接棒	3m/m	kg	1330	
〃	3.25m/m	〃	80	
瓦斯熔接棒	3m/m	〃	300	
〃	4m/m	〃	530	
〃	2m/m	〃	200	眞鍮
〃	4m/m	〃	320	〃
〃	5m/m	〃	20	〃
アスベストヤーン	1/4"	〃	105,900	
〃	1/2"	〃	21	

品	寸法	單位	數量	備考
アスベストヤーン	5/8"	kg	199.400	
〃	3/4"	〃	2250.	
〃	7/8"	〃	1500.	
〃	1"	〃	295.	
〃	1½"	〃	545.	
丸ゴムパッキング	2 m/m	〃	30.	
〃	3 m/m	〃	58.	
〃	4 m/m	〃	74.100	
〃	5 m/m	〃	91.700.	
〃	7 m/m	〃	70.	
〃	8 m/m	〃	120.	
角アスベストパッキング	3/4"	〃	577.	
〃	7/8"	〃	457.660.	
帯アスベストパッキング	1"	〃	411.	
〃	1¼"	〃	563	
〃	1½"	〃	425	
〃	1/16"×6"	〃	274.	
ガットホールパッキング	(小)	個	48	W.H.B.用
マンホールパッキング	(大)	〃	31	〃
ガットホールパッキング	(小)	〃	93	平アスベスト製 J.B用
マンホールパッキング	(大)	〃	37	〃
A ファイバー	110 m/m×95×5	kg	150.	
B 〃	135 m/m×115×10	〃	298.	
C 〃	52 m/m×46×3	〃	150	
D 〃	66 m/m×45×85	〃	150	
ガーロックシートパッキング	8/10×No900	〃	229.	
〃	1/16× 〃	〃	1000.	
〃	3/32×	〃	300.	
〃	1/8"	〃	711.300	
〃	3/16"	〃	28.630.	

104

品名	寸法	單位	數量	備考
板石棉	1/16"	Kg	294.700	(軟)
〃	3/16"	〃	300.	〃
〃	1/8"	〃	1985.	
〃	3/8"	〃	300.	
〃	9/32"	〃	80.	
ガローックスパイラル	1/4"	〃	22.	
〃	5/16"	〃	7.164	
〃	3/8"	〃	10.	
〃	7/16"	〃	16.690	
〃	1/2"	〃	114.400	
〃	9/16"	〃	28.795.	
〃	5/8"	〃	16.800.	
〃	11/16"	〃	27.800	
〃	3/4"	〃	271.820	
〃	3/16"	〃	31.600	
Shcokun. spiral	3/8	〃	29.900	
〃	9/16"	〃	13.	
〃	1/2"	〃	27.	
〃	5/8"	〃	158.200	
〃	3/4"	〃	257.200.	
〃	7/8"	〃	144.700	
ガーロックスパイラル	7/8"	〃	131.040.	
布入ゴムシート	4m/m	〃	19.500	黒
〃	〃	〃	30.400	灰
ファイバー	1m/m	〃	54.500	ソフトファイバー.
〃	2m/m	〃	244.	
〃	3m/m	〃	364.	
Cotton Rubber	3/8"	〃	28.	
〃	1/2"	〃	21.800.	
〃	5/8"	〃	65.300	

品名	寸法	単位	数量	備考
Cotton Rubber	1/2"	Kg	19.900	pocoking
〃	1/4"	〃	—	
麻製角型パッキング	5/8"	〃	65	手編
〃	3/4"	〃	71.	〃
ファイバー	1/8"	〃	1500.500	赤アスベスト2
〃	3/16"	〃	126.	〃
〃	3/32"	〃	3348.	〃
〃	1/16"	〃	1660.	〃
〃	1/32"	〃	153.600	〃
碗型パッキング	155 m/m×12×8	個	340.	
〃	128×12×8	〃	490.	
〃	77×12×8	〃	1030.	
エメリクロース	NO.0	枚	1.000.	
〃	NO.1	〃	2800.	
〃	NO.2.	〃	3500.	
〃	NO.3	〃	3700.	
木用エメリクロース		〃	2700.	
アスベストヤーン	13 m/m	Kg	100.	
〃	16.	〃	250.	
〃	19	〃	130.	
〃	25	〃	200.	
ステンレス熔接棒	3 m/m	〃	150.	
〃	4 m/m	〃	120.	
鑄物熔接棒	〃	〃	46.500	
丸座金	3/8"	〃	250.	
〃	1/2"	〃	32.	
〃	5/8"	〃	115.	
〃	3/4"	〃	50.	
〃	7/8"	〃	150.	
〃	1"	〃	195.	

106 12

品　名	寸法	單位	數量	備考
六角ナット	3/8"	Kg.	200.	
〃	1/2"	〃	30.	
〃	5/8"	〃	95.	
〃	3/4"	〃	165.	
〃	7/8"	〃	200.	
〃	1"	〃	35.	
〃	1 1/8"	〃	14.	
〃	1 1/2"	〃	19.	
丸頭リベット	1/4×1/2	〃	20.	
〃	3/8×1	〃	150.	
〃	3/8×1 1/4	〃	63.	
〃	3/8×1 1/2	〃	275.	
〃	5/8×1 1/2	〃	113.	
〃	5/8×2 3/8	〃	193.	
〃	5/8×2 1/2	〃	135.	
〃	5/8×3"	〃	392.800.	
硝子板	1/8×10×12	枚	149.	
〃	1/4×14×12	〃	163.	
スリ硝子板	1/16×24×1	〃	42.	
〃	1/16×16×30	〃	30.	
〃	1/16×18×30	〃	38.	
Vベルト	B-76	個	30.	
ベルト	1 1/2×3P	呎	1308.	
〃	2"×3P	〃	1270.	
〃	4"×5P.	〃	326.	
〃	5"×5P.	〃	660.	
アルミ塊		Kg.	124.200	
錫		〃	270.	
亞鉛塊		〃	1402.500	
銅		〃	636.	

品名	寸法	單位	数量	備考
アンチモニー		Kg	2.504.	
燐銅		〃	84.500	
亜鉛板	4 lbs	尺	342.	
〃	6 〃	〃	217.	
〃	8 〃	〃	324.7.	
真鍮丸棒	3 m/m	(1本～5kg) 本	4.	
銑鉄		Kg	5245.	
シリコン		〃	4954.	
マンガン		〃	1247	
不銹丸鋼	1/2"	〃	33.500	
〃	5/8"	〃	40.	
〃	1"	〃	53.	
〃	1 1/2"	〃	31.	
屑丸鉄		〃	1000.	
銅板	2 m/m.	枚	160	長1230×巾365
〃	3 m/m.	〃	83.	〃
〃	1.5 m/m	〃	79.	〃
〃	6 m/m	〃	1.	〃
鉄金網	#20×14×1/4	米	25.	
〃	3/4	〃	15.	
〃	#15 9×11	巻	10.	亀甲金網 (20×1×巾1m)
〃	#14×21目	枚	11.	
〃	1"目	〃	4.	(巾3尺長5尺モノ)
〃	1/2"〃	〃	2	〃
〃	2"目	〃	2.	〃
〃	3"目	〃	2.	〃
アイビーム	6"×18"	Kg	2334.5	
〃	6"×6"	〃	753.	
〃	1/4"×4"×8'	〃	1897.	
〃	3"×5"	〃	—	

108

品名	寸法	單位	数量	備考
アイビーム	1/4"×3"×6"	Kg	2582.	
〃	2"×4"	〃	193.5	
チャンネル	4"×12"	〃	733.	
〃	3½"×8"	〃	1816	
〃	3"×8"	〃	2507.	
〃	3"×6"	〃	3344.6	
〃	2½"×6"	〃	260.	
〃	2½"×5"	〃	532.	
⊔型鉄		〃	51.	
山型鉄	4"×6"×½"	〃	1732.	
L型鉄	4"×6"	〃	7252.	
山型鋼	3/8"×3½"×6"	〃	71	
〃	3/8"×3"×6"	〃	85.	
アングル	3½"×5"	〃	2459.	
〃	3/8"×3"×5"	〃	2397.	
〃	3"×4"	〃	2853.	
〃	3/8"×2½"×3"	〃	2985.	
〃	2½"×3"	〃	143.	
〃	2"×3"	〃	687.	
〃	½"×6"	〃	1897.	
〃	½"×5"	〃	1664.	
〃	3/8"×3½"	〃	3450.	
T型鋼	½"×4×4	〃	530.	
角鉄	3"	〃	239.	
〃	2 3/8"	〃	188.	
〃	1"	〃	1433.	
鉄筋	3/4"	〃	825.	
〃	1"	〃	3950.	
平鉄	½"×3½	本	6	（5米半モノ）
〃	3/8"×2½	〃	26.	〃

品名	寸法	單位	數量	備考
平鉄	3/8″×2½″	本	22.	（5米半モノ）
〃	1/4″×3″	〃	35	〃
〃	3/8″×3″	〃	70.	〃
〃	3/4″×4″	〃	2	〃
〃	3/8″×3″	〃	23.	〃
〃	1/2″×2″	〃	26.	〃
丸鉄	5″	Kg	1641.	
〃	2″	〃	255.	
〃	1¾″	〃	514.	
〃	1½″	本	7.	
〃	1½″	〃	112.	
〃	1″	〃	273.	
〃	1⅛″	Kg	2000.	
〃	3/4″	〃	1883.700	
〃	11/16″	〃	396.	
〃	3/8″	〃	4887.600	
〃	5/16″	〃	318.	
鉄板	1/2″×3×10	〃	867.	（中古品）
〃	1/2×4.5×5	〃	3020.	
〃	1/2×5×10	〃	5763.	
〃	1/2	〃	241.	（中古品）
〃	3/4×4×16	〃	892.	
ボールトナット	3/8×1	〃	269.6	
〃	3/8×1½	〃	160.	
〃	3/8×2	〃	104.	
〃	3/8×2½	〃	89.	
〃	3/8×3	〃	280.	
〃	3/8×3½	〃	261.	
〃	1/2×1	〃	300.	
〃	1/2×1½	〃	50.	

109 16

品名	寸法	單位	數量	備考
ボールトナット	1/2×1 3/4	Kg	40.	
〃	1/2×3	〃	150.	
〃	1/2×3 1/2	〃	402.	
〃	1/4×4	〃	251.	
〃	5/8×18.	〃	4.100	
〃	3/4×2	〃	93.	
〃	3/4×3	〃	199.	
〃	3/4×3 1/2	〃	100.	
〃	3/4×4	〃	60.	
〃	3/4×1	〃	80.	
〃	3/4×1 1/2	〃	130.	
〃	3 5/8×3 3/4	〃	150.	
〃	7/8×1 1/2	〃	20.	
〃	7/8×2	〃	30.	
〃	7/8×2 1/2	〃	26.	
〃	7/8×4	〃	400.	
〃	7/8×4 3/4	〃	200.	
〃	7/8×4 1/2	〃	150.	
			+	
トランスフオマー油		ガロン	3500.	
重油	ドラム入.	缶	25.	
鉛筆	H.B.	打	18.	
〃	F	〃	14	
〃	H.	〃	16	
〃	2H.	〃	63.	
〃	3H.	〃	17	
〃	4H	〃	11.	

品名	寸法	單位	數量	備考
製圖紙		枚	5400	
〃	巾750×30	本	1	
方眼紙	上質	冊	10	
〃	並	〃	53	
〃	並大型	枚	190	
〃	巾40m×11m	本(巻)	11	
写圖紙	巾1.2m×20m	〃	82	
〃	1m×20m	〃	11	
〃	1.1m×20m	〃	18	
〃	1.1m×20m	〃	2	(クロース)
模造紙	上質大型	枚	400	
洋紙		冊	95	
帳簿		〃	2	
スケッチブック			12	
感光紙	巾88m×20m	本	180	
砲金製ストップ弁	1 1/2"	個	28	
〃	1"	〃	23	
〃	1 1/4"	〃	5	
鉄製ストップ弁	1 1/4"	〃	17	
〃	1"	〃	3	
スルース弁	3/4"	〃	2	高圧用
棒状温度計	50°	本	13	
〃	70°	〃	15	
〃	100°	〃	38	
〃	120°	〃	28	
〃	200°	〃	10	
〃	400°	〃	6	
ゴム引ベルト	4"	m	496	

111[18]

品名	寸法	單位	數量	備考
ゴム引ベルト	8″	m	31.4.	
水硝子	ドラム入	缶	6.	
スピンドル油	18立	〃	4.	
ロープ油	〃	〃	1.	
マシン油	〃	〃	1.	
シリンダー油	〃	〃	1.	
コロカット油	〃	〃	2.	
ペイント	25Kg入	〃	4	
アスベストヤーン	3/8	巻	75.	
コットンペッキング	5/8	箱	10.	
ガーロフクシート	1/8	Kg	130	
スパイラル	7/16	箱	18.	
〃	5/16	〃	16.	
〃	1/4	〃	18.	
〃	1/2	〃	39.	
〃	5/8	〃	23.	
〃	3/8	〃	36.	

112 19

品名	寸法	單位	數量	
鉄製ストップ弁	1½"	个	40	
〃	2"	〃	29	
スルヰス弁	〃	〃	3	
砲金製ストップ弁	2½"	〃	8	
〃	3	〃	4	
スルヰス弁	2½	〃	12	
フランヂ付鉄製スルヰス	1½	〃	3	
〃	2½"	〃	5	
〃	2"	〃	1	
ストップ弁	1½	〃	4	
〃	1¼"	〃	3	
フランヂ付砲金製	2½"	〃	15	
〃	2	〃	20	
〃	1½"	〃	39	
コットンパッキング	3/8	箱	2	
アスベストパッキング	半	枚	40	
岩イブレ塩	12	手	5	
比重計	1800X1700	本	10	
〃	1700X1800	〃	15	
〃	1600X1700	〃	25	
ボーメ計	温度計	〃	60	温度比重
温度計	360°	〃	20	
〃	300°	〃	7	
〃	200°	〃	20	
ゴムシートパッキング	2 m/m	巻	1	(1米×8米)
スパイラルパッキング	1/2" 140Kg	箱	10	

113[20]

品名	寸法	單位	数量	備考
スパイラルパッキング	5/8"	Kg	1	1箱 200Kg
〃	6/8"	〃	5	〃 260 〃
〃	7/8"	〃	20	〃 450 〃
板アスベスト	3m/m	枚	40	
〃アスベスト	1m/m	巻	6	1巻 6500Kg
〃	6/8"	〃	4	〃
〃	1/2"	〃	4	〃
帯アスベスト	3m/m	巻	3	〃 8000Kg
ゴムベルト	55900×1.70	個	1	
〃	31900×1.70	〃	1	
ベルトレシング	25"	箱	8	54組 1箱
〃	27"	〃	3	32組 1箱
ゴムホース	1"	本	3	10米モノ
起重機	20HP	台	1	
〃	10HP	〃	1	
圧力計	50kg	個	3	
ステンレスボール	1/2"×2"	〃	90	
〃	1/2"×2½"	〃	〃	
〃	1/2"×3"	〃	〃	
〃	5/8×3½"	〃	〃	
〃	5/8×3"	〃	〃	
引抜鋼管	2"	〃	60	
〃	3"	〃	98	

品名	寸法	單位	数量	備考
ステンレース丸棒	径50 長3000	本	1	
〃	30×950	〃	1	
ベルトレーシング	25	箱	5	
引拔鋼管	130×54×5.680	本	1	
〃	110×50×2510	〃	2	
〃	105×70×2320	〃	1	
ステンレース丸棒	径318×4100	〃	19	
〃	1/2″×4600	〃	〃	
〃	1″×6.700	〃	1	
〃	2″×3.300	〃	1	
皮製ベルト	巾4.7×11.200	〃	2	
〃	〃	〃	1	
〃	2/5×7000	〃	2	
〃	250×7700	〃	1	
〃	〃	〃	1	
布入ゴムベルト	巾 1½″	米	8	
〃	2	〃	20	
〃	4	〃	65	
〃	5	〃	6	
〃	8	〃	55	
ゴムホース	吋1×10m	本	6	鉄線入
メタルラッカー		缶	2	
チロンブロック	5手巻	台	1	
〃	3手巻	〃	2	
秤量器	500kg	〃	3	
〃	100kg	〃	1	

115

品名	寸法	單位	数量	備考
酸素瓶	内容積約	33立入	2	
〃	〃	0.25入	2	
アスベストパッキング	0.5×1×1	枚	22	
〃	1×1×1	〃	3	
〃	2×1×1	〃	9	
アスベストシート	3×1×3	〃	5	
〃	2×1.25×3	〃	5	
〃	3×1.25×3	〃	2	
布入ゴムパッキング	2×1×1	Kg	62	赤
〃	2.5×1×1	〃	54	
〃	3×1×1	〃	45	
〃	2.5×1×5	枚	1	黑
〃	6×1×4	〃	1	
ファイバー	14×1×1.9	〃	2	
スパイラル	3/4	箱	20	
〃	11/16	〃	5	
〃	5/8	〃	115	
〃	3/8	〃	23	
〃	3/16	〃	2	
〃	5/16	〃	2	
〃	7/16	〃	2	
〃	1/4	〃	2	
丸ゴムパッキング	径 15m/m	Kg	129	
〃	12	〃	79	
〃	6	〃	82	
〃	3	〃	0.5	
〃	4	〃	0.68	
〃	5	〃	2.5	
〃	6	〃	2.7	
クリンカー硝子ゲージ厚	mm 17×30×320	本	125	

品名	寸法			
麻平綱	3/4"	綑	5	
麻角打	5/8"	〃	8	
〃	1/2"	〃	12	
〃	3/8"	〃	11	
〃	5/8"	Kg	485	
〃	1/2"	〃	22	
ワイヤロープ	5/8	米	50	
〃	3/4	〃	550	瓦斯工場スキップ用共
〃	7/8	〃	50	
〃	1"	巻	1	
マニラロープ	3/4	〃	1	
〃	7/8		1	
〃	1"		2	
真鍮金網	目30×1000	米	8.5	
〃	16×1000	〃	2.5	
〃	60×24"	呎	100	
〃	80×18	〃	100	
鋼鉄金網	4耗×1300×900	巻	8.	
耐火煉瓦	250×120×650	枚	11.728	
特殊耐熱鋼管	外19×14×6450	本	380	
引抜鋼管	34×26×6000	〃	33	
〃	50×44×5.500	〃	38	
〃	48×38×5.200	〃	41	
〃	58×24×6.880	〃	10	
〃	48×24×6.880	〃	8	
〃	17×9×3.700	〃	2	
〃	42.5×35×6750	〃	1	
〃	48×37×4950	〃	1	
〃	48.5×37×3030	〃	1	
〃	52×31×880	〃	1	

117 24

品名	寸法	單位	數量	備考
引拔鋼管	50X34.5X880	本	1.	
〃	59X53X6600	〃	1.	
〃	62X36X5.110	〃	2.	
〃	622X46X330.	〃	1.	
〃	61X50X5.830	〃	3.	
〃	625X49X1.920	〃	1.	
〃	885X72X6.290	〃	1.	
〃	915X72X6.150	〃	7.	
〃	71.5X705X6.050.	〃	1.	
〃	71.X60X5.110	〃	1.	
〃	122X72X2650	〃	1.	
〃	122X72X2.880	〃	1.	
〃	122X72X2900	〃	1.	
〃	122X73X2.600	〃	1.	
〃	105X80X7.200	〃	4.	
〃	115X93X6.450	〃	38.	
〃	56.5X46.5X5.200	〃	24.	
〃	50X32X6.500	〃	8.	
〃	外 8X 内 4X 尺 18	〃	2.	
〃	7X3X10.	〃	2.	
〃	99.5X65X5.900	〃	2.	
〃	110X70X550.	〃	1.	
〃	70X48X5500	〃	1.	
〃	60X40X5590	〃	1.	
〃	111X9X3700	〃	1.	
〃	425X35X1.750.	〃	1	
〃	39X28X4918	〃	1	
〃	485X37X3300	〃	1	
〃	52X31X880.	〃	1	
〃	1105X90X5500	〃	1	

品名	寸法	單位	数量	備考
引拔鋼管	50X345X880	本	1.	
〃	59X53X6600	〃	1.	
〃	63X36X5110	〃	2.	
〃	625X46X3300	〃	1.	
〃	61X50X5830	〃	3.	
〃	525X24X6580	〃	2.	
〃	534X26X720.	〃	2.	
〃	525X28X5230	〃	3.	
〃	525X28X1780.	〃	1	
〃	51X24X241	〃	2	
〃	90X50X6770	〃	2	
〃	71X50X5750.	〃	1	
〃	925X52X5300	〃	1	
〃	120X695X6200	〃	3	
〃	120X69X5610	〃	6	
〃	121X69X1290	〃	1	
〃	1215X69X2030	〃	2	
〃	122X68X1250	〃	1	
〃	〃 X68X1220	〃	3	
〃	〃 X68X6500	〃	1	
〃	〃 X70X2700	〃	2	
〃	〃 X70X2380	〃	1	
〃	〃 X68X2330	〃	1	
〃	〃 X68X2500	〃	1.	

119 26

品名	寸法	單位	数量
第三種絶缘電線	100 mm^2	m	800
	60 〃	〃	1500
第四種絶缘電線	200 〃	〃	500
〃	115 〃	〃	500
〃	100 〃	〃	1000
〃	60 〃	〃	400
〃	38 〃	〃	1500
〃	22 〃	〃	1800
〃	14 〃	〃	2000
〃	8 〃	〃	500
〃	5.5 〃	〃	2000
被鉛線	1.6m/m 2跪入	〃	600
銅帶鎧装鉛被紙绝缘電線	3300V 22mm^2 3跪入	〃	450
仝上用電纜終端函		〃	8
硬銅帶	75m/m×6m/m×5000m/m	枚	80
真鍮丸棒	1"×6000m/m	本	2
〃	3/4"× 〃	〃	7
〃	1/2"× 〃	〃	6
〃	3/8× 〃	〃	5
銅板及燐銅板1/16"厚	350m/m×1500m/m	枚	25
〃 〃	600m/m× 〃	〃	9
〃 1/32厚	350m/m× 〃	〃	7
〃 3/32 〃	600m/m× 〃	〃	8
銅管	2"×5000m/m	本	4
起動補償器	40HP 50HP 440V	台	1
起動抵抗器	40HP用	〃	1
S.W.G.#12亜鉛引鉄線		束	2
金属管		本	17
油入開閉器	4000V 100A	台	1
電機 〃		〃	5

120 27

品名	寸法	單位	數量
油性ペイント		色	131
ボイルド油		〃	9
ワイヤーロープ(大小共)		巻	13
ピース(水性ペイント)大		缶	52
〃 中		〃	10
〃 小		〃	24
〃 角		箱	48
銀粉大		缶	9
〃 小		〃	3
マニラロープ		巻	2

28

121

品名	單位	數量
Formic acid 125 lbs入	瓶	85
Caustic Soda 300kg入	缶	38
Gargoyle D.F.E Extra heavy	ドラム	48
〃	〃	7
Texaco Oil 5550	〃	16
Super Cylinder Oil extra hecla mineral	〃	31
Cavis mineral Cylinder Oil	〃	208
Cylex Oil	〃	14
arctic Oil C heavy	〃	14
Texaco Oil (876)	缶	162
Shell Oil C.E.Z	〃	180
Algol Oil	〃	90
ツバメ Cylinder Oil	〃	2
ツバメ Ice machine Oil 18l入	缶	64
〃 180l入	D.M	5
Texaco ursa Oil	〃	1
Shell Oil C.Y.3.	〃	4
Spindle Oil 18l入	缶	44
D.T.E Heavy medium	D.M	3

（第二工業所）　貯藏品

品名	數量	單位	保管場所
小片石	140	方	江岸第一碼頭附近
大片石	85	〃	〃
コンクリート管	290	本	〃
浪形スレート	1050	枚	賣店前廣場
アスファルトピッチ	50	ドラム	硫安工場前廣場埋設
ボールベアリング	1	箱	雜品倉庫
銅板	3	枚	〃
車軸	15	本	〃
銑鐵	4.5	瓲	〃
有刺鐵線	68	巻	〃
〃	33	〃	第二倉庫
棟スレート	60	枚	賣店前廣場
亜鉛引鐵線	24	巻	雜品倉庫
金網	1	箱	〃
眞鍮金網	54.22	米	第二倉庫
黄銅〃	8.67	〃	〃
板硝子	64	箱	雜品倉庫
金属管	61	束	〃
ビーカー	1	箱	〃
パラフィン	3	袋	〃
紙筒	9	巻	〃
アスファルトルーフキン	2	枠	〃
ヒーローベフルト（60呎）	2	巻	〃
セメント	5000	袋	〃
硅酸ソーダ	2	瓶	〃
コールタール	2	樽	〃
〃（18立入）	15	缶	〃
カーバイト	2	瓶	〃
六角ナット	11200	個	〃
木栓子	561	才	第二倉庫

永利化学工业公司关于该公司南京铔厂设备被盗运日本事报经济部、战时生产局及苏浙皖区特派员驻京办事处的呈文及批复（一九四五年十二月十三日至十二月二十日）

呈经济部、战时生产局、苏浙皖區特派員駐京辦事處

永利字第十号 卅四年十二月十三日 附呈清单三纸

事由：為公司硫酸錏廠原有硝酸廠全部机件設備被敵盜運一空，謹開列清單懇賜登記設法索還由

查公司硫酸錏廠原有硝酸廠內之耐酸合金鋼塔九座暨製造硝酸設備全部，被敵人三井會社盜運在日本九州大牟田市東洋高壓會社安裝使用，開工出貨。公司所遭損失極鉅，自應向敵追還各情，業經呈報鈞處在案。惟目前交通困難，運回該項机器，非短期內所能辦理，今當三井解散之時，而東洋高壓會社又為三井傍系公司之一，理合呈請鈞處與駐日盟軍總部接洽，先行備案，俟交通狀況許可時，再行拆卸運回。所有一切費用以及机件損害，應保留向日索還賠償之權，茲特

閱具該硝醎廠全部機件設備清單三份，敬請

察核批示祇遵。謹呈

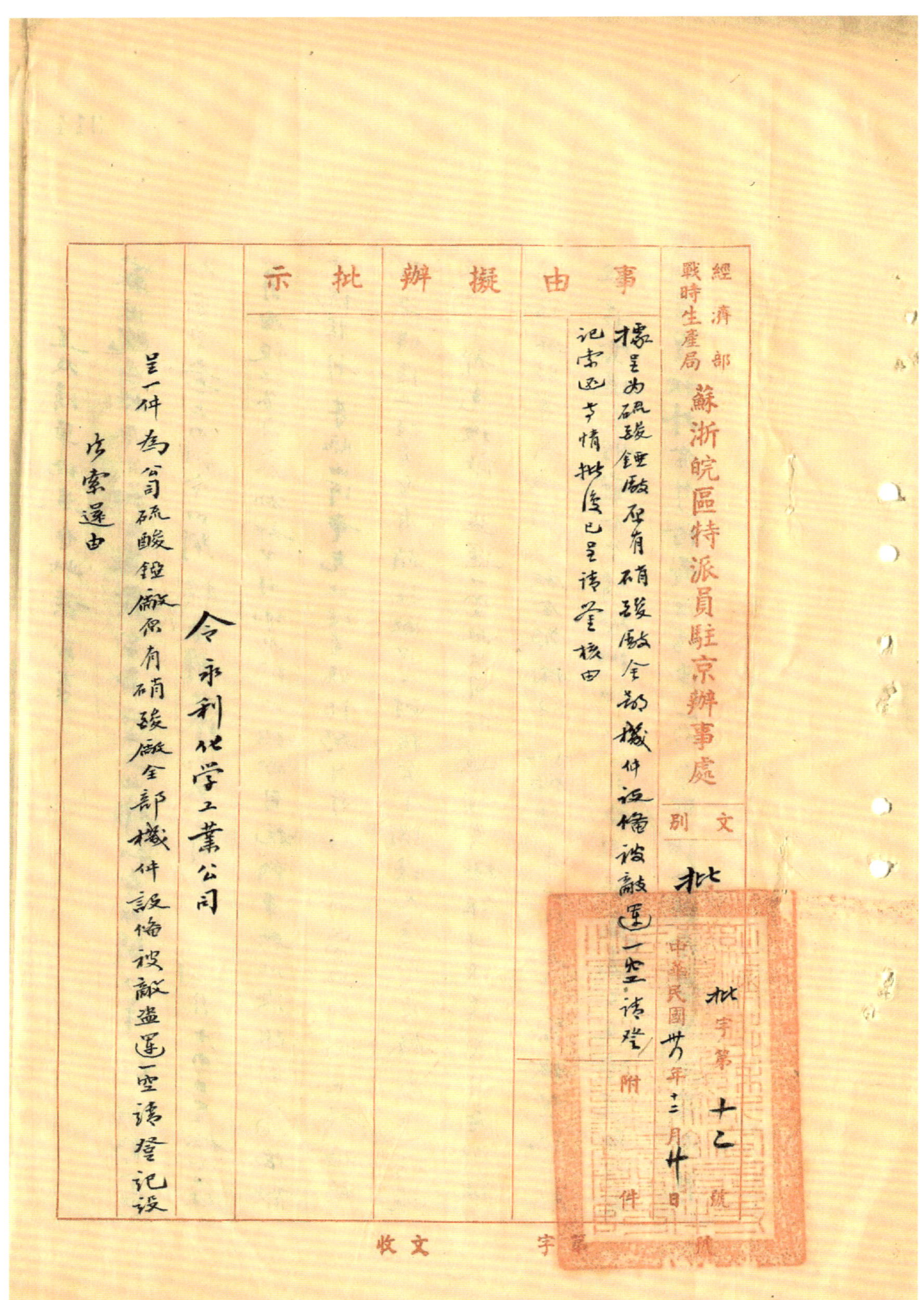

經濟部戰時生產局蘇浙皖區特派員駐京辦事處

文別：批

批字第十二號

中華民國卅四年十二月廿日

附件

事由：據呈為硫酸錏廠原有硝酸廠全部機件設備被敵盜運一空請登記索還等情批復已呈請鑒核由

擬辦

批示：

令永利化學工業公司

呈一件為公司硫酸錏廠原有硝酸廠全部機件設備被敵盜運一空請登記設法索還由

收文　　字第　　號

呈及清單均悉。查此案前奉

蘇浙皖區特派員辦公處蕆字第二三二七號訓令內開：以奉 經濟部(三四)

京字第五五三六號訓令內開：據永利化學工業公司本年十一月十四日呈稱：竊敝

公司原設江蘇省六合縣卸甲甸地方硫酸錏廠，自抗戰軍興以後，隨國土淪陷敵

手，現勝利來臨，山河重光，比經呈請鈞部，自行接收，蒙准，刻已積極整

理，準備復工，惟查原有硝酸廠內之耐酸合金鋼塔九座暨另條製造硝酸

設備全部竟被敵人盜運一空，敝公司所遭損失極鉅，此項損失自應向敵

追償，茲特開具該硝酸廠全部機件設備清單一份，敬祈察核登記，並懇

設法索還，至所感禱。等情。除批飭該公司將被敵盜運之設備現存何處

偵查具報外，合行檢發原清單一份，令仰知照。此令。等因，附發原清

監印　校對

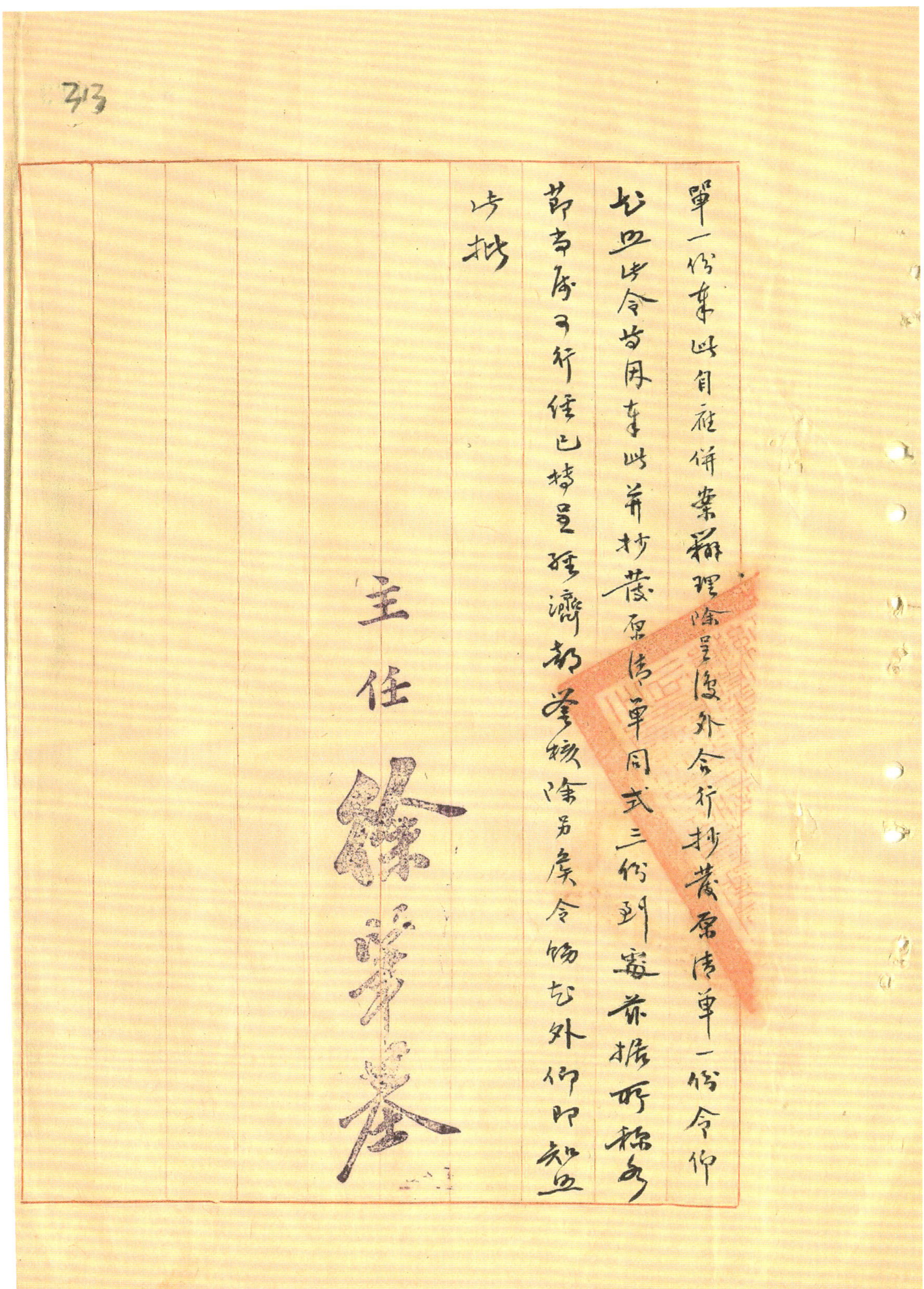

313

單一份，業經自應併案辦理，除呈復外，合行抄發原清單一份，令仰
知照。此令。等因，奉此，前抄發原清單同式三份到處，兹據所稱，各
節尚屬可行，經已轉呈經濟部鑒核，除另候令飭知照外，仰即知照。
此批。

主任 徐芳基

永利化学工业公司南京錏厂关于该厂设备被日盗运谨开列清单设法索还事报行政院收复区全国性事业接收委员会的呈文（一九四五年十二月十五日）

永利字第十八号 卅四年十二月十五日

附呈清單二份

呈行政院收復區全國性事業接收委員會

事由：為公司硫酸錏廠原有機件設備被敵盜運一空

謹開列清單懇賜登記設法索還由

竊敝公司原設江蘇省六合縣卸甲甸地方硫酸錏廠，自抗戰軍興以後，隨國土淪陷敵手。現勝利來臨，山河光復，比經呈請 經濟部自行接收，荷蒙照准，刻已積極整理復工。惟查原有硝酸廠內之耐酸合金鋼塔九座暨製造硝酸設備全部，竟被敵人三井會社盜運在日本九州大牟田市東洋高壓會社安裝使用，開工出貨。公司所遭損失極鉅，自應向敵追還。惟目前交通困難，運回該項機器，非短期內所能辦理。今當三井解散之時，而東洋高壓會社又為三井傍系公司之一，理合呈請

315

鈞會與駐日盟軍總部接洽，先行備案，俟交通狀況許可時，再行拆卸運回，所有一切費用以及機件損害，應保留向日索還賠償之權。茲特開具該硝酸廠全部機件設備清單二份，敬請

察核批示祇遵。謹呈

永利化学工业公司接收日本移交永利化学工业公司南京铔厂固定资产目录（一九四五年十二月）

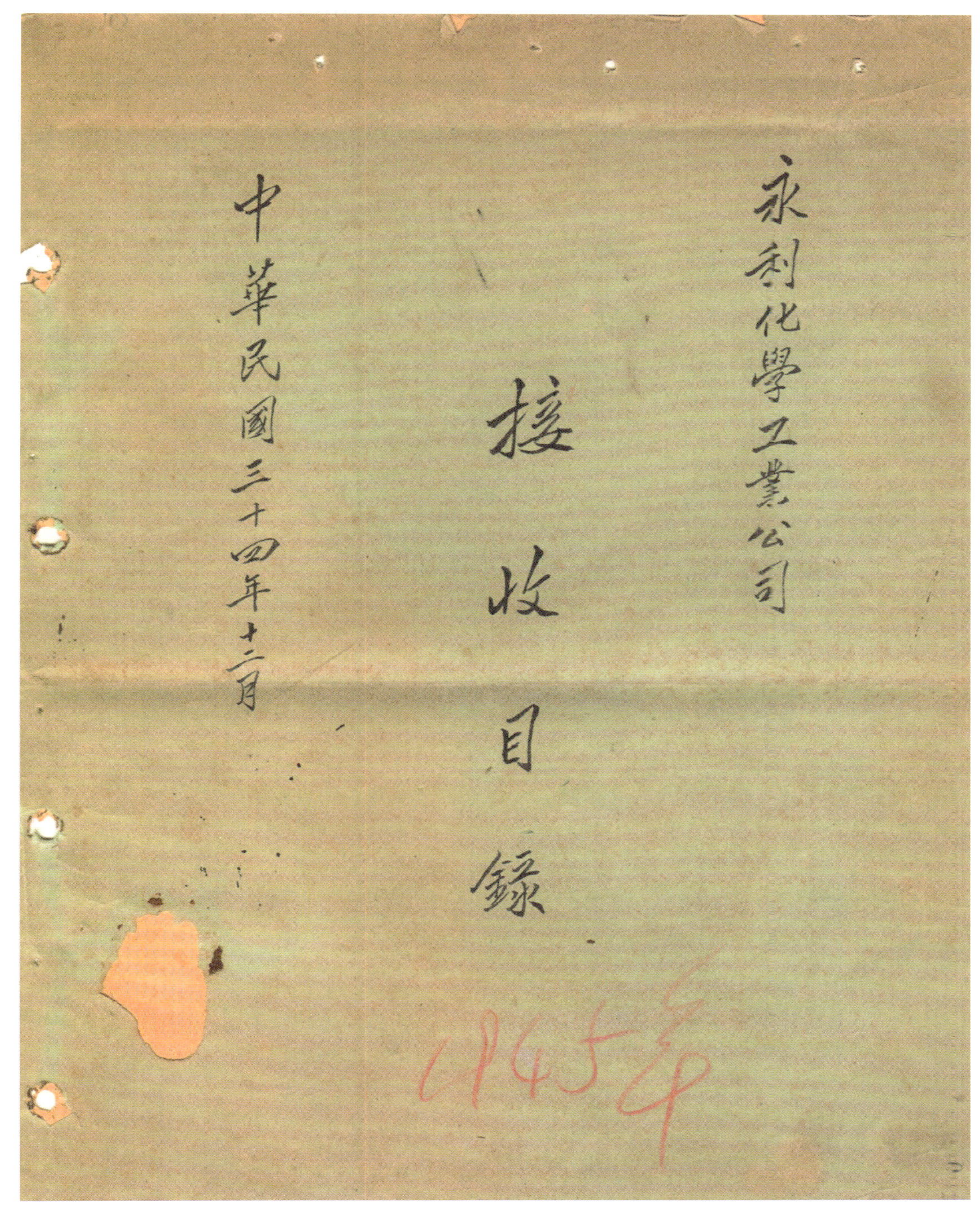
永利化學工業公司

接收目錄

中華民國三十四年十二月

1945年

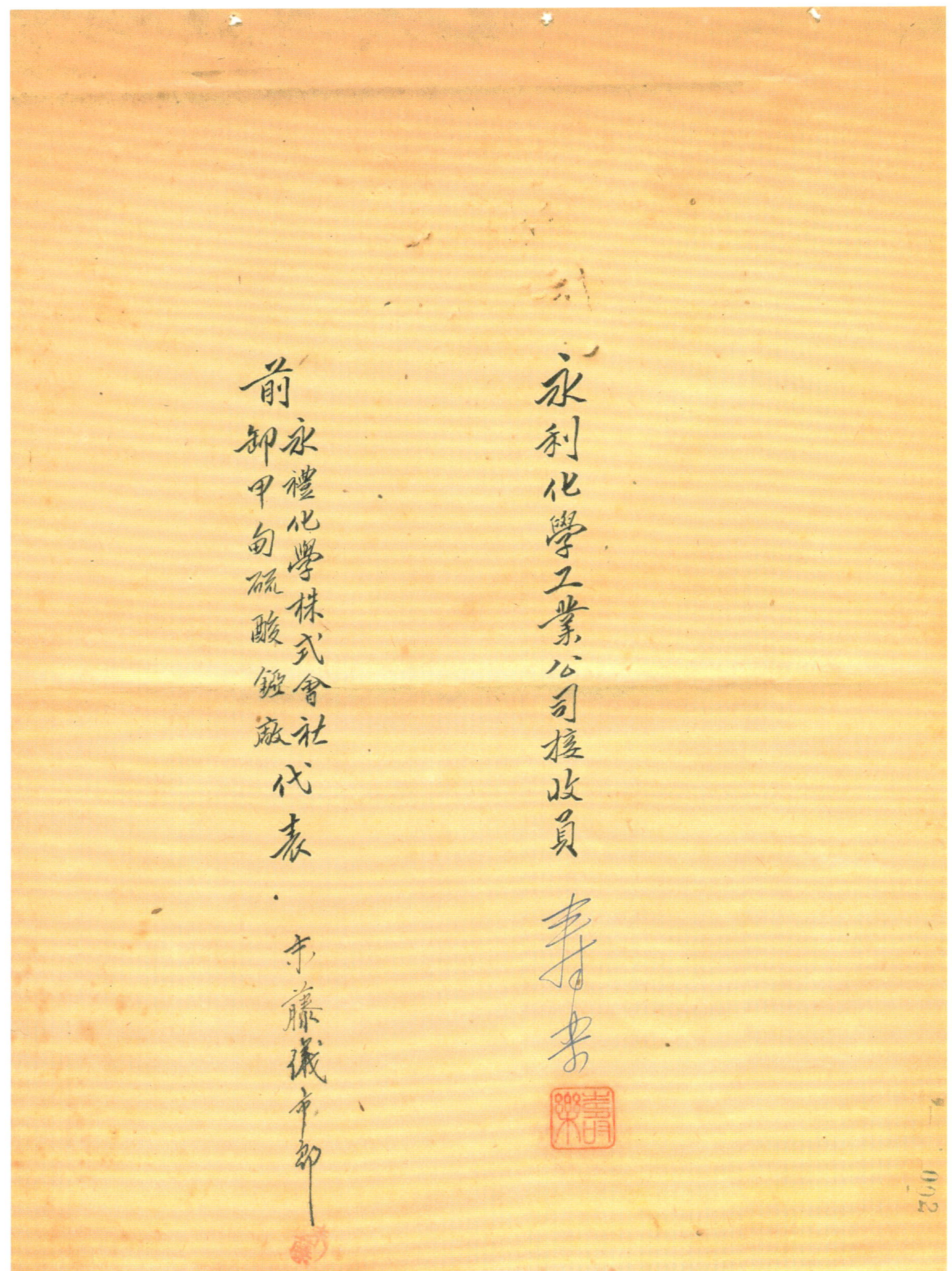

永利化學工業公司接收員

前永禮化學株式會社
卸甲甸硫酸錏廠代表 寺藤職市郎

目 錄

003

煤氣廠 第一頁

項目	單位	永利所報數量	實際點收數量	備註
廠房	所	3	3	
Cokes 坑	套	1	1	
Skip Hoist	"	1	1	
仝上用3H.P. Motor	部	1	1	
Switch Box	隻	3	3	
瓦斯發生炉	部	2	2	
" "	"	1	1	
瓦斯燃燒室	"	2	2	
廢熱汽鍋	套	3	3	
出灰机	"	2	2	
除塵口	"	2	2	
12"H挿板汽门	個	2	2	
12"克立司曼汽门	"	2	2	
Automatic Control	套	2	2	
仝上用½H.P. Motor	部	2	2	
瓦斯發生裝置Piping	套	1	1	
Switch Box	隻	1	1	
Generator用7.5H.P. Motor	部	2	2	
仝 50H.P. "	"	1	1	
Meter Board	"	1	1	
地磅秤	"	2	2	
手動送炭机	"	1	1	
" "	"	1	1	
發生炉用截斷汽门	隻	2	2	
No.1瓦斯洗滌塔	部	1	1	
" 2 " "	"	1	1	
" 3 " "	"	1	1	
發生炉用截斷汽门	隻	1	1	
Cokes Bunker	部	1	1	
Vibrating Screen	"	1	1	
" 7½H.P. Motor	"	1	1	
" Crusher	"	1	1	
Stack	根	4	4	

煤氣廠

第二頁

項目	單位	「水利」所報數量	實際點收數量	備註
Stack Valve	套	1	1	
Screen 房	所	1	1	
發生炉洗滌塔熔接管	m	60	60	
洗滌塔用節制汽门	隻	7	7	
發生炉用 Turbo Blower	部	2	2	
粉鑛炉洗滌塔熔接管	m	30	30	
發生炉用 Turbo Blower	部	2	2	
仝上用 15 H.P. Motor	〃	2	2	
Turbo-Blower	〃	2	2	
仝上用 30 H.P. Motor	〃	2	2	
吸氣用 Turbo-Blower	〃	1	1	
仝上用 15 H.P. Motor	〃	1	1	
Gas Blower	〃	2	2	
仝上用 20 H.P. Motor	〃	2	2	
配電盤	個	2	2	
配電箱	〃	2	2	
Blower Pipe	套	1	1	
Turbine Pump	部	1	1	
压力箱	〃	1	1	
排水櫃	〃	1	1	
Steam Pipe	m	81	81	
Air Pipe	〃	55	55	
Water 〃	〃	40	40	
水压鋼管	〃	61	61	
各種汽门	套	1	1	
照明設備	〃	1	1	
暖汽設備	〃	1	1	
存焦場	所	1	1	
瓦斯櫃	部	1	1	
精製瓦斯櫃	〃	1	1	

合成廠　　　　第三頁

項目	單位	承札所報數量	實際點收數量	備註
Booster 房	所	1	1	
Roots Blower	部	1	1	
〃 〃	〃	1	1	
Hot water coolor		1	1	
仝上用調節汽门	個	3	3	
〃 〃	〃	2	2	
Gas Scrubber	部	1	1	
Heat Exchanger	〃	1	1	
〃 〃	〃	1	1	
〃 〃	〃	1	1	
〃 〃	〃	1	1	
仝上用調節汽门	隻	4	4	
Converter	部	4	4	
635 m/m 管綫	m	169	169	
315 m/m 〃	〃	76	76	
100 m/m 〃	〃	20	20	
Holder 〃	〃	45	45	
仝上用 Gas Valve	〃	2	2	
H. Prissure Compressor	部	2	2	
高压压缩機備件	套	1	1	
H. Prissure Compressor Steam Engine	部	2	2	
Circulation Pump	〃	2	2	
仝上用 Steam Engine	〃	2	2	
Ammoria Separator	〃	2	2	
仝上用 Support	套	1	1	
Synthesis tower	部	1	1	
合成用高压汽门	套	1	1	
Separator	部	2	2	
〃	〃	1	1	
Ammonia Separator	〃	2	2	
250 H.P 馬達	〃	2	2	
冷凍装置	套	1	1	
2方噸製冰装置	〃	1	1	

合成廠　　　　第四頁

項目	單位	承租所報數量	實際點收數量	備註
Water Turbine Pump	部	2	2	
1,000 KW Motor	〃	2	2	
Turbine Pump	〃	1	1	
Planger Pump	〃	2	2	
仝上用 50 H.P. Motor	〃	2	2	
〃 5 H.P. 〃	〃	2	2	
Planger Pump	〃	2	2	
仝上用 9 KW Motor	〃	2	2	
Ammonia Evaporator	〃	1	1	
〃 〃	〃	1	1	
3 H.P. Motor and motor generator	套	2	2	
Water Cooler	〃	4	4	
Condenser	部	2	2	
Water Cooler	套	12	12	
銅溶液再生塔	〃	2	2	
碱液塔	〃	1	1	
銅溶液塔	〃	1	1	
水洗塔	〃	1	1	
以上各塔之[illegible]	〃	1		
各塔附屬管及閥門		1	1	
銅溶貯藏槽	部	1	1	
銅溶液用 Turbine Pump	〃	1	1	
溶銅液用 3 H.P. Motor	〃	1	1	
Steam Collector	〃	1	1	
1350 H.P. 用配電盤	具	1	1	
300 H.P. 〃 〃	〃	1	1	
200 H.P. 〃	〃	1	1	
Starting Heater	套	1	1	
合成廠房	所	1	1	
積行起重機	部	1	1	
〃 〃	〃	1	1	
照明設備	套	1	1	
水汀設備	〃	1	1	

合成廠　　　　第五頁

項目	單位	「永利」所報數量	實際點收數量	備註
[illegible]	套	1	1	
88 K.W. 用 switch	個	2	2	
液鉔桯	只	7	7	
液鉔桯管綫及閘閥	套	1	1	
液鉔桯房屋	所	1	1	
Cooling Pond	部	1	1	

008

硫酸廠　　第六頁

項目	單位	承礼所報數量	宗像點收數量	備註
硫酸工場倉庫	宅	1	1	
塊鑛炉廠房	排	4	4	
塊鑛炉	部	8	8	
硫酸工場保屋	所	1	1	
下下式粉鑛炉	部	2	1	
Sulpher furnace	〃	1	1	
Drying Tower	〃	1	1	
Waste Heat Boiler	〃	1	1	
Turbo Blower	〃	1	1	
Turbo-Blower 用300H.P. Ind Motor	〃	1	1	
Mist Separator	〃	1	1	
Converter	〃	4	4	
Heat exchanger	〃	4	4	
SO_3 Cooler	〃	1	1	
98% SO_3 Absorber	〃	1	1	
105% SO_3 〃	〃	1	1	
Acid Pump	〃	2	2	
Acid Pump 用15H.P. Motor	〃	2	2	
Dilution Tank	〃	1	1	
Acid Pump	〃	4	4	
Acid Pump 用20H.P. Motor	〃	4	4	
93%噸計量設備	〃	2	2	
500噸硫酸貯藏櫃	台	3	3	
硫酸廠房	所	1	1	
橋行起重機	部	1	1	
No.1 Spray Tower	〃	1	1	
No.2 〃	〃	1	1	
Mist Cottrell	套	1	1	
Weak Acid Pump	部	1	1	
Weak Acid Pump 用20H.P. Motor	〃	1	1	
硫酸工場鋼管	条	740	740	
Weak Acid Cooler Tank	部	1	1	
壓碎器	套	1	1	

硫酸廠

第七頁

項目	單位	永利所報數量	実際點收數量	備註
磁[illegible]	套	1	1	
耐酸[illegible]	〃		1	
Hot Cottrell 材料	〃	1	1	
酸用 Piping	〃	1	1	
焙烧炉材料	〃	2	2	
焙烧炉房屋	所	1	1	

010

硫酸錏廠　　第八頁

項目	單位	永利所報數量	實際點收數量	備註
乾燥機	部	1	1	
仝上用 20 H.P. Motor	〃	1	1	
Exhaust Fan	〃	1	1	
Exhaust Fan 用 5 H.P. Motor	〃	1	1	
Belt Conveyer	套	1	1	
Belt Conveyer 用 5 H.P. Motor	部	1	1	
Cyclone	〃	1	1	
Hot Water Pump	〃	3	3	
Hot Water 用 3 H.P. Motor	〃	3	3	
Hot Water Pump 附屬 Piping	套	3	3	
Strong Acid Pump	部	1	1	
仝　　上	〃	2	2	
仝		2	2	
仝 液泵 5 H.P. Motor	〃	2	2	
遠心分離機	〃	1	1	
〃　〃	〃	1	1	
仝上用 30 H.P. Motor	〃	2	2	
〃 5 H.P. 〃	〃	2	2	
飽和機	〃	1	1	
〃　〃	〃	1	1	
〃　〃	〃	1	1	
排氣筒	〃	1	1	
Humidifier	〃	3	3	
Bucket Elevator	套	1	1	
Bucket Elevator 用 3 H.P. Motor	部	1	1	
包裝硫銨設備	套	1	1	
硫酸錏廠房	所	1	1	
硫[illegible]庫	〃	4	4	

配電所　　　　第九頁

項目	單位	永利所報數量	實際點收數量	備註
總配電所建築	所	1	1	
3000 K.V.A 变压器	隻	2	2	前部電廠設備
特高配電盤	〃	4	4	〃　〃　〃　〃
二次配電盤	〃	2	2	
各廠用電盤	〃	7	7	
以上附屬品	套	1	1	
第一配電所建築	所	1	1	
1000 K.V.A 变压器	個	1	1	
75 〃 〃	〃	1	1	
配電盤	具	7	7	
以上附屬品	套	1	1	
第二配電所建築	所	1	1	
1000 K.V.A 变压器	只	2	2	
75 〃 〃	〃	1	1	
配電盤	〃	6	6	
以上附屬品	套	1	1	
第三配電所建築	所	1	1	
1000 K.V.A 变压器	個	1	1	
75 〃	〃	1	1	
配電盤	〃	1	1	
以上附屬品	套	6	6	
第四配電所建築	所	1	1	
500 K.V.A. 变压器	個	1	1	
配電盤	〃	4	4	
以上附屬品	套	1	1	
75 K.V.A 变压器	個	1	1	
第五配電所建築	所	1	1	
500 K.V.A. 变压器	個	1	1	
75 〃 〃	〃	1	1	
配電盤	〃	4	4	
以上附屬品	套	1	1	
第六配電所建築	所	1	1	
75 K.V.A 变压器	個	1	1	

012

配電所　　第十頁

項目	單位	清冊所報數量	實際點收數量	備註
配電盤	個	2	2	
以上附屬品	套	1	1	
共通柱上開關	隻	20	20	
送電線路	套	1	1	

鍋炉廠

第十一頁

項目	單位	永利所報數量	實際照核數量	備註
Babcock Boiler	部	3	3	
Economizer		3	3	
Stokers	"	3	3	
Superheater	"	1	1	
Coal Bunker	"	1	1	
Bucket Elevator	"	1	1	
仝上用 10 H.P. Motor	"	1	1	
Steel Belt Conveyer	"	1	1	
送煤機	"	1	1	
Induced Fan	"	2	2	
仝上用 27 H.P. motor	"	2	2	
Forced fan	"	2	2	
仝上用 50 H.P. Motor	"	2	2	
Water Tank	"	1	1	
Worthington Pump	"	1	1	
仝上用 [illegible] H.P. Motor	"	1	1	
Worthington Pump	"	1	1	
仝上用 Steam Engine	"	1	1	
Heat Exchanger	"	1	1	
Preheater	"	1	1	
Switches	個	6	6	
水泵用管及閘閥	套	1	1	
溫水槽	部	1	1	
煙囱	"	1	1	
" "	"	1	1	
除塵器	"	1	1	
鍋炉廠房	所	1	1	
照明設備	套	1	1	

014

水泵房

項目	單位	永利所報數量	實際點收數量	備註
Turbine pump 700	部	[illegible]	2	
〃 〃 [illegible]	〃	[illegible]	2	
〃 〃 396	〃	2	2	
〃 〃 96	〃	[illegible]	2	
450 m/m Valve	個	4	4	
350 〃	〃	4	4	
300 〃	〃	4	4	
200 H.P. 馬達	部	2	2	
125 H.P. 〃	〃	2	2	
100 H.P. 〃	〃	2	2	
55 H.P. 〃	〃	2	2	
30 H.P. 〃	〃	2	2	
配電盤	〃	2	2	
室內水管	套	1	1	
水泵房屋	所	1	1	

煉水廠　　第十三頁

項目	單位	永利所報數量	實際點收數量	備註
沈澱槽	具	1	1	
仝上用攪拌用5H.P. Motor	〃	1	1	
Solution Tank	套	1	1	
Sand Filter Tank	部	1	1	
Turbine Pump	〃	2	2	
仝上用10H.P. Motor	〃	2	2	
Sluice Valve 150m/m	〃	6	6	
〃 〃 100m/m	〃	10	10	
附屬 Piping	套	1	1	
貯水槽	部	1	1	
Water Tank	〃	1	1	
〃 〃	〃	1	1	
〃 〃	〃	1	1	
Turbine Pump	〃	2	2	
仝上用10H.P. Motor	〃	2	2	
Permutit Tank	〃	3	3	
Sluice Valve	個	18	18	
附屬 Piping	套	1	1	
硫酸槽	只	1	1	

觸 媒 廠

第十四頁

項目	單位	（永礼）所報數量	實際點收數量	備註
廠房	所	1	1	
粉碎機	部	1	1	
仝上用5H.P. Motor	〃	1	1	
蒸氣乾燥炉	〃	1	1	
仝上用Air blower	〃	1	1	
〃 1.3K.W. Motor	〃	1	1	
粉碎機	〃	1	1	
仝上用2H.P. Motor	〃	1	1	
木製槽	〃	1	1	
Stainless Steel製Tank	套	2	2	
動力傳達裝置	〃	1	1	
仝上用20H.P. Motor	部	1	1	
Screen	〃	1	1	
Rotor	〃	1	1	
微細篩機	〃	1	1	
電氣鍋	〃	1	1	
仝上用cable	套	1	1	
〃 變壓器	部	1	1	
觸媒試驗裝置	套	1	1	
Gas Holder	部	1	1	
製錠機	〃	1	1	
Roll jaw crusher	〃	1	1	
Roll crusher	〃	1	1	
Gas Furnace	〃	1	1	
配電盤	〃	1	1	
觸媒廠房	所	1	1	

017

機械廠　　　　第十五頁

項目	單位	永利所報數量	實際點收數量	備註
翻砂廠及機器廠房	所	2	2	
木樣廠	〃	1	1	
木工用Drill	部	3	3	
〃　〃	〃	1	1	
擴型旋盤	〃	4	4	
〃　〃	〃	1		
動力傳導設備	套	1	1	
〃　〃	〃	1	1	
Pipe Bender (大)	部	1	1	
〃　〃 (小)	〃	1	1	
湯鐵振動車 (大)	〃	1	1	
〃　〃 (小)	〃	1	1	
橋行起重机	〃	1	1	
Power Hammer	〃	1	1	
鑄鐵熔解設備	套	1	1	
3噸熔銑炉	部	1	1	
乾燥室	所	1	1	
辦公室	〃	1	1	
監視及備品室	〃	1	1	
迴廊	条	1	1	
橋行起重机	部	1	1	
Lathe 20尺	〃	2	2	
〃 15尺	〃	1	1	
〃 9尺	〃	1	1	
Slotter 28寸	〃	1	1	
〃　〃	〃	1	1	
Turret Lathe 2尺	〃	1	1	
Horizontal Boring Machine	〃	1	1	
Grinder Lathe	〃	1	1	
小型Milling Machine	〃	5	5	
Boring Machine	〃	2	2	

機械廠

項目	單位	交代所領數量	實際點收數量	備註
小型 Lathe	部	1	1	
Horizontal Drill	〃	1	1	
Boring Machine	〃	1	1	
Hign Speed Drill	〃	1	1	
Radial Drill	〃	1	1	
Slotting Makine	〃	1	1	
四聯式小型 Drill	〃	1	1	

019

煉油室　　第十七頁

項目	單位	永利所報數量	實際點收數量	備註
煉油室建築	所	1	1	
遠心分離机	部	1	1	
配電盤	具	1	1	
Air Compressor	部	1	1	
200 H.P. Motor	"	1	1	
Air Compressor	"	1	1	
30 H.P. Motor		1	1	
Air Reservoir	"	1	1	
發電机	"	1	1	
仝上用 Diesel Engine	"	1	1	

020

深　井　　　　第十八頁

項　　　目	單位	承祀所有數量	實際點收數量	備　註
透平帶動水泵	部	6	6	
60 H.P. Motor	〃	6	6	
建　　築	所	6	6	
鉄　筋　塔	〃	6	6	
深　　井	套	6	6	

021

零星建築及其他　　　　第十九頁

項　　目	單位	永利所報數量	实際點收數量	備註
病院	所	1	1	
傳染病院	〃	1	1	
郵政局	〃	1	1	
北门警衛所	〃	1	1	
南〃〃〃	〃	1	1	
本工廠電氣品修理場	〃	1	1	
〃〃〃	〃	1	1	
休息室	〃	1	1	
分析室室	〃	1	1	
總倉庫	〃	1	1	
倉庫建築	〃	1	1	
事務所	〃	1	1	
同上附屬便所	〃	1	1	
磚瓦廠事務所	〃	1	1	
煉瓦倉庫	宅	1	1	
15噸硅石煉瓦工場	所	1	1	
住宅洋房	宅	4	4	
下房	〃	4	4	
職員住宅	〃	31	31	
下房	〃	1	1	
貯水槽底脚	具	1	1	
鉄製貯水槽	〃	2	2	
職工住宅	所	33	33	
職員宿舍	〃	2	2	
同上用廚房	〃	1	1	
職工宿舍	宅	16	16	
同上用廚房	〃	6	6	
下房、便所浴室	〃	9	9	
職工食堂	〃	1	1	
禮堂	〃	1	1	
浴堂汽鍋	部	2	2	
鉄製温水槽	〃	1	1	
〃〃冷〃〃	〃	1	1	
冲水蓮蓬頭附鉄管	套	1	1	
土地	畝	3.673	3.673	

022

零星建築及其他　　第二十頁

項目	單位	永礼所報數量	實際點收數量	備註
大碼頭	座	1	1	
二〃〃	〃	1	1	
88T小型蒸氣船(永礼丸)	隻	1	1	機件損坏
50T〃〃〃〃	〃	1	0	前去沉没江中
100T〃〃〃〃(東陽丸)	〃	1	1	現被徵用
圍墻	条	1	1	
第五住宅	棟	9	9	
〃〃〃〃(排水溝)	条	1	1	
小學校	所	1	1	
小學校附屬便所	〃	1	1	
小軌道	套	1	1	
内外管線	〃	1	1	
内管工程	〃	1	1	
竹籬	〃	1	1	
江边工程	〃	1	1	

023

建築中黑藥工廠　　第二十一頁

項目	單位	永利所報數量	案係點收數量	備註
建築中黑藥工廠	所	39	39	
計分：				
雜品倉庫				未完成
硝石精製室				
硫黄精製室				
三味混和室				
〃　〃　〃				
破碎室				
水压〃				
水压造粒成形〃				
造粒粉碎〃				
乾燥〃				
〃　〃　〃				
收取〃				
混同〃				
光沢〃				
堆栈				
火藥庫				
更衣室				
便所				
事務室				
警備本部				
汽缶室				
冷水泵				
雜品倉庫				
油庫				
酒〃				
爆粉〃				
雷管〃				
管体製造室				
雷管熱處理室				
雷汞化成室				
爆粉混合室				
造粒〃				
風晒〃				

0244

建築中黑药工廠　　　　第二十二頁

項目	單位	永利所報數量	實際點收數量	備註
拂拭篩粉室				
雷管塡药〃				
雷汞水蓄〃				
事務〃				
雜品庫倉				
二次混和精製室				

原料

第二十三頁

項目	單位	「永礼」所報數量	實際點收數量	備註
焦炭	噸	100	50	
中興煤	〃	570	200	
淮南煤	〃	1.800	1.800	
硫磺	〃	120	64	
博山硫化鉄鑛	〃	1.219	1.219	
馬鞍山〃〃〃	〃	6.871	6.871	
日立〃〃〃〃	〃	302	302	11901
上北〃〃〃〃	〃	1.773	1.773	
柵原〃〃〃〃	〃	1.649	1.649	
油谷〃〃〃〃	〃	87	87	

成　品

項　　目	單位	承札所報數量	實際點收數量	備　註
硫　　酸	噸	895.44	722	
液　　錏	〃	57.00	57.00	
硫　酸　錏	〃	273.100	216.00	
〃　〃　〃	〃	25.100	25.00	

材料

第二十五頁

項目	尺寸	單位	"永利"所報數量	實際點收數量	備註
Formic Acid		瓶	85	85	
Caustic Soda		桶	38	38	
Gargoyle D.T. Extra Heavy		〃	48	48	
〃		〃	7	7	
Texaco oil		〃	16	4	
Super Cylinder oil extra Hecta mineral		〃	31	31	
Cavis mineral Cylinder oil		〃	208	208	
Cyl. Oil Ex. Heavy		〃	14	14	
Erotic oil C. 〃		〃	14	14	
Texaco oil (776)		立	162	162	
Shell oil CEC		〃	180	180	
Algal oil		〃	90	90	
燕牌×Cylinder oil		〃	12	2	
〃 ×Ice machine oil 18l		听	64	64	
〃 〃	18l	桶	5	5	
Texaco ursa oil		〃	1	1	
Shell oil C.Y.3		〃	4	4	
Spindle oil		听	44	43	
D.T.E. Med Heavy		桶	3	3	
養氣		瓶	15	13	
電石		听	700	14噸	
錠子油		〃	134	74	
黄油		桶	25	25	
红車油		〃	3	3	
白鐵管	3/4"	m	40	18	
〃 〃	1/2"	〃	10	0	
〃 〃	1½"	〃	150	150	
〃 〃	3"	〃	300	300	
〃 〃	4"	〃	25	0	
黑鐵 〃	1"	〃	1,150	170	
〃 〃	1½"	〃	1,800	1,331	
〃 〃	2½"	〃	100	100	
〃 〃	3"	〃	380	262	
〃 〃	4"	〃	90	90	

028

材　料

項目	尺寸	單位	"永利"所報數量	實際點收數量	備註
黑鐵管	5"	m	120	116	
〃	6"	〃	125	0	
〃	8"	〃	400	12	
〃	10"	〃	30	0	
鋼管	2¾"	〃	72	3	
〃	1⅜"	〃	280	4	
〃	1"	〃	160	0	
〃	1½"	〃	36	0	
鍋炉管	2"	〃	150	21	
〃	1½×2"	〃	79	0	
不銹鋼管	¾"	条	24	24	
〃	1"	〃	26	20	
〃	2"	〃	82	24	
〃	3"	〃	13	13	
〃	4"	〃	9	9	
Union	¼"	個	89	89	
〃	⅜"	〃	602	602	
〃	½"	〃	119	88	
〃	¾"	〃	262	242	
〃	1"	〃	144	28	
〃	1½"	〃	458	168	
〃	1¼"	〃	5	5	
〃	2"	〃	328	259	
〃	2½"	〃	388	352	
〃	3"	〃	306	233	
四通	⅛"	〃	27	27	
〃	¼"	〃	14	0	
〃	⅜"	〃	120	0	
〃	½"	〃	186	186	
〃	¾"	〃	213	213	
〃	1"	〃	138	138	
〃	1¼"	〃	113	0	
〃	1½"	〃	204	204	
〃	2"	〃	141	141	
〃	2½"	〃	108	57	

材料

第二十七頁

項目	尺寸	單位	永利所報數量	実際點收數量	備註
四通	3"	個	102	102	
〃 〃	4"	〃	585	59	
〃 〃	5"	〃	5	5	
〃 〃	6"	〃	5	0	
生鉄四通		〃	956	28	
外螺絲	1/4"	〃	59	52	
〃 〃	3/8"	〃	447	431	
〃 〃	3/4"	〃	440	440	
〃 〃	1 1/2"	〃	126	116	
〃 〃	2"	〃	104	104	
塞頭	1 1/2"	〃	97	41	
〃 〃		〃	178	178	
三路Tee	1/4"	〃	155	155	
〃 〃 〃	3/8"	〃	196	177	
〃 〃 〃	1/2"	〃	91	91	
〃 〃 〃	3/4"	〃	56	56	
〃 〃 〃	1"	〃	131	131	
〃 〃 〃	1 1/4"	〃	107	107	
〃 〃 〃	1 1/2"	〃	150	150	
〃 〃 〃	1 3/4"	〃	20	20	
〃 〃 〃	2"	〃	200	200	
〃 〃 〃	2 1/2"	〃	80	80	
〃 〃 〃	3"	〃	100	100	
〃 〃 〃	4"	〃	33	33	
〃 〃 〃		〃	950	950	
高压三路Tee		〃	520	0	
生铁三路〃			1,450	33	
內螺絲	1/4"	〃	110	110	
〃 〃 〃	3/8"	〃	270	252	
〃 〃 〃	1/2"	〃	102	60	
〃 〃 〃	3/4"	〃	467	467	
〃 〃 〃	1"	〃	606	606	
〃 〃 〃	1 1/4"	〃	433	433	
〃 〃 〃	3"	〃	99	99	

材料

項目	尺寸	單位	承記所報數量	實際點收數量	備註
內螺絲	1¾"	個	318	52	
〃 〃 〃	2"	〃	690	612	
〃 〃 〃	2½"	〃	103	103	
〃 〃 〃	4"	〃	72	72	
〃 〃 〃	5"	〃	34	34	
外螺絲	2½"		318	268	
〃 〃 〃	3"	〃	263	246	
〃 〃 〃	4"	〃	72	72	
黃銅外螺絲	¼"	〃	65	52	
〃 〃 〃 〃	⅜"	〃	252	252	
〃 〃 〃 〃	½"	〃	132	132	
〃 〃 〃 〃	¾"	〃	142	142	
〃 〃 〃 〃	1"	〃	162	72	
〃 〃 〃 〃	1½"	〃	619	550	
〃 〃 〃 〃	2"	〃	339	218	
〃 〃 〃 〃	2½"	〃	260	260	
〃 〃 〃 〃	3"	〃	80	80	
〃 〃 〃 〃	4"	〃	80	80	
灣頭	¼"	〃	35	0	
〃 〃	⅜"	〃	498	498	
〃 〃	½"	〃	229	192	
〃 〃	¾"	〃	137	122	
〃 〃	1"	〃	109	70	
〃 〃	1½"	〃	590	173	
〃 〃	2"	〃	299	266	
〃 〃	2½"	〃	529	176	
〃 〃	3"	〃	172	141	
〃 〃	4"	〃	46	31	
〃 〃		〃	410	169	
塞頭	¼"	〃	50	50	
〃 〃	⅜"	〃	498	498	
〃 〃	½"	〃	163	12	
〃 〃	¾"	〃	189	161	
〃 〃	1"	〃	54	54	
〃 〃	1¼"	〃	35	35	

材　料

第二十九頁

項　目	尺寸	單位	永利所報數量	實際點收數量	備註
內螺絲	6"	個	48	48	
〃 〃 〃		〃	368	368	
生鐵內螺絲		〃	248	0	
蓋子		〃	47	47	
〃 中		〃	791	705	
高壓內螺絲		〃	237	0	
生鐵油汀凡而	¼"	〃	230	0	
油汀凡而	⅜"	〃	100	0	
〃 〃 〃	1"	〃	13	3	
〃 〃 〃	1¼"	〃	36	36	
〃 〃 〃	1½"	〃	152	0	
〃 〃 〃	2½"	〃	97	67	
〃 〃 〃	3"	〃	36	35	
〃 〃 〃	1½"	〃	126	0	
〃 〃 〃	2"	〃	33	1	
〃 〃 〃	2½"	〃	14	0	
〃 〃 〃	4"	〃	7	7	
油汀凡而	2"	〃	18	18	
〃 〃 〃	2½"	〃	55	55	
〃 〃 〃	3"	〃	12	12	
〃 〃 〃	4"	〃	5	5	
〃 〃 〃	5"	〃	14	14	
〃 〃 〃	6"	〃	5	2	
〃 〃 〃	7"		5	0	
〃 〃 〃	8"	〃	8	0	
生鐵水龍頭	2½"	〃	5	5	
〃 〃 〃	3"	〃	3	3	
〃 〃 〃	4"	〃	5	4	
〃 〃 〃	6"	〃	5	5	
〃 〃 〃	8"	〃	5	5	
黃銅油汀凡而	¼"	〃	135	117	
〃 〃 〃 〃	⅜"	〃	35	0	
〃 〃 〃 〃	½"	〃	30	0	
〃 〃 〃 〃	1"	〃	28	28	
	1¼"	〃	100	44	

032

材　料

項目	尺寸	單位	「永礼」所報數量	實際點收數量	備註
黃銅洒汀凡而	1½"	個	138	84	
〃 〃 〃	2"	〃	70	0	
〃 〃 〃	2½"	〃	101	5	
考　克	½"	〃	20	20	
〃 〃	⅜"	〃	60	16	
〃 〃	½"	〃	40	40	
〃 〃	¾"	〃	55	40	
〃 〃	1"	〃	50	50	
〃 〃	1½"	〃	90	90	
〃 〃	2"	〃	20	20	
〃 〃	3"	〃	5	5	
三路考克	1½"	〃	3	3	
黃銅考克	⅜"	〃	16	16	
〃 〃 〃	½"	〃	15	0	
〃 〃 〃	¾"	〃	10	0	
〃 〃 〃	1"	〃	30	0	
〃 〃 〃	1½"	〃	35	0	
〃 〃 〃	2"	〃	16	16	
排水考克	½"	〃	70	70	
〃 〃 〃	⅜"	〃	50	0	
〃 〃 〃	½"	〃	60	0	
角凡而	1½"	〃	10	10	
〃 〃 〃	2"	〃	10	10	
〃 〃 〃	3"	〃	10	6	
〃 〃 〃	4"	〃	10	0	
〃 〃 〃	6"	〃	3	3	
〃 〃 〃	1"	〃	11	4	
〃 〃 〃	3"	〃	2	0	
〃 〃 〃	4"	〃	8	0	
洋　釘	1½"	Kg	80	80	
〃 〃	2"	〃	50	50	
〃 〃	3"	〃	17.7	17.7	
〃 〃	4"	〃	250	250	
〃 〃	5"	〃	1,000	846	
〃 〃	6"	〃	150	150	

材　　料

第三十一頁

項目	尺寸	單位	永利所報數量	實際點收數量	備註
白鉛鐵絲	#20	Kg	25	25	
〃 〃 〃	#16	〃	300	45	
〃 〃 〃	#14	〃	644.5	261	
〃 〃 〃	#10	〃	150	150	
〃 〃 〃	#8	〃	1,240	1,240	
水泥		袋	300	300	
麻線		Kg.	300	300	
粉筆		箱	70	35	
竹帚		支	900	900	
草帚		〃	500	350	
長柄毛帚		〃	500	500	
泥刀		〃	1,000	1,000	
磅鎚		〃	30	30	
鎚柄	1.5尺	〃	120	30	
〃 〃	3尺	〃	100	100	
鋸条	12寸	打	104	102	
〃 〃	16"×1"	〃	3	3	
〃 〃	17"×1"×16P	〃	40	1½	
黄漆	18立	听	44	44	
〃 〃	〃	〃	30	30	
紅 〃	〃	〃	9	9	
深灰 〃	〃	〃	2	2	
灰 〃	〃	〃	3	3	
淡灰 〃	〃	〃	6	6	
青 〃	〃	〃	9	9	
紅丹	〃	〃	45	45	
油漆	〃	〃	12	12	
光煤鏟		個	72	72	
圓煤鏟		〃	17	17	
鉸鏈	1"	12枚/箱	7	7	
〃	1½"	〃	9	9	
〃	2"	〃	20	20	
〃	2½"	〃	10	10	
〃	3"	〃	3	3	
〃	4"	〃	4	4	

材　料

項目	尺寸	單位	承札所報數量	實際點收數量	備註
皮帶扣	#45	箱	10	10 匣	
皮〃腊		根	15	12	
鉄絲繩	#20×1"×1m/m	m	400.	[illegible] 8.78公斤	
〃〃〃	3/4"×1m/m	〃	20.	[illegible] 108 〃	
擦銅水		小罐	80	80	
電氣熔接棒	3m/m	KG	1.330	1.330	
〃〃〃	3.25"	〃	80	80	
瓦斯熔接棒	3"	〃	300	300	
〃〃〃	4"	〃	530	530	
〃〃〃	2"	〃	200	0	
〃〃〃	4'	〃	320	320	
〃〃〃	5"	〃	20	20	
石棉繩	1/4	〃	105.700	0	
〃〃〃	1/2"	〃	21	21	
〃〃〃	5/8"	〃	199.400	66	
〃〃〃	3/4"	〃	2250.	427	
〃〃〃	7/8"	〃	1500.	166	
〃〃〃	1"	〃	295	179	
〃〃〃	1½"	〃	545	65	
橡皮擊根	2m/m	〃	30	5	
〃〃〃	3"	〃	58	6½	
〃〃〃	4"	〃	74.10	8	
〃〃〃	5"	〃	91.700	0	
〃〃〃	7"	〃	70.	3½	
〃〃〃	8"	〃	120	8½	
石棉擊根	3/4"	〃	577	453	
〃〃〃	7/8"	KG	457.660	457.66	
石棉擊根帶	1"	〃	411	160	
〃〃〃	1¼"	〃	563	563	
〃〃〃	1½"	〃	425	425	
〃〃〃	1/16"×6"	〃	274	9	
刀河擊根	7"×5½"	個	48	48	
〃〃〃	14"×12"	〃	31	31	
〃〃〃	4"×4½"	〃	93	93	
〃〃〃	14"×12"	〃	37	37	

材料

第三十三頁

項目	尺寸	單位	承祀所報數量	實際點收數量	備註
A 鉛柏擘根	110m/m×195×25	K.g	150	149 只	
B " " "	135m/m×105×10	"	298	298 "	
C " " "	53m/m×45×3	"	150	149 "	
D " " "	60m/m×45×35	"	150	150 "	
加羅克紙柏	3/10×No.900	"	229	張 53 張	
" " "	1/16× "	"	1.000	71 "	
" " "	3/32× "	"	300	0	
" " "	1/8× "	"	711.30	16 "	
" " "	3/16× "	"	28.63	8 "	
石棉板	1/16"	"	294.70	100 "	
" " "	1/16"	"	300	0	
" " "	1/8"	"	1.985	590 "	
" " "	3/8"	"	300	0	
" " "	7/32"	"	80	0	
加羅克盤香擘根	1/4"	"	22	39 盤	
" " " "	5/16"	"	7.164	46 "	
" " " "	3/8"	"	10	65 "	
" " " "	7/16"	"	16.670	73 "	
" " " "	1/2"	"	114.410	118 "	
" " " "	9/16"	"	28.775	27 "	
" " " "	5/8"	"	16.800	37 "	
" " " "	11/16"	"	27.800	15 "	
" " " "	3/4"	"	271.720	87 "	
" " " "	13/16"	"	31.600	8 "	
Skoo Kum 司高克盤香擘根	3/8"	"	29.900	16 "	
" " " "	7/16"	"	13	9 "	
" " " "	1/2"	"	27	6 "	
" " " "	5/8"	"	158.200	90 "	
" " " "	3/4"	"	257.200	46 "	
加羅克盤香擘根	7/8"	"	131.040	0 "	
司高克 " " "	7/8"	"	144.700	47 "	
橡皮膠帶	4m/m		19.500	19.5 公斤	
" " "	4 "		30.400	30.4 "	
紅紙柏	1 "	K.g	54.500	100 張	
" " "	2 "	"	244	89 "	

材料

項目	尺寸	單位	"永礼"所報數量	實際點收數量	備註
油紙柏	3 m/m	Kg	364	34 張	
油盤根	3/8"	"	28	28 公斤	
" " "	1/2"	"	21.80	13 3/4 "	
" " "	5/8"	"	65.30	65.30 "	
" " "	1/2"	"	19.90	0	
" " "	1/4"	"	0	0	
麻盤根	1/2"	"	61.	61 公斤	
" " "	3/4"	"	71	71 "	
紙(紅)柏	1/8"	"	1500.500	0	
" "	3/16"	"	126	49 張	
" "	3/32"	"	3348	0	
" "	1/16"	"	1660	0	
" "	1/32"	"	153.600	200 張	
皮碗盤根	155 m/m×12×8	個	340	340	
" " "	128 m/m×12×8	"	490	490	
" " "	77 m/m×12×8	"	1,030	1,030	
砂布	No	"	1,000	0	
" "	No. 1	"	2,800	960 張	
" "	No. 2	"	3,500	2,652 "	
" "	No. 3	"	3,700	282 "	
水砂紙		"	2,700	18 1/2 打	
石棉繩	13 m/m	Kg.	100	100 公斤	
" " "	16 "	"	250	0 "	
" " "	19 "	"	130	130 "	
" " "	25 "	"	200	113 "	
不銹鋼熔接棒	3 "	"	150	150 "	
" " "	4 "	"	120	120 "	
生鐵熔接棒	4 "	"	46.5	46.5 "	
華司	3/8"	"	250	147 "	
" "	1/2"	"	32	32 "	
" "	5/8"	"	115	115 "	
" "	3/4"	"	50	50 "	
" "	7/8"	"	150	150 "	
" "	1"	"	195	195 "	
六角羅絲	3/8"	"	200	200 "	

037

材　料　　　　第三十三頁

項目	尺寸	單位	承礼所報數量	實際點收數量	備註
六角羅絲	1/2"	Kg.	30	30公斤	
〃〃〃	5/8"	〃	95	95〃	
〃〃〃	3/4"	〃	165	75〃	
〃〃〃	7/8"	〃	200	103〃	
〃〃〃	1"	〃	35	35〃	
〃〃〃	1 1/8"	〃	~~####~~14	0〃	
〃〃〃	1 1/2"	〃	19	19〃	
圓頭羅絲	1/4×1/2"	〃	20	20〃	
〃〃〃	3/8×1"	〃	150	150〃	
〃〃〃	3/8×1 1/4"	〃	63	0〃	
〃〃〃	3/8×1 1/2"	〃	275	270〃	
〃〃〃	5/8×1 1/2"	〃	113	113〃	
〃〃〃	5/8×2 3/8"	〃	193	193〃	
〃〃〃	5/8×2 1/2"	〃	135	135〃	
〃〃〃	5/8×3"	〃	392.80	272〃	
平玻璃	1/8×10×12	張	149	138張	
〃〃〃	1/4×14×12	〃	163	163〃	
毛玻璃板	1/16×24×1	〃	42	0〃	
〃〃〃	1/16×16×30	〃	30	0〃	
〃〃〃	1/16×18×30	〃	38	0〃	
三角皮帶	13-76	個	30	30〃	
橡膠〃〃	1/2×3P	呎	1308	0〃	
〃〃〃	2"×〃	〃	1270	0〃	
〃〃〃	4"×〃	〃	326	0〃	
〃〃〃	5"×〃	〃	660	40米	
鋁塊		Kg.	124.20	124.2公斤	195
錫		〃	270	270〃	247
生鉛塊		〃	1,403.50	1,207 3/4〃	236 1/4
鋼		〃	636	636〃	
錫		〃	2,504	2,028〃	
黃銅		〃	84.50	84.5〃	
鋁板	4〃	呎	340	342〃	
〃〃	6〃	〃	217	213〃	
〃〃	8〃	〃	324.7	324.7〃	
銅圓	3 m/m	根	4	0	

038

材料。

項目	尺寸	單位	永利所報數量	實際點收數量	備註
生鉄		Kg.	5,245	5,245公斤	76,596
[illegible]鉄		〃	4,954	3,760 〃	
錳鉄		〃	1,247	1,400 〃	
不銹鋼圓	1/2"	〃	33.5	33½ 〃	
〃 〃 〃	5/8"	〃	40	39¾ 〃	
〃 〃 〃	1"	〃	53	53 〃	
〃 〃 〃	1½"	〃	31	30 〃	
銅板	2 [illegible]	〃	160	500 〃	
〃 〃	3	〃	83	500 〃	
〃 〃	1.5	〃	79	300 〃	
〃 〃	6	〃	1	25 〃	
圓(舊)鉄		〃	1000	1,000 〃	
鉄絲鋼	#20×14×[illegible]	公尺	25	25	
〃 〃 〃	[illegible]	〃	15	15	
〃 〃 〃	#15 9×1	圈	10	10	
〃 〃 〃	#14×25	塊	11	11	
〃 〃 〃	1"	〃	4	4	
〃 〃 〃	1/2"	〃	2	2	
〃 〃 〃	2"	〃	2	2	
〃 〃 〃	3"	〃	2	2	
工字鉄	6"×18"	Kg.	2,334.5	1,300公斤	
〃 〃 〃	6"×6"	〃	753.	175 〃	
〃 〃 〃	1/4"×4"×8"	〃	1,897	1,897 〃	
〃 〃 〃	3"×5"	〃	6	0	
〃 〃 〃	1/4"×3"×6"	〃	2,532	2,532 〃	
〃 〃 〃	2"×4"	〃	173½	153 〃	
槽鉄	4"×12"	〃	753	0	
〃 〃	3½"×8"	〃	1,816	1,457 〃	
〃 〃	3"×8"	〃	2,007	1,815 〃	
〃 〃	3"×6"	〃	3,344.60	1,995 〃	
〃 〃	2½"×6"	〃	260	260 〃	
〃 〃	3½"×5"	〃	532	532 〃	
〃 〃	2"×5"	〃	51	51 〃	
丁字鉄	4"×6"×½"	〃	1,332	1732	
[illegible]鉄	4"×6"	〃	7,252	7,252 〃	

材　　料　　第三十七頁

項目	尺寸	單位	永利所報數量	實際點收數量	備註
丁字鉄	3/8"×3½"×6"	Kg.	71	0	
〃〃〃	3/8"×3"×6"	〃	85	85公斤	
角鉄	3/8"3½"×5"	〃	2,459	2,459〃	
〃〃	3/8"×3"×5"	〃	2,397	2,397〃	
〃〃	3/8"×3"×4"	〃	2,853	1,347〃	
〃〃	3/8"×3½"×3"	〃	2,985	0	
〃〃	3/8"2½"×3"	〃	143	143〃	
〃〃	3/8"×2"×3"	〃	687	687〃	
〃〃	½"×6"	〃	1,897	1,897〃	
〃〃	3/8"×3½"	〃	3,450	2,478〃	
〃〃	½"×5"	〃	1,664	1,448〃	
丁字鉄	½"×4×4"	〃	530	530〃	
方鉄条	3"	〃	239	0	
〃〃〃	2⅜"	〃	188	0	
〃〃〃	1"	〃	1,433	1,433〃	
鉄筋	¾"	〃	825	500〃	
〃〃	1"	〃	3,950	1,500〃	
扁鉄	½"×3½"	支	6	165〃	
〃〃	3/8"×2½	〃	26	0	
〃〃	3/8"×2½"	〃	22	462'-0"	
〃〃	¼"×3"	〃	35	700'-0"	
〃〃	3/8"×3"	〃	70	440'-0"	
〃〃	¾"×4"	〃	2	40'-0"	
〃〃	3/8"×3"	〃	23	363'-0"	
〃〃	½"×2	〃	26	520'-0"	
元鉄	5"	Kg.	1,641	1,424公斤	
〃〃	2"	〃	255	255〃	
〃〃	1¾"	〃	514	514〃	
〃〃	1½"	根	7	7	
〃〃	1¼"	〃	112	112	
〃〃	1"	〃	273	273	
〃〃	1⅛"	Kg.	2,000	2,000公斤	
〃〃	¾"	〃	1883.70	187〃	
〃〃	11/16"	〃	396	396〃	
〃〃	3/8"	〃	4,887.60	4,887〃	

040

材　料　　　　第三十八頁

項　　目	尺　寸	單位	永祉所報數量	實際點收數量	備　註
元鉄	5/16"	公斤	318	61公斤	
鉄板	1/2"	〃	867	867〃	
〃	1/2"	〃	3,020	3,020〃	共9,891公斤
〃	1/2"	〃	5,763	5,763〃	68,570
〃	1/2"	〃	241	241〃	
〃	3/4"	〃	892	892〃	
羅司门	3/8×1	〃	269.6	218〃	
〃	3/8×1½	〃	160	160〃	
〃	3/8×2	〃	104	104〃	
〃	3/8×2½	〃	89	89〃	
〃	3/8×3	〃	280	106〃	
〃	3/8×3½	〃	261	261〃	
〃	1/2×1	〃	500	300〃	
〃	1/2×1½	〃	50	50〃	
〃	1/2×1¾	〃	40	40〃	
〃	1/2×3	〃	150	150〃	
〃	1/2×3½	〃	402	235〃	
〃	1/2×4	〃	251	225〃	
〃	5/8×18	〃	4,100	2:1〃	
〃	3/4×2	〃	93	93〃	
〃	3/4×3	〃	199	199〃	
〃	3/4×3½	〃	100	80〃	
〃	3/4×4	〃	60	30〃	
〃	3/4×1	〃	80	80〃	
〃	3/4×1½	〃	130	130〃	
〃	5/8×3¼	〃	150	150〃	
〃	7/8×1½	〃	20.	20〃	
〃	7/8×2	〃	30.	30〃	
〃	7/8×2½	〃	26.	26〃	
〃	7/8×4	〃	400.	400〃	
〃	7/8×4¼	〃	200.	152〃	
〃	7/8×4½	〃	150.	150〃	
重油		桶	25	25〃	
鉛筆	H.B	打	18	18〃	

041

材料

第三十九頁

項目	尺寸	單位	永利所報數量	實際點收數量	備註
鉛筆	H	打	16	15	
〃〃	2H	〃	63	62	
〃〃	3H	〃	17	16	
〃〃	4H	〃	11	11	
製圖紙		張	5,400	5,400	
〃〃〃		卷	1	1	
方格紙		〃	10	8	
〃〃〃		〃	53	42	
〃〃〃		枚	190	190	
〃〃〃	40m×11m	卷	11	0	
晒圖紙	42m×20m	〃	82	80	
〃〃〃	1m×20m	〃	11	7	
〃〃〃	1.1m×20m	〃	18	18	
〃〃〃	1.1m×20m	〃	2	2	
模造紙		枚	400	400	
洋紙		冊	95	40	
帳簿		〃	2	2	
便条簿		〃	12	12	
感光紙	88m×21m	卷	180	140	
銅衄汀凡而	1½"	個	28	28	
〃〃〃〃	1"	〃	23	23	
〃〃〃〃	1¼"	〃	8	5	
洄汀凡而	1¼"	〃	17	17	
〃〃〃〃	1"	〃	3	0	
闸门凡而	¾"	〃	2	2	
棒状溫度計	50°	支	13	13	
〃〃〃	70°	〃	15	15	
〃〃〃	100°	〃	38	38	
〃〃〃	120°	〃	28	28	
〃〃〃	200°	〃	10	10	
〃〃〃	400°	〃	6	6	
橡膠皮帶	4"	m	496	496	
〃〃〃	8"	〃	314	314	
水玻瑚		桶	6	6	
錠子油	18立	〃	4	4	

材 料

項目	尺寸	單位	「永礼」所報數量	実際點收數量	備註
透平油	18立	桶	1	1	
機器油	〃	〃	1	1	
汽缸油	〃	〃	1	1	
黏性油	〃	〃	2	2	
油漆	2?KG.	〃	4	4	
石棉繩	3/8	卷	75	75	
沙盤根	3/8	箱	10	10	
Gallock毛紙桶	1/8	KG.	130	130	
方盤根	3/16	箱	18	0	
〃 〃 〃	5/16	〃	16	16	
〃 〃 〃	1/4	〃	18	18	
〃 〃 〃	1/2	〃	39	39	
〃 〃 〃	5/8	〃	23	23	
〃 〃 〃	3/8	〃	36	36	
細汀凡而	1½"	個	40	40	
〃 〃 〃	2"	〃	29	29	
閘汀凡而	2"	〃	3	3	
銅細汀凡而	2½"	〃	8	8	
法蘭閘汀凡而	1½"	〃	3	3	
〃 〃 〃	2½"	〃	5	5	
〃 〃 〃	2"	〃	1	1	
法蘭細汀凡而	1½"	〃	4	4	
〃 〃 〃	1¼"	〃	3	3	
銅法蘭閘汀凡而	2½"	〃	15	10	
〃 〃 〃	2"	〃	20	20	
〃 〃 〃	1½"	〃	39	39	
沙盤板	3/8	箱	2	2	
石棉盤根		張	40	40	
墨垫		噸	5	5	
比重計	1800×1900	支	10	10	
〃 〃 〃	1700×1800	〃	15	15	
〃 〃 〃	1600×1700	〃	25	25	
液美表	輕液重液	〃	60	60	
溫度表	560°	〃	20	20	
〃 〃 〃	500°	〃	7	7	

材料

第四十一頁

項目	尺寸	單位	"永利"所報數量	實際點收數量	備註
橡皮（漥）皮帶接根	200°	支	70	70	
橡皮帶根	2 m/m	卷	1	1	
方帶根	1/2" 140kg	箱	10	10	=1,400 Kgs
〃 〃 〃	5/8" 200kg	〃	1	1	=200 〃
〃 〃 〃	6/8" 260kg	〃	5	5	=1,300 〃
〃 〃 〃	7/8" 450kg	〃	20	20	=9,000
石棉板	3 m/m	張	40	40	
圓石棉繩	1 m/m	卷	6	6	=37 Kgs 1卷 6.500 Kg.
〃 〃 〃	6/8 〃	〃	4	4	=26 〃
〃 〃 〃	1/2 〃	〃	4	4	=26 〃
石棉帶	3	〃	3	3	=24 Kgs 1卷 8.000 Kg.
橡皮〃	55900×1.70	個	1	1	
〃 〃 〃	31900×1.70	〃	1	1	
皮帶扣	25"	箱	8	8	
〃 〃 〃	27"	〃	3	3	
橡皮管	1"	条	3	3	
馬達	20 HP.	只	1	1	
〃 〃	10 〃	〃	1	1	
壓力計	50 Kg	個	3	3	
不銹鋼羅絲	1/2"×2"	〃	90	90	
〃 〃 〃	1/2"×2 1/2"	〃	90	90	
〃 〃 〃	1/2"×3"	〃	90	90	
〃 〃 〃	5/8"×2 1/2"	〃	90	90	
〃 〃 〃	5/8"×3"	〃	90	90	
鋼管	2"	条	60	60	
〃 〃	3"	〃	98	98	
不銹鋼管	50 m/m×長30.00	根	1	1	
〃 〃 〃 〃	30 m/m×75.00	〃	1	1	
皮帶扣	#25	箱	5	4	
鋼管	130×54×5.68	條	1	4根	
〃 〃	110×50×2.510	〃	2		
〃 〃	105×70×2.320	〃	1		
不銹圓鋼	3/8×4.100 m	〃	19	19	
〃 〃 〃	1/2"×4.600	〃	19	19	
〃 〃 〃	7"×6.700	〃	1	1	

材　料

項目	尺寸	單位	永利所報數量	實際點收數量	備註
不銹圓鋼	2"×3.300	條	1	1	
皮帶	4.7×11.200	〃	2	2	=112'0"
〃　〃	4.7×11.200	〃	1	1	
〃　〃	215×7.000	〃	2	2	=46'0"
〃　〃	250×7.000	〃	1	1	=46'0"
〃　〃	250×7.000	〃	1	1	
橡皮膠帶	1½"	〃	8	8	
〃　〃　〃　〃	2"	〃	20	20	
〃　〃　〃　〃	4"	〃	65	65	
〃　〃　〃　〃	5"	〃	6	6	
〃　〃　〃　〃	8"	〃	55	55	
橡膠管	1"×10m	〃	6	6	
金屬漆		听	2	0	
葫蘆	5噸	部	1	1	
〃　〃	3噸	〃	2	2	
磅秤	500Kg.	〃	3	3	
〃　〃	100 〃	〃	1	1	
養氣瓶		桶	2	2	
〃　〃　〃		〃	2	2	
石棉攀根	0.5×1×1	塊	22	22	
〃　〃　〃　〃	1×1×1	〃	3	3	
〃　〃　〃　〃	2×1×1	〃	9	9	
石棉板	3×1×3	〃	5	5	
〃　〃　〃	2×1.25×3	〃	5	5	
〃　〃　〃	3×1.25×3	〃	2	2	
橡皮攀根	2×1×1	Kg.	62	赤　62	
〃　〃　〃　〃	2.5×1×1	〃	54	54	
〃　〃　〃　〃	3×1×1	〃	45	45	
〃　〃　〃　〃	2.5×1×5	塊	1	黑　1	
〃　〃　〃　〃	6×1×4	〃	1	1	
紙柏	14×1×1.9	〃	2	2	
方攀根	3/4	箱	20	20	
〃　〃　〃	11/16	〃	5	5	
〃　〃　〃	5/8	〃	115	115	
〃　〃　〃	3/8	〃	23	23	

材料

第四十三页

項目	尺寸	單位	"永利"所報數量	實際點收數量	備註
方 拏 根	3/16"	箱	2	2	
〃 〃 〃	5/16"	〃	2	2	
〃 〃 〃	7/16"	〃	2	2	
〃 〃 〃	1/4"	〃	2	2	
圓 橡 膠 拏 根	15 m/m	Kg.	129	129	
〃 〃 〃	12	〃	79	79	
〃 〃 〃	6	〃	82	82	
〃 〃 〃	3	〃	0.5	0.5	
〃 〃 〃	4	〃	0.68	0.68	
〃 〃 〃	5	〃	2.5	2.50	
〃 〃 〃	6	〃	2.7	2.7	
汽 管	[illegible] 7×30×320	根	125	125	
麻 繩	3/4"	箱	5	5	
油 麻 拏 根	5/8"	〃	8	8	
〃 〃 〃	1/2"	〃	13	12	
〃 〃 〃	7/8"	〃	11	11	
〃 〃 〃	5/8"	Kg.	485	485	
〃 〃 〃	1/2"	〃	22	22	
鉄 絲 繩	5/8"	公尺	50	50	
〃 〃 〃	3/4"	〃	550	550	
〃 〃 〃	7/8"	〃	50	50	
〃 〃 〃	1"	卷	1	1	
麻 繩	3/4"	〃	1	1	
〃 〃	7/8"	〃	1	1	
〃 〃	1"	〃	2	2	
銅 絲 繩	30×1,000	公尺	8.5	8.5	
〃 〃 〃	16×1,000	〃	2.5	2.5	
〃 〃 〃	60×24	〃	100	100	
〃 〃 〃	80×18	〃	100	100	
鉄 絲 繩	4"×1,300×900	卷	8	8	
耐 火 磚	250×120×650	塊	11,725	11,725	
特殊耐热鋼管	外,17×14×6450	根	380	380	
鋼 管	34×26×6000	〃	33	33	
〃 〃	50×84×5,5〃	〃	38	38	
〃 〃	48×38×5,210	〃	41	41	

材料

項目		尺寸	單位	承札所報數量	實際點收數量	備註
銅	管	58x24x6850	根	10	10	
〃	〃	48x24x6850	〃	8	8	
〃	〃	17x9x3,700	〃	2	2	
〃	〃	425x35x6,750	〃	1	1	
〃	〃	48x37x4950	〃	1	1	
〃	〃	48.5x39x3030	〃	1	1	
〃	〃	52x31x880	〃	1	1	
〃	〃	50x345x880	〃	1	1	
〃	〃	59x53x6,600	〃	1	1	
〃	〃	62x56x5,110	〃	2	2	
〃	〃	622x46x330	〃	1	1	
〃	〃	61x50x5,830	〃	3	3	
〃	〃	655x49x1,920	〃	1	1	
〃	〃	78.5x72x1,790	〃	1	1	
〃	〃	91.5x72x6,150	〃	7	7	
〃	〃	715x78.5x6,050	〃	1	1	
〃	〃	71.x60x5110	〃	1	1	
〃	〃	122x72x2,65[illegible]	〃	1	1	
〃	〃	122x72x2,880	〃	1	1	
〃	〃	122x72x[illegible],700	〃	1	1	
〃	〃	122x73x2,600	〃	1	1	
〃	〃	105x80x7,200	〃	4	4	
〃	〃	115x93x6,050	〃	38	38	
〃	〃	51.5x46.5x5,200	〃	24	24	
〃	〃	50x32x6,500	〃	8	8	
〃	〃	8x4xF8	〃	2	2	
〃	〃	7x3x10.	〃	2	2	
〃	〃	99.5x65x5,900	〃	2	2	
〃	〃	110x70x5,150	〃	1	1	
〃	〃	70x48x5,500	〃	1	1	
〃	〃	60x40x5590	〃	1	1	
〃	〃	17x9x3,700	〃	1	1	
〃	〃	425x35x1,780	〃	1	1	
〃	〃	37x28x4,318	〃	1	1	
〃	〃	[illegible]x[illegible]x3,300	〃	1	1	

材　料　　　　第四十五頁

項　目	尺寸	單位	永利所報數量	實際點收數量	備註
鋼　管	52×31×880	根	1	1	
〃　〃	1105×71×5500	〃	1	1	
〃　〃	50×345×880	〃	1	1	
〃　〃	59×53×6,600	〃	1	1	
〃　〃	63×36×5,110	〃	2	2	
〃　〃	625×46×3300	〃	1	1	
〃　〃	61×50×5930	〃	3	3	
〃　〃	525×24×6580	〃	2	2	
〃　〃	53.4×24×720	〃	2	2	
〃　〃	525×28×5230	〃	3	3	
〃　〃	525×28×1,780	〃	1	1	
〃　〃	51×24×241	〃	2	2	
〃　〃	90×50×6,770	〃	2	2	
〃　〃	70×50×5,750	〃	1	1	
〃　〃	925×52×5300	〃	1	1	
〃　〃	120×695×6,200	〃	3	3	
〃　〃	120×69×5600	〃	6	6	
〃　〃	120×69×1270	〃	1	1	
〃　〃	1315×69×2030	〃	2	2	
〃　〃	122×68×1250	〃	1	1	
〃　〃	〃×68×1220	〃	3	3	
〃　〃	〃×68×6,500	〃	1	1	
〃　〃	〃×70×2700	〃	2	2	
〃　〃	〃×70×2380	〃	1	1	
〃　〃	〃×68×2330	〃	1	1	
〃　〃	〃×68×3500	〃	1	1	
第三種絕緣電纜	100 m/m²	公尺	800	800	
〃　〃　〃　〃	60 〃	〃	1500	1500	
第四種　〃　〃	200 〃	〃	500	500	
〃　〃　〃　〃	115 〃	〃	500	500	
〃　〃　〃　〃	100 〃	〃	1,000	1,000	
〃　〃　〃　〃	60 〃	〃	400	400	
〃　〃　〃　〃	38 〃	〃	1,500	1,500	
〃　〃　〃　〃	22 〃	〃	1,800	1,800	
〃　〃　〃　〃	14 〃	〃	2,000	2,000	

048

材　料　　第四十六頁

項目	尺寸	單位	承札所報數量	實際點收數量	備註
第四種絶緣電線	8 m·m²	公尺	500	500	
〃 〃 〃 〃	5.5 〃	〃	2,000	2,000	
鉛線	1.6 m/m	〃	600	600	
銅帶鎧裝絶緣紙絶緣電線	3,300V 22 m/m	〃	1150	400	
仝上電纜終端匣		個	8	8	
硬銅排	75 m/m×6 m/m×5,000 m/m	條	80	80	
圓銅棒	1″×6000 m/m	〃	2	2	
〃 〃 〃	3/4″× 〃	〃	7	7	
〃 〃 〃	1/2″× 〃	〃	6	6	
〃 〃 〃	3/8″× 〃	〃	5	5	
銅版及樣銅板 1/16厚	350 m/m×1500 m/m	塊	25	25	
〃 〃 1/16	600× 〃	〃	9	9	
〃 〃 1/32″	350×	〃	7	7	
〃 〃 3/32″	600× 〃	〃	8	8	
銅管	2 m/m×5,000 m/m	條	4	4	
起動補償器	40H250 P440	部	1	1	
起動抵抗器	40 H0用	〃	1	1	
15.16.17″亞鉛引鐵線		束	2	2	
金屬管		條	17	7	
油入開閉器	4,000P 10	部	1	1	
電磁開閉器		〃	5	5	
油漆		听	131	131	
熱油		〃	9	9	
銅絲絶緣		卷	13	12	
水漆	大	桶	52	52	
〃 〃	中	听	10	10	
〃 〃	小		24	24	
〃 〃	角	箱	48	48	
銀粉	大	听	9	8	
〃 〃	小	〃	3	3	
蔴絶緣		卷	2	2	
洋干漆		听	13	12	
油漆		听	152	152	
水性塗料	大	箱	52	52	
〃 〃 〃	中		10	10	

0149

材料

第四十七頁

項目	尺寸	單位	承租所報數量	實際點收數量	備註
水性塗料	小	箱	24	24	
〃〃〃	〃	〃	48	48	
鉄絲玻璃		張	17	17	
小片石		方	140	140	
大片石		〃	85	85	
鉄筋管		支	390	290	
石棉瓦		張	1,050	880	
栢油		桶	50	50	
彈子盤		箱	1	17只	
銅板		塊	3	69公斤	
亜[illegible]		丈	15	15	
生鉄		公噸	45	4,500 〃	
有刺鉄線		卷	68	68	
〃〃〃		〃	33	29	
頂[illegible]		塊	60	60	
亜鉛引鉄線		卷	24	1,838公斤	
銅		箱	1		
網（銅絲）		公尺	5,022	7張	
黄銅絲網		〃	617		
平板玻璃		箱	44	4,553塊	
金屬[illegible]	電灯管	套	61	61	
玻璃盆		桶	1	0	
白蠟		袋	3	350公斤	
汽筒		卷	9	2卷	
油毛氈		疊	2	2捲	
皮帶	6"	卷	2	200公尺	
水泥		袋	5,000	4,000袋	
水玻璃		桶	2	2桶	
柏油		〃	2	2〃	
柏油	(182x)	听	15	50 gallon	
電石		桶	2	2	
六角螺司	5/8"×1½"	個	11,200	150公斤	
不[illegible]羅司		[illegible]	561	561	
洋釘		桶	115	4[illegible]	

050

材料　　第四十八頁

項目	單位	記所報數量	實際點收數量	備註
電線	箱	83	610捲	
麻繩	公斤	700	508公斤	
機械油	DM	5	5桶	
Motor 3H.P.	台	1	1	

傢俱

第四十九頁

項目	單位	永利所報數量	實際點收數量	備註
辦公桌	只	128	128	
書架	〃	65	65	
椅子	〃	120	120	
靠椅子	〃	5	5	
櫈子	〃	37	37	
抽屜	〃	5	5	
書箱	〃	25	23	
架子	〃	24	24	
鐵箱	〃	12	12	
保險箱	〃	2	2	
雜用桌	〃	17	17	
電氣鐘	〃	11	11	
電氣架	〃	19	19	
掃除具箱	〃	1	1	
黑板	塊	15	15	
屏	只	4	4	
整圖版	塊	10	10	
帽子架	只	4	4	
紙切斷器	〃	1	1	
謄寫板	塊	3	3	
長櫈	只	1	1	
打字架	〃	1	1	

052

永利化学工业公司关于接收卸甲甸硫酸铔厂及南京分公司财产目录报经济部苏浙皖区特派员驻京办事处的呈文及经济部苏浙皖区特派员驻京办事处指令（一九四六年一月二十二日至二十九日）

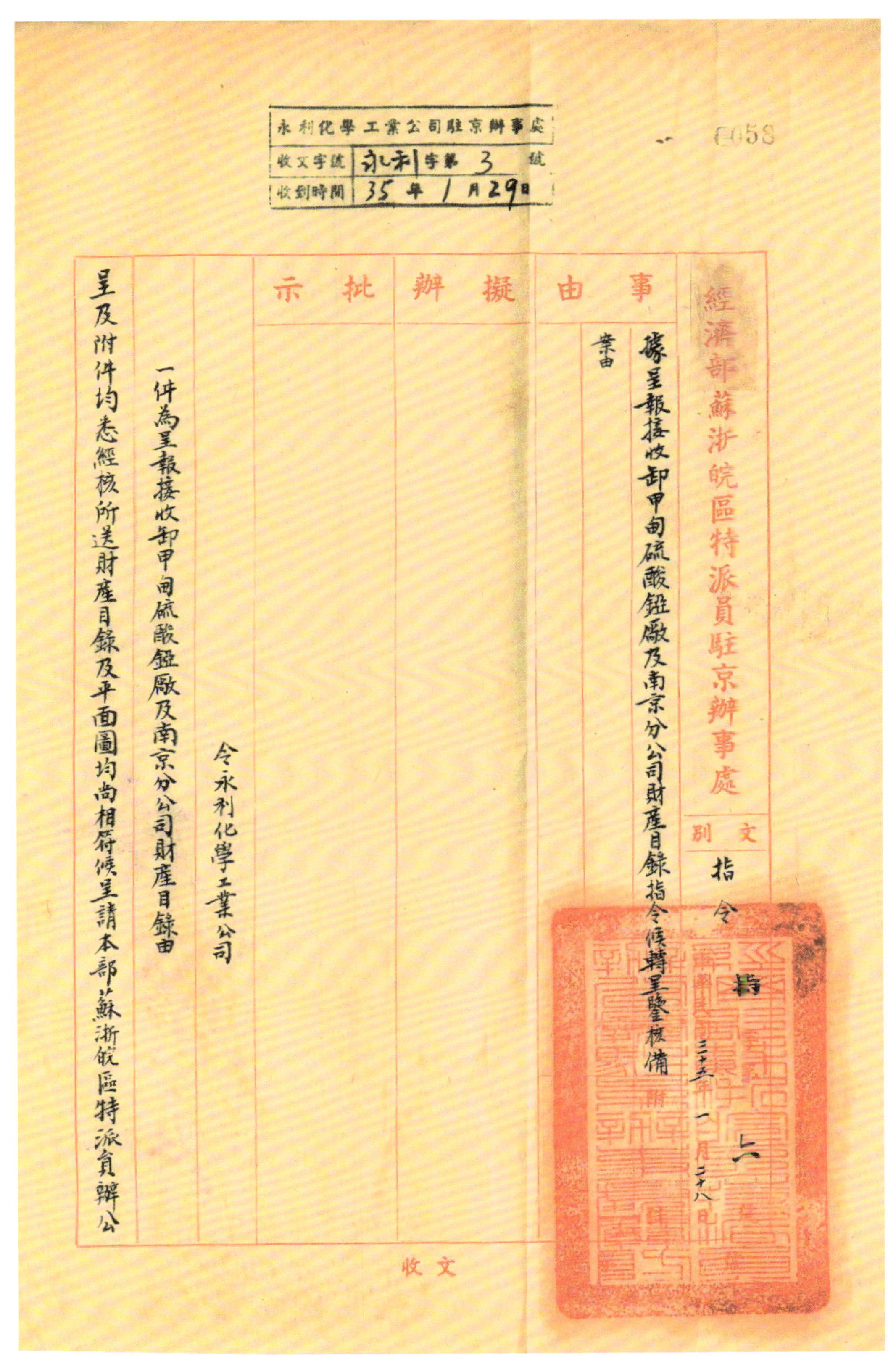

永利化學工業公司駐京辦事處	
收文字號	永利字第3號
收到時間	35年1月29日

0058

經濟部蘇浙皖區特派員駐京辦事處

文別：指令

指 字第 六 號

三十五年一月二十八日

事由：據呈報接收卸甲甸硫酸錏廠及南京分公司財產目錄指令候轉呈鑒核備案由

擬辦

批示

令永利化學工業公司

一件為呈報接收卸甲甸硫酸錏廠及南京分公司財產目錄由

呈及附件均悉經核所送財產目錄及平面圖均尚相符候呈請本部蘇浙皖區特派員辦公

收文

永利化學工業公司稿紙

No______ ______字______號 …004

永利字 三 號

三十五年一月二二日 文別：呈

發往機關：經濟部蘇浙皖區特派員駐京辦事處

事由：呈報接收錏甸硫酸錏廠及南京分公司財產目錄由

呈為呈報事。公司奉命派代表壽樂楊胤侯接收錏甸硫酸錏廠及南京分公司，於三四年九月廿七日開始接收，清點財產，最近業已辦理完竣。現合將錏甸硫酸錏廠及南京分公司各項財產造具接收目錄各六份，報請鑒核，分別存轉陸軍總司令部、經濟部暨經濟部特派員辦公處備案，實為公便。謹呈

經濟部蘇浙皖區特派員駐京辦事處

永利化學工業公司

計賫呈繳錏廠接收目錄六份

南京分公司接收目錄六份

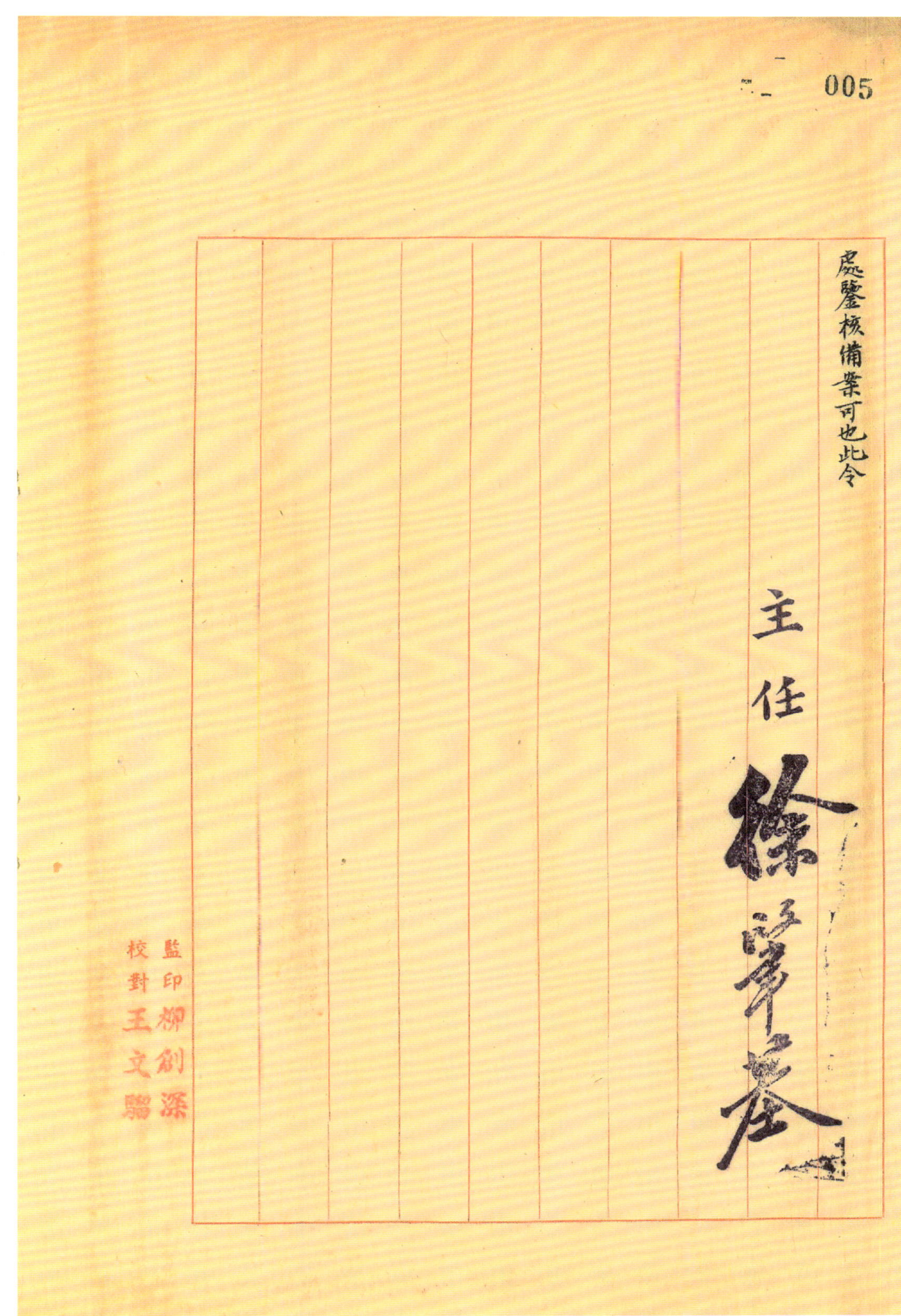

一〇〇五

處鑒核備案可也此令

主任 徐永昌

監印 柳創深

校對 王文驄

经济部关于永利化学工业公司南京铔厂被日劫运机件设备开具清单以备驻日盟军查照发该公司的通知（抄件）

（一九四六年一月二十八日）

309

抄寄铔厂

經濟部通知 (卅)渝企字第二一六〇六號 卅五年元月廿八日

通知永利化學工業公司

據本部蘇浙皖特派員駐京辦事處三十四年十二月二十日呈稱：

「案據永利化學工業公司呈稱查公司硫酸錏廠原有硝酸廠內之耐酸合金鋼塔九座暨製造硝酸設備全部被敵人三井會社盜運至日本九州大牟田市東洋高壓會社安裝使用開工出貨公司所遭損失極鉅自應向敵追還各情業經呈報鈞處在案惟目前交通困難運回該項機件器材短期內斷難辦理今當三井解散之時而東洋高壓會社又為三井旁系公司之一理合呈請鈞處與駐日盟軍總部接洽先行備案俟交通狀況許可時再行拆卸運回所有一切費用以及機件

中華民國卅五年二月四日 文到

損害應保留向日索還賠償之權，茲特開具該硝酸廠全部機件設備清單三份，懇請察核批示祇遵」等情，並附送原清單同式三份。查本案前據該公司呈請追賠到處，當經呈奉本部蘇浙皖區特派員辦公處殷字第二三三七號訓令，內開：「奉鈞部（函）企字第五五一六四號訓令內開，以該案內開，略以轉奉鈞部（函）企字第五五一六四號訓令內開，以該案曾據該公司呈請到部，除批飭該公司將被敵盜運之設備現存何處，須查具報外，檢發原單，飭酌辦等因，轉飭下處。茲據前情，除彙案飭知該公司外，理合檢附原單同式二份，具文呈請仰祈鑒核指令祇遵」等情。據此，除檢發原清單，令飭本部蘇浙皖區特派員辦公處等情轉請陸軍總司令部轉飭日本聯絡總部負責查取歸還，並電駐日盟軍統帥部查照保全該項設備，以便運回外，特此通知

经济部苏浙皖区特派员驻京办事处关于接收卸甲甸硫酸铔厂及南京分公司财产目录及永礼公司补发遣散费应准予备案事致永利化学工业公司的训令（一九四六年二月九日）

0059

抄件

經濟部蘇浙皖區特派員駐京辦事處 別文 訓令

訓字第二十一号

中華民國卅五年二月九日

事由 本特派員辦公處指令本處呈為該公司呈報接收卸甲甸硫酸錏廠及南京分公司財產目錄及永禮公司補發我國工友遣散費應准備案各节因令仰知照由

中華民國卅五年貳月拾壹日收到

中華民國卅五年二月十五日交到

令永利化学工業公司

案查前據該公司先後呈報接收卸甲甸硫酸錏廠及南京分公司財產目錄暨日敵永禮公司補發我國工友遣散費經過情形請鑒核備案各等情均經據情呈奉

經濟部蘇浙皖區特派員辦公處晋字第4929號指令內開呈及附件均悉准予備案此令財產目錄及本處前函一份存及晋字第4947號指令內開呈悉准予備案仰即知照此令各等因奉此合行令仰遵照知照此令

006

主任 徐肇基

经济部关于永利化学工业公司南京铔厂呈报被日本盗运机件设备契约的批文（抄件）（一九四六年三月二日）

抄

經濟部批　渝公字第二三〇七九號　卅五年三月二日

具呈人　永利化學工業公司

三十五年一月十九日渝字第六七四號呈一件：為該公司硝酸廠設備被敵人盜賣運日，茲索得契約書譯成中文呈乞鑒察由

呈件均悉。已據情並檢發契約書一份，飭令本部蘇浙皖區特派員辦公處備查矣。餘件存。此批

中華民國卅五年三月十日　交[illegible]

经济部苏浙皖区特派员驻京办事处关于永利化学工业公司南京錏厂申请发还硫酸錏厂一案致敌伪产业处理局的文（一九四六年四月二十九日）

呈

案奉

鈞局本年三月九日滬一字第一七一六二號訓令以爲據永

利化學公司申請發還硫酸錏廠一案飭即查復實

际情形報核并續奉滬三字第二六二一號訓令抄發該

廠接收清冊飭再查照前案核以具報各等因遵即

函請經濟部蘇浙皖區特派員駐京辦事處函將該廠

接收目錄核送到處經詳細審核并派員會同該處前

往查勘該廠實际情形茲據報稱：該廠原有廠屋

倉庫機器及其他設備多有毀損刻正整理裝修中

016

硝酸廠全部機器被敵軍拆卸運往日本九州大牟田，在敵軍佔據時並無增建及添置。其西北地區被敵軍徵購民地約八百畝，備製黑藥及當貨用，不屬該範圍等情前來。茲謹擬具處理辦法如次：（一）敵軍在佔據該廠時並無增建及添置，其原有廠屋、庫房、碼頭及其他處置建築暨該廠所屬各廠之機件材料等項，似應呈驗備案，記據再行核定發還。至來呈驗證據前，姑念該廠復工困難，擬准由經濟部擔保先予發還。（二）其不屬該廠範圍之黑藥廠部份，擬交託軍政部兵工署接收應用。（三）該司所屬硝酸廠全部機器前被

厰
軍拆卸運往日本九州大牟田拟電請海軍總部特飭日
聯絡官岡村寧次追回歸還除前敌日軍擅行移存
該廠之南京英商和記洋行原有機器鍋炉等項已另
案處理報核外理合備文呈復仰祈
鑒核 示遵 謹呈
局長劉
全銜主任高
發文字號：京一字第1957号
日期 四月廿九日

中美紙號製

016
中美紙號製

经济部关于准陆军总部代电为永利化学工业公司硝酸制造设备被日拆运等事宜的训令（一九四六年五月三日）

經濟部訓令

事由	准陸軍總部代電為該公司硝酸製造設備被日拆運飭據日岡村寧次呈復轉行知照由
擬辦	
批示	

中華民國　年　月　收

發文 京企字第0127?號

附

中華民國卅五年五月三日發

收文　字第　號

(192×272公厘)

令永利化學工業公司

准中國陸軍總司令部本年四月卯徵接代電開：

307

「查前據貴部蘇浙皖區特派員辦公處呈報永利化學工業公司之硝酸製造設備被日拆運一節經由本部請駐華美軍總部轉致盟軍駐日統帥部轉飭日方妥為保全以待運回並令中國戰區日本官兵善後總聯絡部長官岡村寧次轉知日本負責方面查照辦理在案茲據日總連絡部岡村寧次總連涉第1126號灋稱該廠有關人員均回國仍飭日本本土照會調查惟需相當時日敬請鑒察等情除轉知貴部張特派員外特電請查照」

等由合行令仰知照此令。

部長 白崇禧

校對 都官城 監印 曹用笔

校對 監印

(192×272公厘)

永利化学工业公司南京铔厂关于日本侵占该厂导致资产受损坏、盗取提请发还致敌伪产业处理局的函（一九四六年五月二十二日）

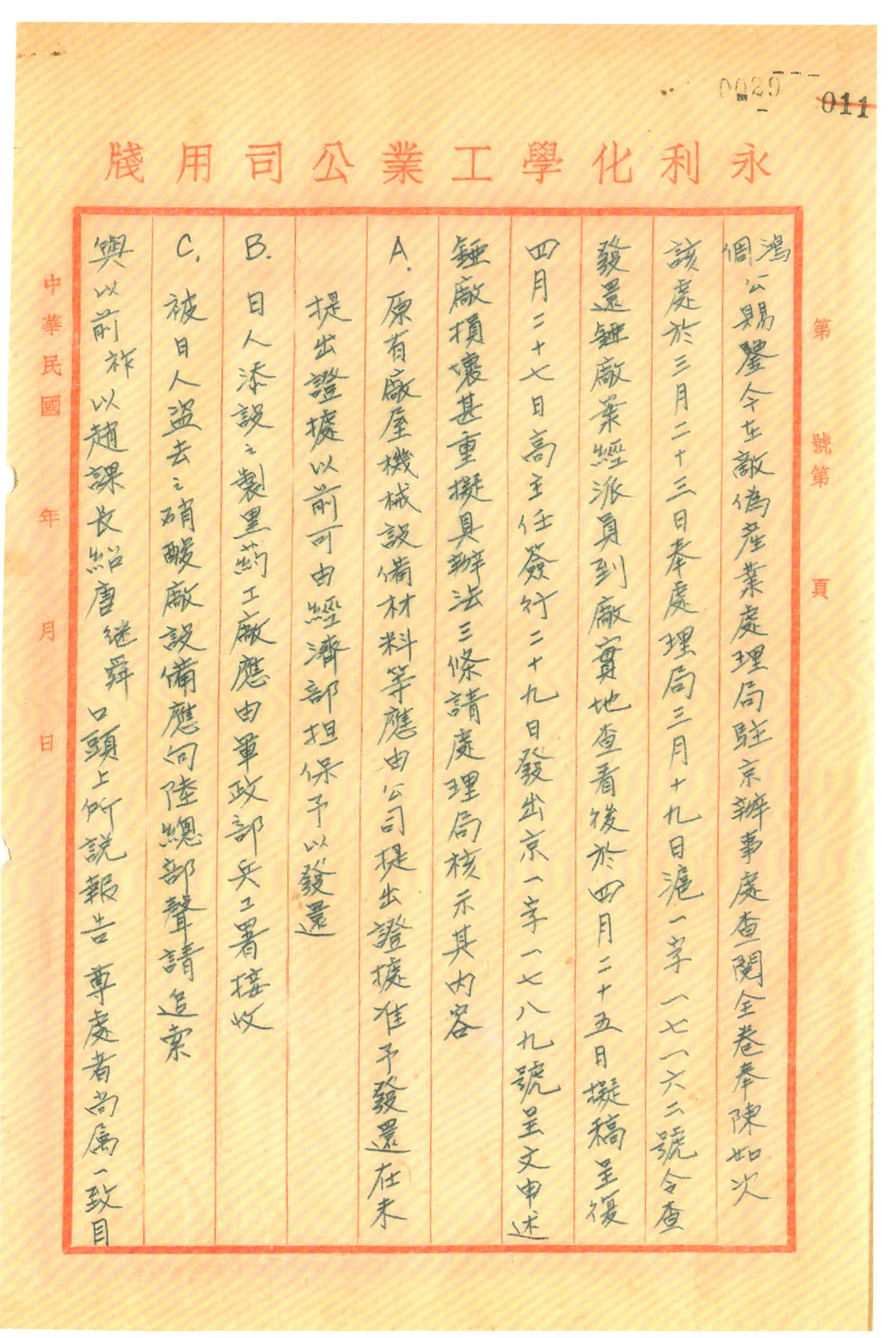

0029 011

永利化學工業公司用牋

第 號第 頁

鴻公賜鑒：今在敵偽產業處理局駐京辦事處查閱全卷，奉陳如次：

該處於三月二十三日奉處理局三月十九日滬一字一七一六二號令查發還錏廠案，經派員到廠實地查看後，於四月二十五日擬稿呈復，四月二十七日高主任簽行，二十九日發出京一字一七八九號呈文，申述錏廠損壞甚重，擬具辦法三條，請處理局核示，其內容：

A. 原有廠屋機械設備材料等應由公司提出證據，准予發還。在未提出證據以前，可由經濟部担保予以發還。

B. 日人添設之製黑藥工廠應由軍政部兵工署接收。

C. 被日人盜去之硝酸廠設備應向陸總部聲請追索。

與以前祚以趙課長紹唐繼舜口頭上所說報告 尊處者尚屬一致。目

中華民國 年 月 日

永利化學工業公司用牋

第　號第　頁

下處理局京處正在聽候處理局批復中即乞

鈞處仍向處理局催其批復爲叩此請

崇安

中華民國三十五年五月二十二日

永利化学工业公司南京錏厂关于设备器材战时损失调查情况报厂长室的呈文（一九四六年五月二十七日）

附：各厂设备器材战时损失调查表

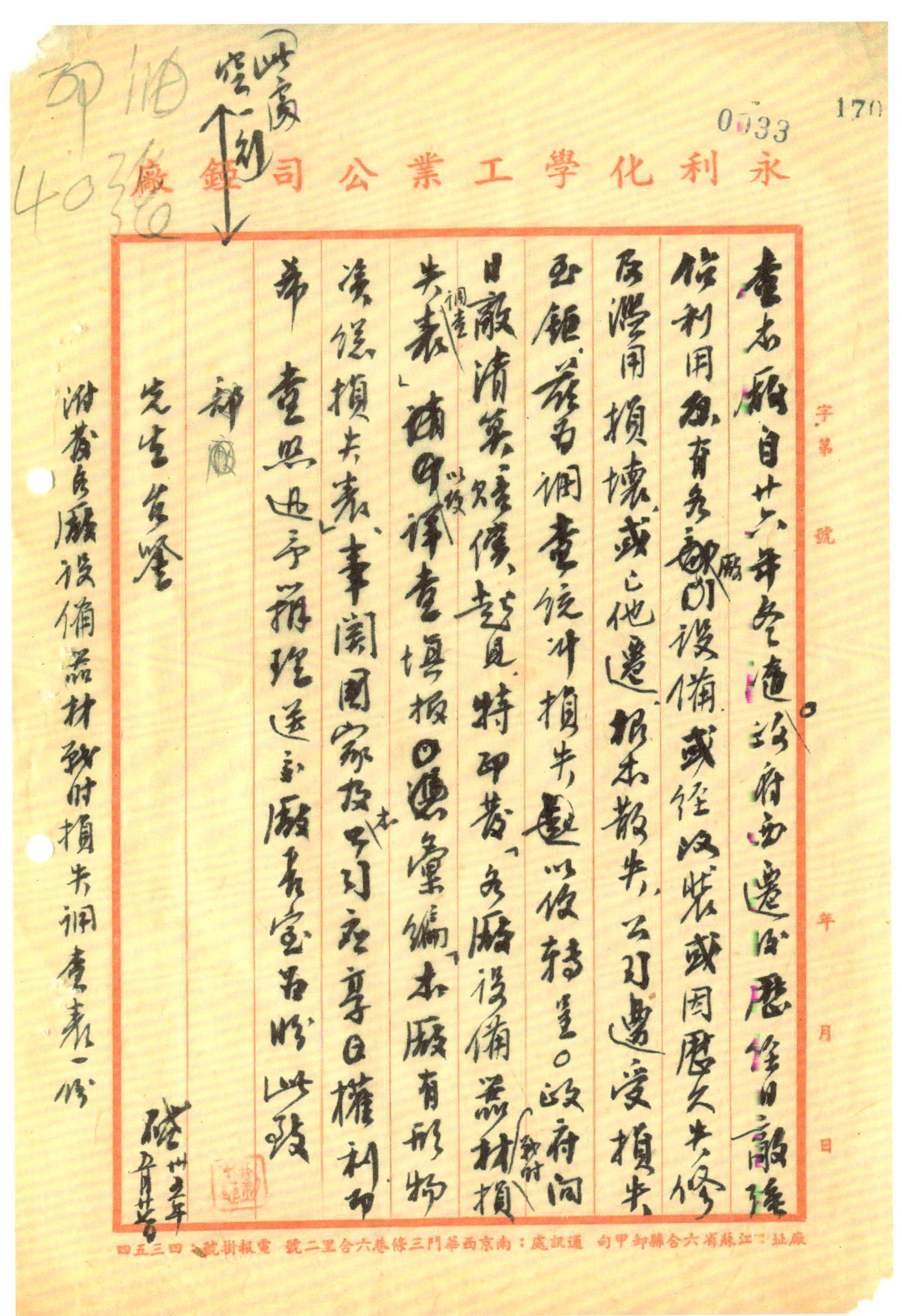

170

0033

永利化學工業公司錏廠

查本廠自廿六年冬淪於敵偽以後，歷經日敵強佔利用為其[illegible]廠之設備或經改裝或因歷久失修及濫用損壞或已他遷，均未報失，公司遭受損失至鉅。前奉調查統計損失，以便轉呈政府向日敵清算賠償起見，特印發各廠設備器材損失調查表，請即詳查填報，以憑彙編。本廠有形物資被損失表，事關國家及本公司應享之權利，即希查照迅予辦理送交廠長室為盼。此致

錏廠

先生台鑒

附發各廠設備器材戰時損失調查表一份

卅五年五月廿七日

171

0034

永利化學工業公司錏廠

字第　　號　　年　　月　　日

以上擬函發「各廠設備器材戰時損失調查表」各廠負責

部門	負責人	部門	負責人	部門	負責人
土木部	王道豐 張瑞卿	煤氣廠	于錫森	管工課	孫洪恩
鐵工廠	侯殿恩	氣化部	嚴振華	廠長室	陳景潘
電工部	吳駿侯	合成錏廠	魯波圖	於	陳景潘
深井	張敏倫	硫酸廠	歐陽銘		
給水燒水部	姜聯灣	硫酸錏廠	汪國棟		
鍋爐房	姜聯灣	物料部	陳因之		
化驗部	劉潛湯 潘祖哉	事務部	屈義朋		
觸媒廠	趙文琨	地產部	李滋毅		
材管組	余祖熙	衛生院	張逸卿		

擬 卅五年五月廿日

廠址：江蘇省六合縣卸甲甸　通訊處：南京西華門三條巷六合里二號　電報掛號：四三五四

各廠設備器材戰時損失調查表

0032 169

廠別

名稱(中英文)	數量	製造廠商及製造日期	(1)改變原設計情形	(2)濫用損壞情形	(3)他遷散失情形	備考

经济部关于永利化学工业公司南京铔厂机件设备被日盗运发还给该厂及永利化学工业公司驻京办事处的通知（抄件）（一九四六年六月一日）

川京渝滬 抄送

抄件

節略

二十六年冬首都淪陷，永利化學工業公司錏廠全部即為敵軍佔據。二十八年五月成立偽組織，改名永禮。該廠原有日産硝酸十噸之硝酸廠全部機件，自三十一年四月迄同年十月，陸續為敵拆卸，搬運至日本九州福岡縣大牟田東洋高壓工業株式會社之橫須工場。最近綜合徵用日籍人員之報告，及敵遺留東洋高壓工場事業概覽之記載，知該工場地點，即在大牟田市新開町二番地，而其本店則設在東京市日本橋區室町二丁目一番地。運去之設備，經改為日産十五噸之硝酸廠。去年日敵投降後，永利化學工業公司曾先後呈請　經濟部向敵追還。嗣奉　經濟部通知訓令數件，茲擇要節抄如次：

三十五年元月七日，　經濟部通知（卅五）渝公字第二〇一九六號，

前據該公司呈為江蘇六合縣境內硫酸錏廠，原有全部機器設備，被敵盜運，請設法索還一案，當經飭由本部蘇浙皖區特派員辦公處酌辦，並批示知照各在案。茲據該特派員辦公處呈稱：「查本案前據該公司上海辦事處呈報硝酸設備，被日人拆運至日本九州大牟田市

303

東洋高壓會社，請予退還等情，曾於十一月十五日，以發字第一二八六號呈文呈報鈞部，並分呈何總司令請轉飭日本運輸總部負責查明歸還，一面電請盟軍駐滬聯絡部查洽保全該項機械設備，以便運回應用各在案，奉令前因，自應遵照辦理。除將永利化學工業公司硝酸設備清單抄發駐京辦事處知照外，理合備文呈復，仰祈鑒核。"等情前來，特此通知。

三十五年九月二十八日，經濟部通知（卅五）滬企字第二一六〇六號。

據本部蘇浙皖特派員駐京辦事處三十四年十二月二十日呈稱：案據永利化學工業公司呈稱：查公司硫酸錏廠，原有硝酸廠內之耐酸合金鋼塔九座暨製造硝酸設備全部，被敵人三井會社遷運至日本九州大牟田市東洋高壓會社安裝使用，開工出貨。公司所遭損失極鉅，自應向敵追還各情，業經呈報鈞處在案。唯目前交通困難，運回該項機器，非短期內所能辦理。今當三井解散之時，而東洋高壓會社，又為三井旁系公司之一，理合呈請鈞處與駐日盟軍總部接洽，先行備案，俟交通狀況許可時，再行拆卸運回，所有一切費用以及機件損害，應保留向日索還賠償之權。茲特開具該敵廠全部機件設備清單三份，敬請察核批示祇遵。等情，並附送原清單同式三份。查本案前據該公司呈請追賠到處，當經呈奉本部蘇浙皖區特派員辦公處發字第二三三七號訓令內開：略以轉奉鈞部（函）企字第五五一六四號訓令內開：以該案曾據該公司呈請到部，除批飭該公司將被敵盜運之設備，現存何處，偵查具報外，檢發原單，飭酌辦等因，轉飭下處，茲據前情，除業飭知該公司外，理合檢附原單同式二份，具文呈請，仰祈鑒核，指令祇遵」等情。據此，除檢發原清單令飭本部蘇浙皖區特派員辦公處轉請陸軍總司令部轉飭日本聯絡總部負責查取歸還，並電駐日盟軍統帥部查照，保全該項設備，以便運回外，特此通知。

资源委员会秘书处关于令永利化学工业公司南京錏厂抄录该厂被盗运日本设备详单发永利化学工业公司的通知

（一九四六年六月七日）

295

永利化學工業公司錏廠

資秘文字第三千七號

年六月七日

案准外交部轉駐日團五月三十一日電內開：「南京外交部轉資源委員會：永利硫酸亞廠一部份設備被日人移設日境，請通知該廠速即抄錄詳單附說明書寄團，以便交涉。駐日團」等由，相應錄轉原電，即希查照遵洽為荷。此致

永利公司

資源委員會秘書處 啓

廠址：江蘇省六合縣卸甲甸 通訊處：南京西華門三條巷六合里二號 電報掛號：四三五四

苏浙皖区敌伪产业处理局关于永利化学工业公司南京铔厂被日军侵占情况转经济部电文（一九四六年六月十二日）

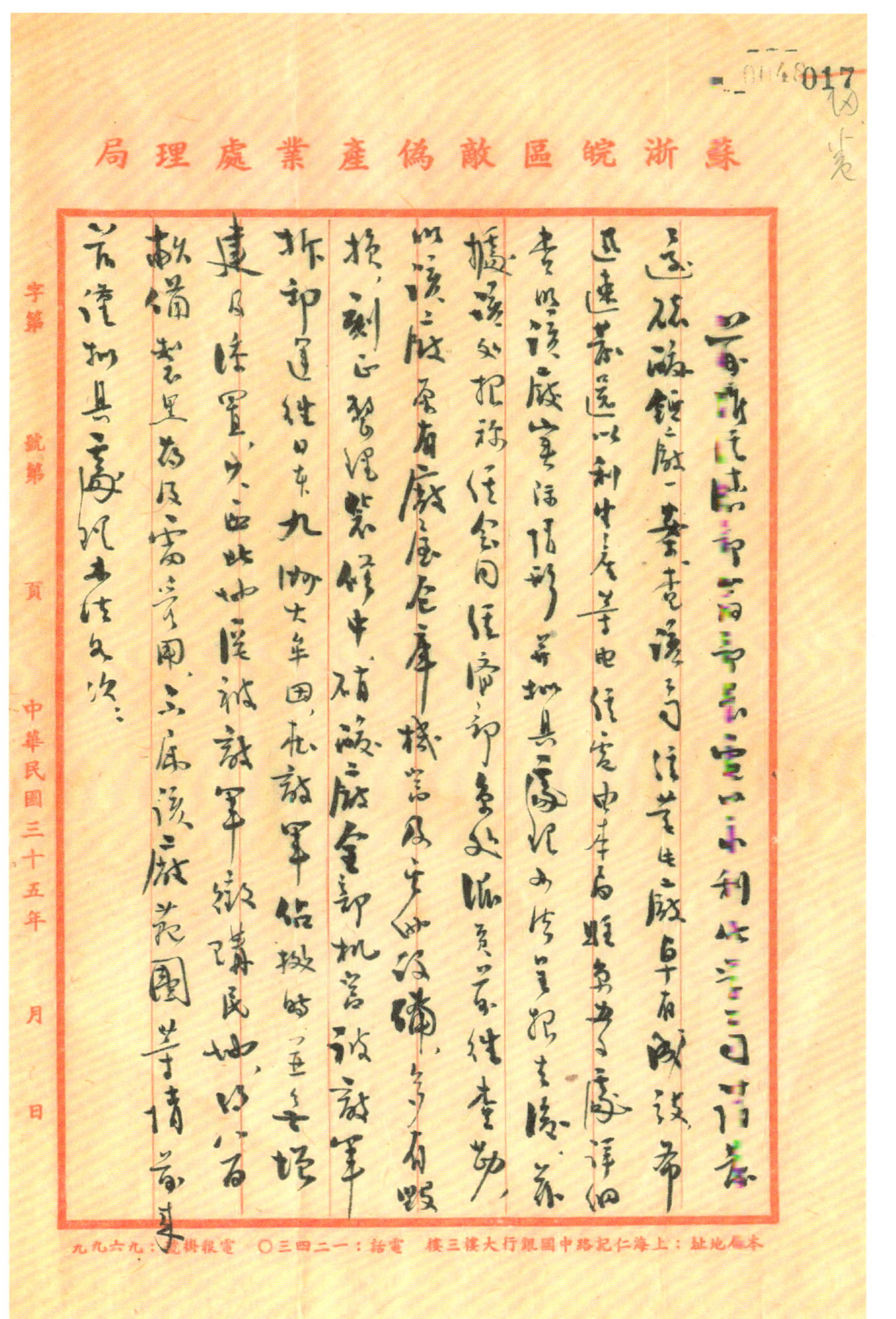

蘇浙皖區敵偽產業處理局

字第　號第　頁

案准經濟部翁部長電以永利化學公司請求速派該錏廠一案，查該公司錏廠早有減設備，迅速恢復，以利生產等由。經電由本局駐京辦事處詳細查明該廠實際情形等，據其呈復以。茲據該處報稱：經會同經濟部特派員辦公處派員前往查勘，以該廠原有廠房倉庫機器及其他設備，多有毀損，刻正整理修中；惟該廠全部機器被敵軍拆卸運往日本九州大牟田，在敵軍佔據時，又在該建及添置，大小此地，均被敵軍徵購民地，以為敵備營房及需用，是否應劃入該廠範圍等情前來。謹擬具意見，謹電陳次。

中華民國三十五年　月　日

本局地址：上海仁記路中國銀行大樓三樓　電話：一二四三〇　電報掛號：九六九九

蘇浙皖區敵偽產業處理局

一、該軍在該廠房庫房碼頭及宿舍並建築堡壘，該廠所有之機件材料等項，似應查驗清冊證據再行核實發還。至未呈驗證據者，擬查該廠復工圖說，擬請由經濟部核准先予發還。

二、又查該廠範圍之黑若廠，即係擬為該軍所部占之營房，擬收運用。

三、該公司所屬各項儲藏之廠全部機器，系被該軍拆卸運往日本之九州大牟田，擬審請陸軍總部轉飭日聯絡官岡村寧次追回歸還。

陸前由日軍擅移存該廠之南京華中[illegible]所屬有機器鍋爐等項，已另案呈商總經理核

字第　號第　頁　中華民國三十五年　月　日

蘇浙皖區敵偽產業處理局

字第　號第　頁

外理會備文呈請鈞署核示遵等語前來除指復

並咨外相應抄請查核

（另文）以上係八九次審議會報告事項之一知照

特錄奉聞，此上

本處

弟 [illegible] 上

六.廿六

中華民國三十五年　月　日

苏浙皖区特派员驻京办事处关于永利化学工业公司亟应复工恳请担保先予发还的训令（一九四六年六月二十八日）

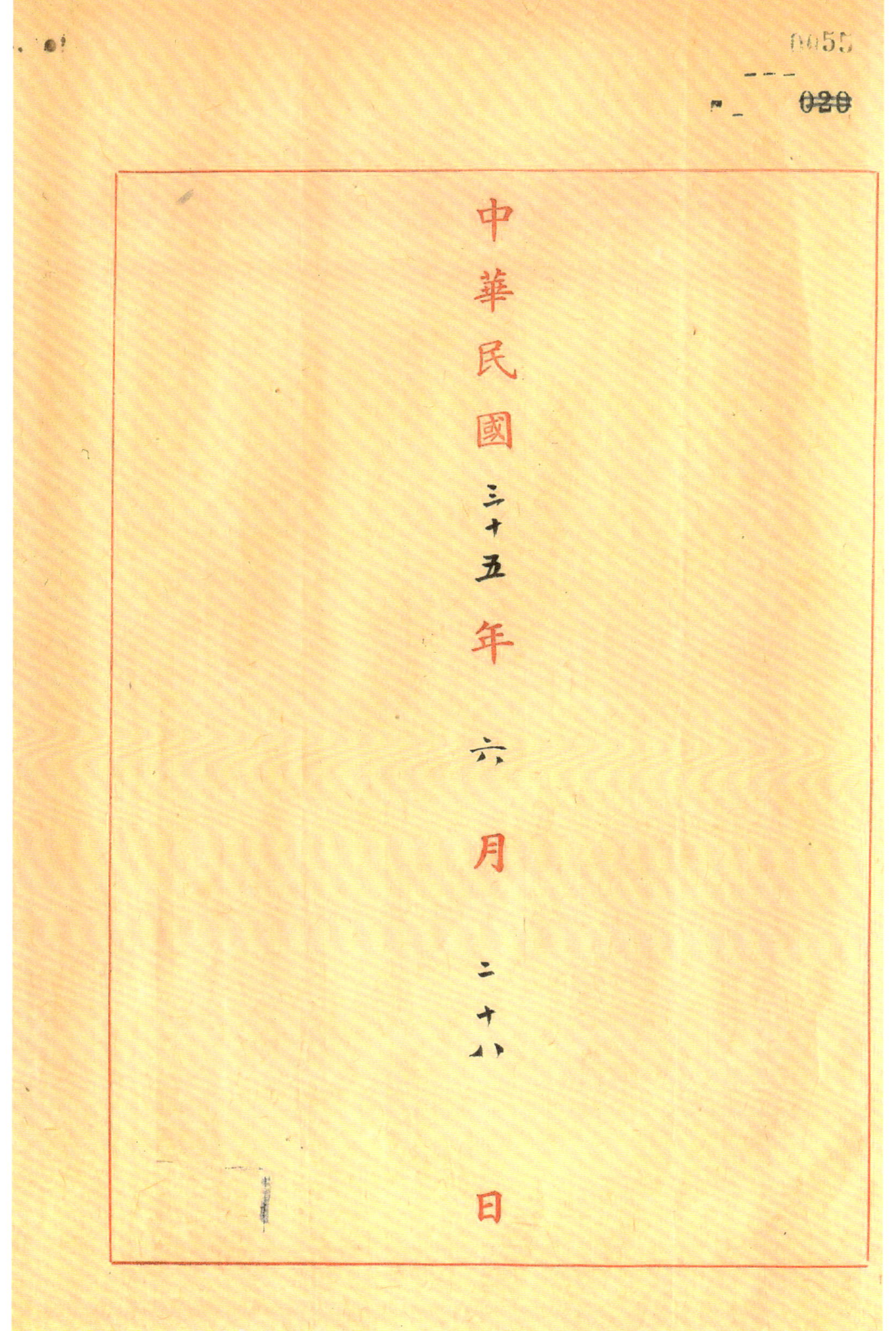
0055

020

中華民國三十五年六月二十八日

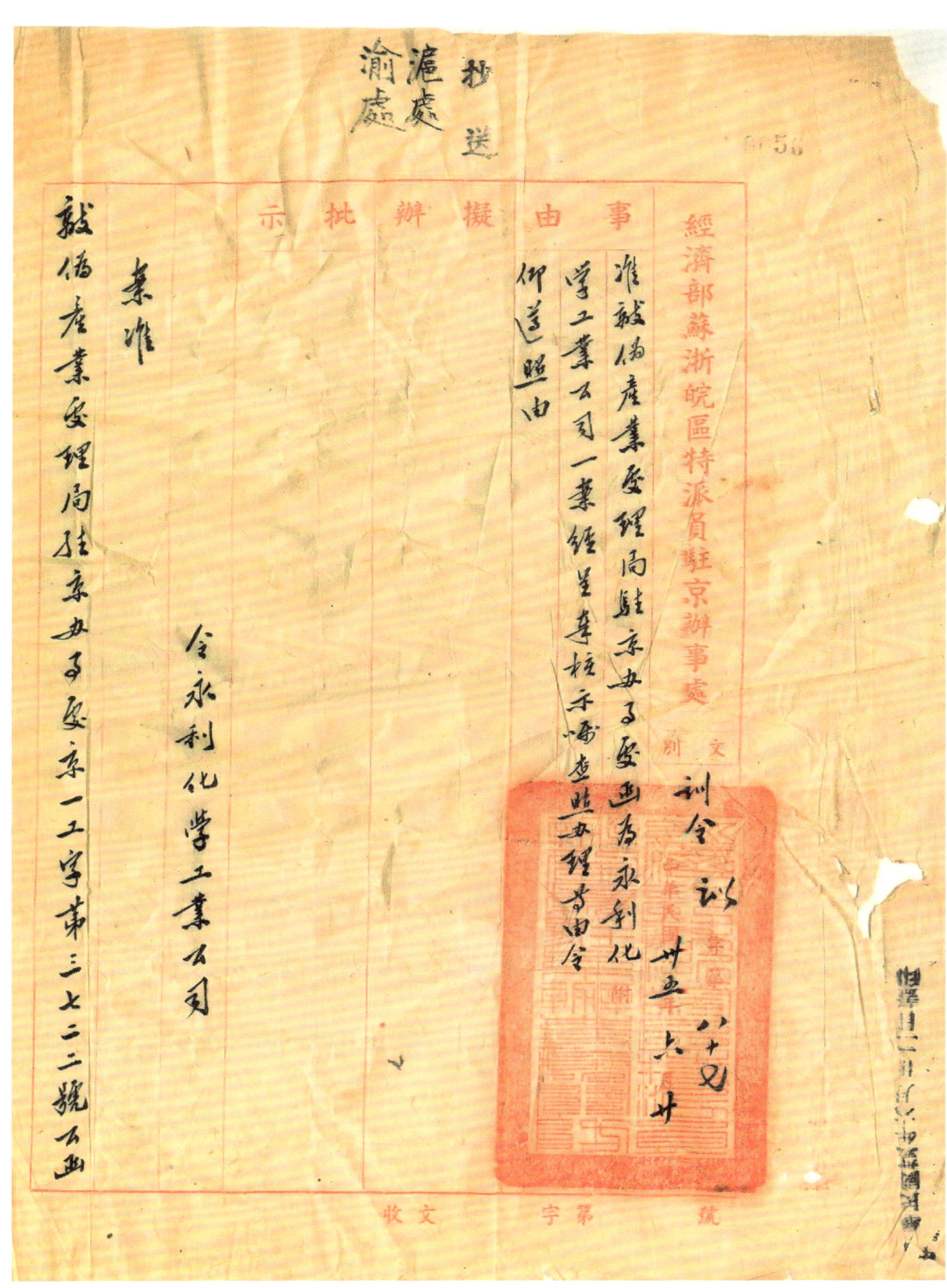
抄送 滬處 渝處

經濟部蘇浙皖區特派員駐京辦事處

文別：訓令 京字第八十九號

卅五年六月廿日

事由：准敵偽產業處理局駐京辦事處函為永利化學工業公司一案經呈奉核示囑查照辦理等由令仰遵照由

擬辦

批示

令永利化學工業公司

案准

敵偽產業處理局駐京辦事處京一工字第三七二二號公函

收文 字第 號

内開業查閱核永利化学工業公司一案前由本會函貴會實地調查後經核具處理意見呈奉本局滬三字第三〇二三八號指令開「呈悉查永利化学工業公司所有硫酸錏廠創立匪易戰績卓著該會所擬處理辦法尚無不合應准照擬辦理一、應令該廠呈驗證件以憑核定發還該廠之被佔廠產機件材料等項在未經驗證核准前暫借給該廠復工國難准由經濟部担保先予發還二、查不屬該廠範圍之黑藥廠部份准由該處委託軍政部兵工署接收運用三、該公司所屬硝酸廠全部機器已由敵拆卸運往日本准由該處電請陸軍總部轉飭日聯絡官岡村寧次追回仰即知照等

520

57

國字此除電請國防部派員會同貴委接收該黑藥廠暨函請經濟部担保外相應函請查照并希轉飭永利化學工業公司遵照迅速呈驗確實產權証件以憑核定發還仍希見復等由准此除呈

經濟部請示担保事宜并代電

國防部俯賜派員接收黑藥廠外合亟令仰該公司遵照派員來委洽妥先行具保發還手續一面仍應將一切確實產權証件迅速送委核驗以憑轉送核辦此令

主任 徐堪

025
監印 柳劍源
校對 王文璐

资源委员会秘书处关于查照永利化学工业公司南京铔厂被盗运的设备清单报外交部王世杰部长的呈文（抄件）

（一九四六年七月十日）

附：永利化学工业公司南京铔厂设备清单

抄送
鉔廠

296

呈外交部文

案准資源委員會六月七日資秘文字第三七號函開：

「案准外交部專駐日團五月廿一日電內開：「南京外交部轉資源委員會永利硫酸鉔廠一部份設備被日人移設日境請通知該廠速即抄錄詳單附說明書寄團以便交涉駐日團」等由相應錄轉原電即希查照逕洽爲荷」等因；查敝公司硫酸鉔廠自二十六年冬淪陷，工廠全部爲敵侵佔，原有硝酸廠機件設備，於三十一年被日人搬運至日本九州福岡縣大牟田東洋高壓工業株式會社之橫須工場，最近綜合各方報告及敵遺留東洋高壓工場事業概覽之記載，知該工場地點卽在大牟田市新開町二番地，而其本店則設在東京市日本橋區室町二丁目一番地。此案於去年敵投降後，敝公司卽經呈請經濟部轉請陸軍總司令部飭日本聯絡總部負責查取歸還，並電駐日盟軍

297

統帥部查照保全該項設備，以便運回在案。玆奉
鈞部駐日團電示，用特將敝公司原有硝酸廠設備被日移設日境各機件開列
詳單，並陳明辦理經過，敬祈
鑒察照轉，迅賜追查運還，以便安裝復舊，製造硝酸，以充兵工農肥原料
，無任感幸。謹呈
外交部部長王

謹呈

中華民國卅六年七月拾日 發出

EQUIPMENT OF THE NITRIC ACID PLANT OF NANKING FERTILIZER WORKS

YUNGLI CHEMICAL INDUSTRIES LIMITED.

No. of Pieces	Name of Equipment
1	Waste Heat Boiler
1	Air Filter
2	Motor Driven Air Blowers
1	Motor Driven Blower for N
2	Condensers
2	Aqua Ammonia Pumps
7	Nitric Acid Pumps
2	Motor Driven Gravity Feed Acid Pumps
2	Variable Stroke Water Pumps
1	Ammonia Saturator
1	Ammonia Burner
1	Acid Cooler
2	Nitric Acid Storage Tanks
1 each	Level Tank and Water Storage Tank
9	8 Absorption Towers and 1 Oxidation Tower
1	Preheater
1 set	Nitric Acid Concentrator
1	Platinum Gauge
1	Ammonia Burner Gauge Wash Pan
1	Ammonia Burner Gauge Handling Ring
Misc. Lead	Details (for various equipment)
1 each	Bleaching Tower and Acid Heater
Meters (for control boards)	
	Pyrometer System

299

1 set	Acid Cooler
	Aluminum Piping and Pan
	Alloy Steel Valves and Cocks
	Sight Glasses and Level Gauges
1	Flow meter
2	Motor Driven Self-priming Pumps
	Sulphuric Acid Pump 93%
1	Exhauster Fan for Nitrous Gases
	Acid Piping and Assemblies
	Steam Jacket and Steel Pipe
	Cast Iron Details
(10" x 5")	壓碎機
	通氣扇及電氣開關
	其他零件

通訊處：南京西華門三條巷六合里二號

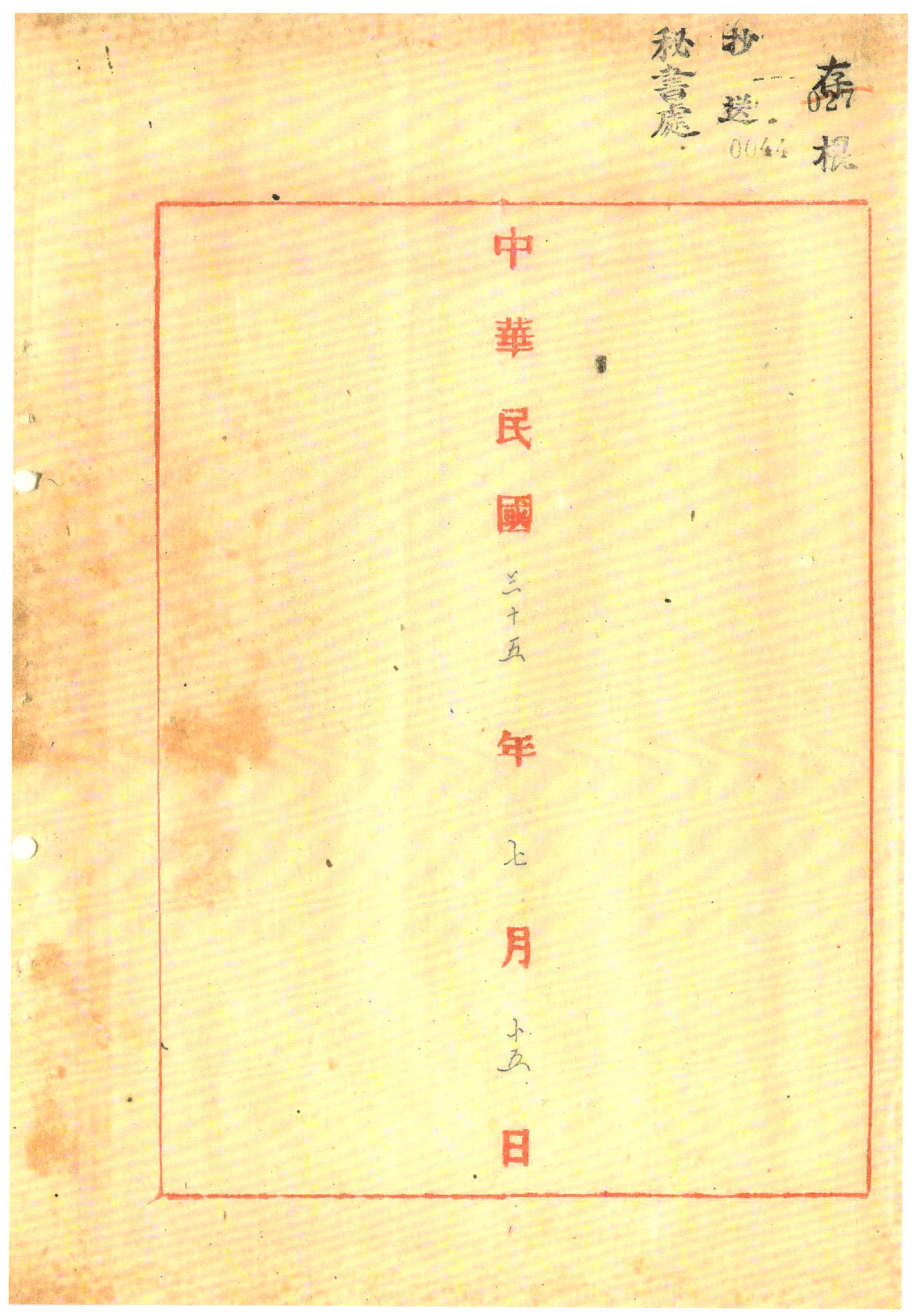

秘書處 抄送 存根

0044

中華民國三十五年七月十五日

事由	擬辦	批示	備考
為奉經濟部批准予擔保將工廠發還遵令派員趨前逕洽由			
附件			

收文　字第　號

字第　號　年　月　日　時到

0045

028

案奉經濟部發文京工35字第零六一四八號批，內開：

具呈人永利化學工業公司

三十五年六月二十八日呈爲本公司硫酸錏廠亟應復工懇請擡保先行發還

由

呈悉。准如所請除函達蘇浙皖區敵僞產業處理局駐京辦事處查照

辦理外仰即知照并逕洽此批

等因。奉此，自應遵辦。茲派工廠駐京辦事處處長陳維趨前還洽，敬祈

賜予接見，指示應辦一應發還手續，實爲公便。謹呈

蘇浙皖區敵僞產業處理局駐京辦事處

永利化學工業公司錏廠

经济部苏浙皖区特派员办公室秘书室关于永利化学工业公司南京錏厂被日军劫运日本机件设备核查发该厂的训令

（一九四六年八月二十八日）

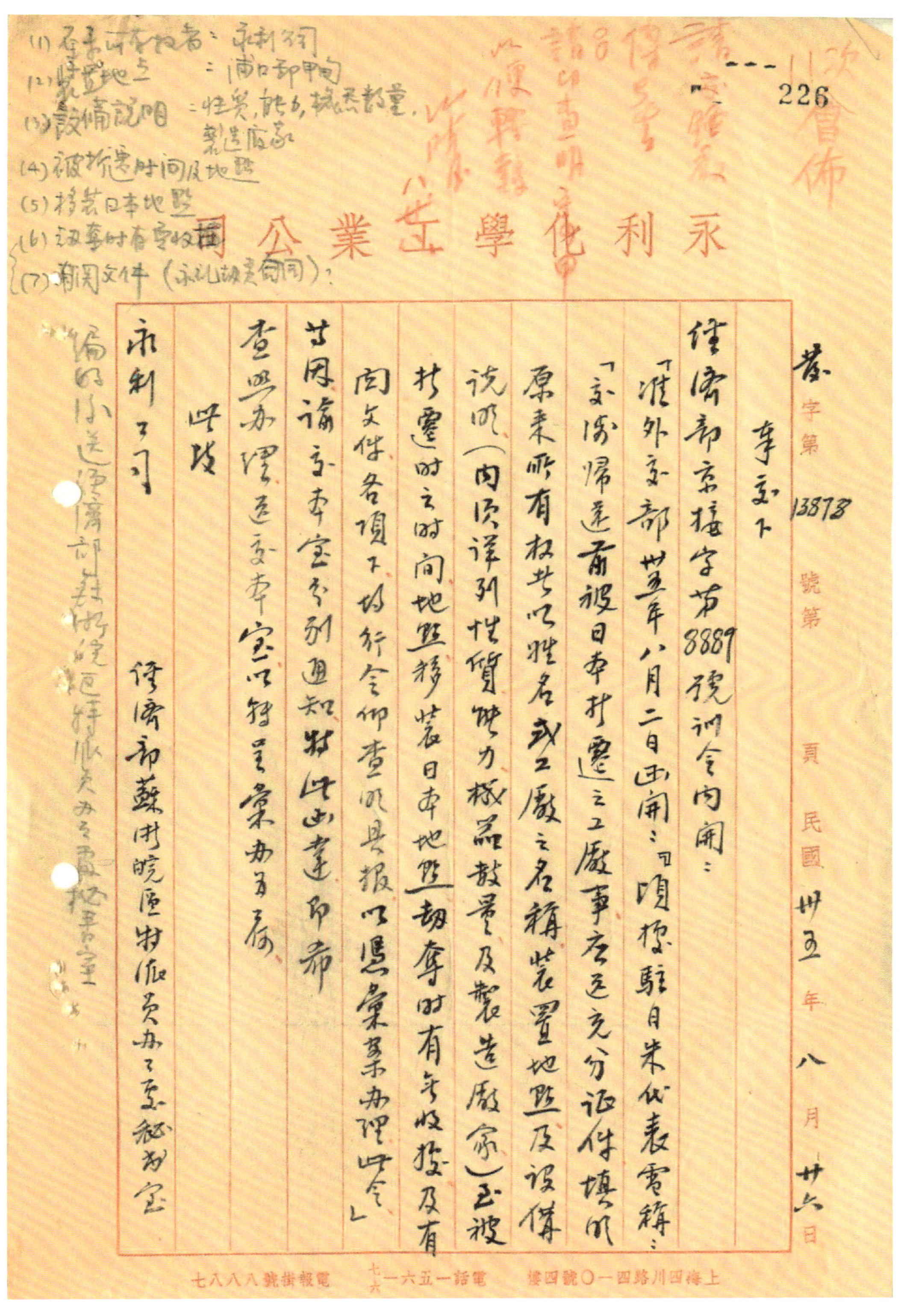
永利化學工業公司

226

(1) 原來所有權者：永利公司
(2) 裝置地點：浦口卸甲甸
(3) 設備說明：性質，能力，機器數量，製造廠家
(4) 被掠運時間及地點
(5) 移裝日本地點
(6) 劫奪時有無收據
(7) 有關文件

蘇字第13878號

案奉

經濟部京接字第8889號訓令內開：

准外交部卅五年八月二日函開：「頃據駐日朱代表電稱：

『交涉歸還前被日本掠運之工廠事，應速充分證件，填明

原來所有權者之姓名或工廠之名稱、裝置地點及設備

說明（內須詳列性質、能力、機器數量及製造廠家）並被

掠運時之時間、地點、移裝日本地點、劫奪時有無收據及有

關文件各項下，均行令仰查明具報，以憑彙案辦理。此令」

等因，諭令本室分別通知。特此函達，即希

查照辦理，逕送本室，以便轉呈彙案辦理為荷。

此致

永利公司

經濟部蘇浙皖區特派員辦公處秘書室

民國卅五年八月廿六日

編好後送經濟部蘇浙皖區特派員辦公處秘書室

上海四川路四一〇號四樓　電話一五六一七六　電報掛號八八八七

徐名林关于原被劫设备可派员收回前往监拆等事宜发永利化学工业公司南京铔厂傅冰芝的函（一九四六年九月五日）

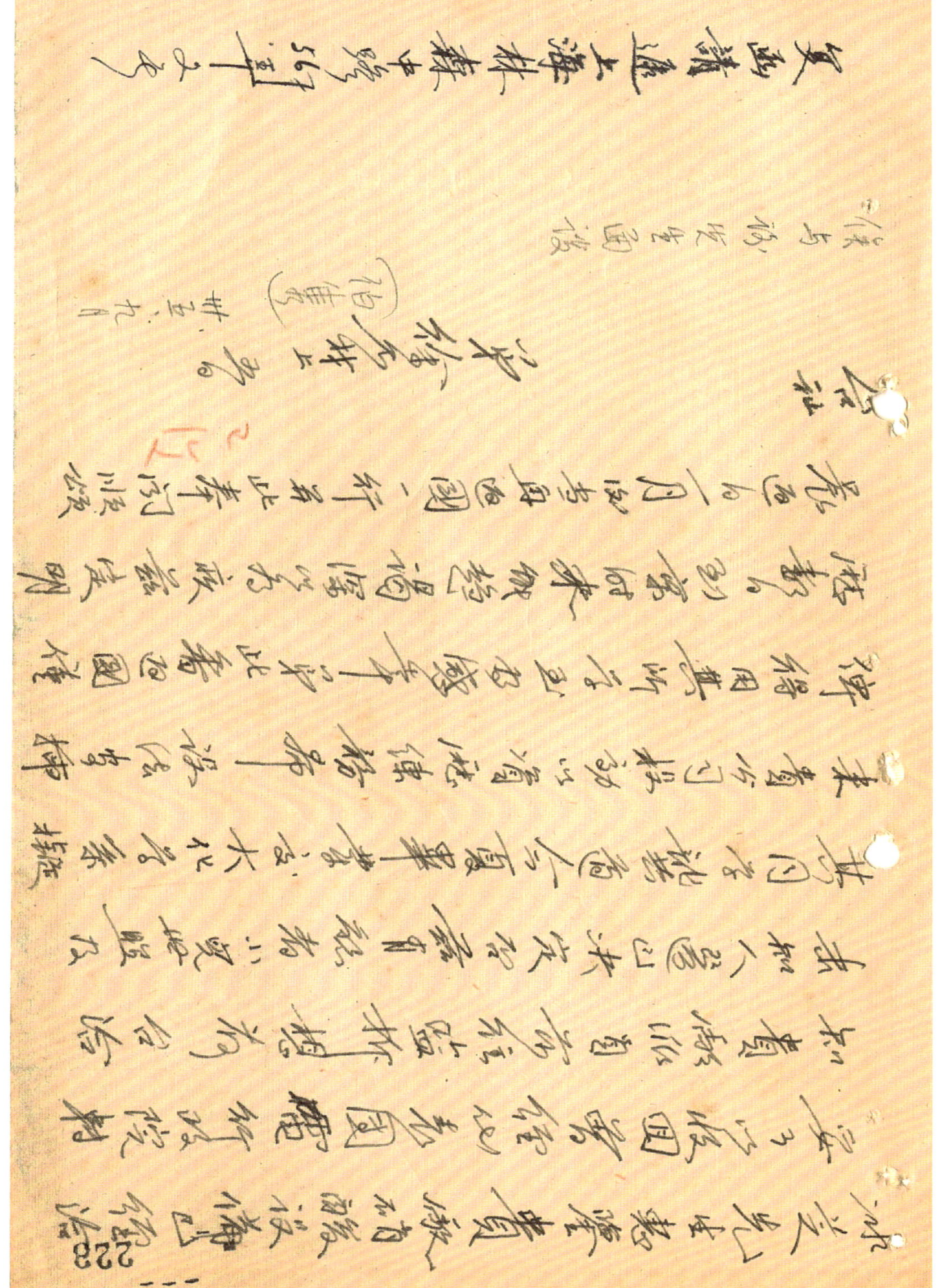

经济部苏浙皖区特派员驻京办事处关于永利化学工业公司南京铔厂被日侵占的机件器材等特准担保先予发还发该厂的通知（一九四六年九月九日）

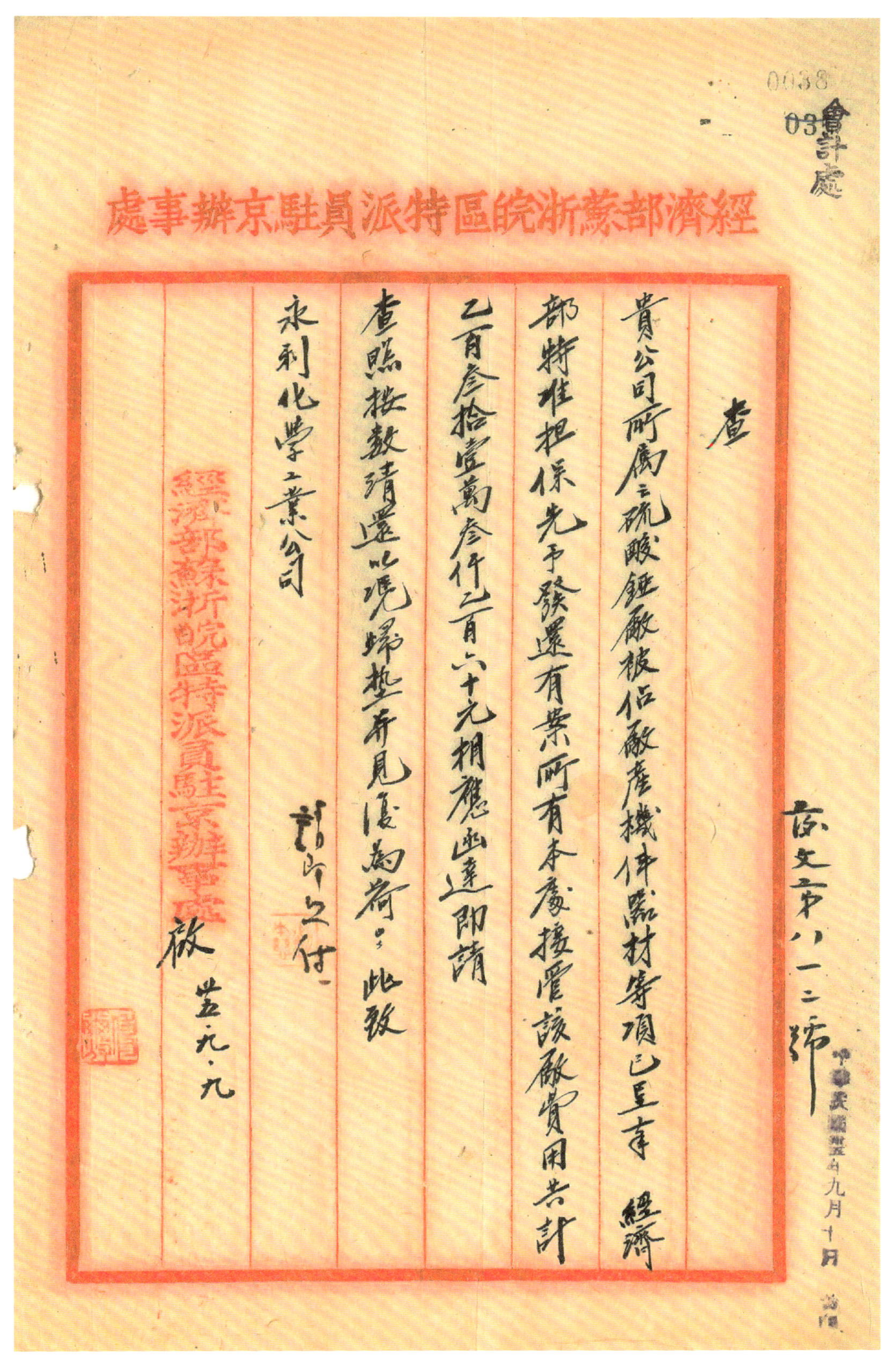
經濟部蘇浙皖區特派員駐京辦事處

京文字八一二號

逕啟者：

貴公司所屬之硫酸錏廠被佔廠產機件器材等項已呈奉經濟部特准担保先予發還有案所有本處接管該廠費用共計乙百叁拾壹萬叁仟乙百六十九元相應函達即請查照按數清還以憑歸墊并見復為荷此致

永利化學工業公司

經濟部蘇浙皖區特派員駐京辦事處啟

卅五.九.九

會計處

中華民國卅五年九月十日

经济部关于驻日盟军总部允将硝酸设备发还永利化学工业公司给该公司的批文（一九四六年九月十一日）

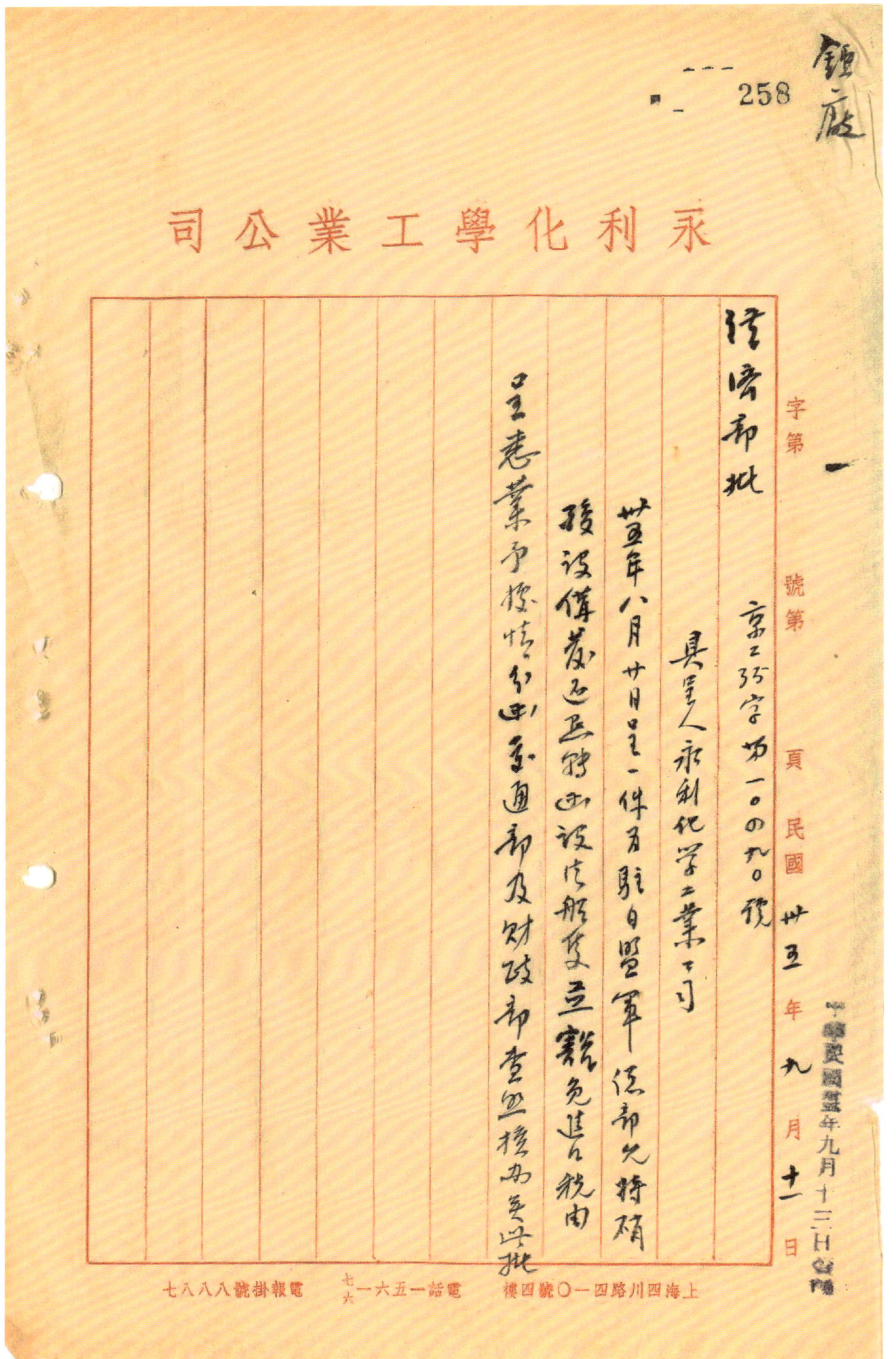

258

錏廠

永利化學工業公司

經濟部批　京工35字第一〇〇九〇號

民國卅五年九月十一日

具呈人永利化學工業公司

卅五年八月廿日呈一件，爲駐日盟軍總部允將硝酸設備發還，正設法船運，並請免進口稅由。

呈悉。業予據情分函交通部及財政部查照核辦，并此批。

中華郵政 卅五年九月十二日

上海四川路四一〇號四樓　電話一五一六七六一　電報掛號八八八七

永利化学工业公司南京铔厂驻京办事处关于《和平日报》刊载苏浙皖区日军伪产业处理公告暂准发还该厂的呈文（一九四六年九月十二日）

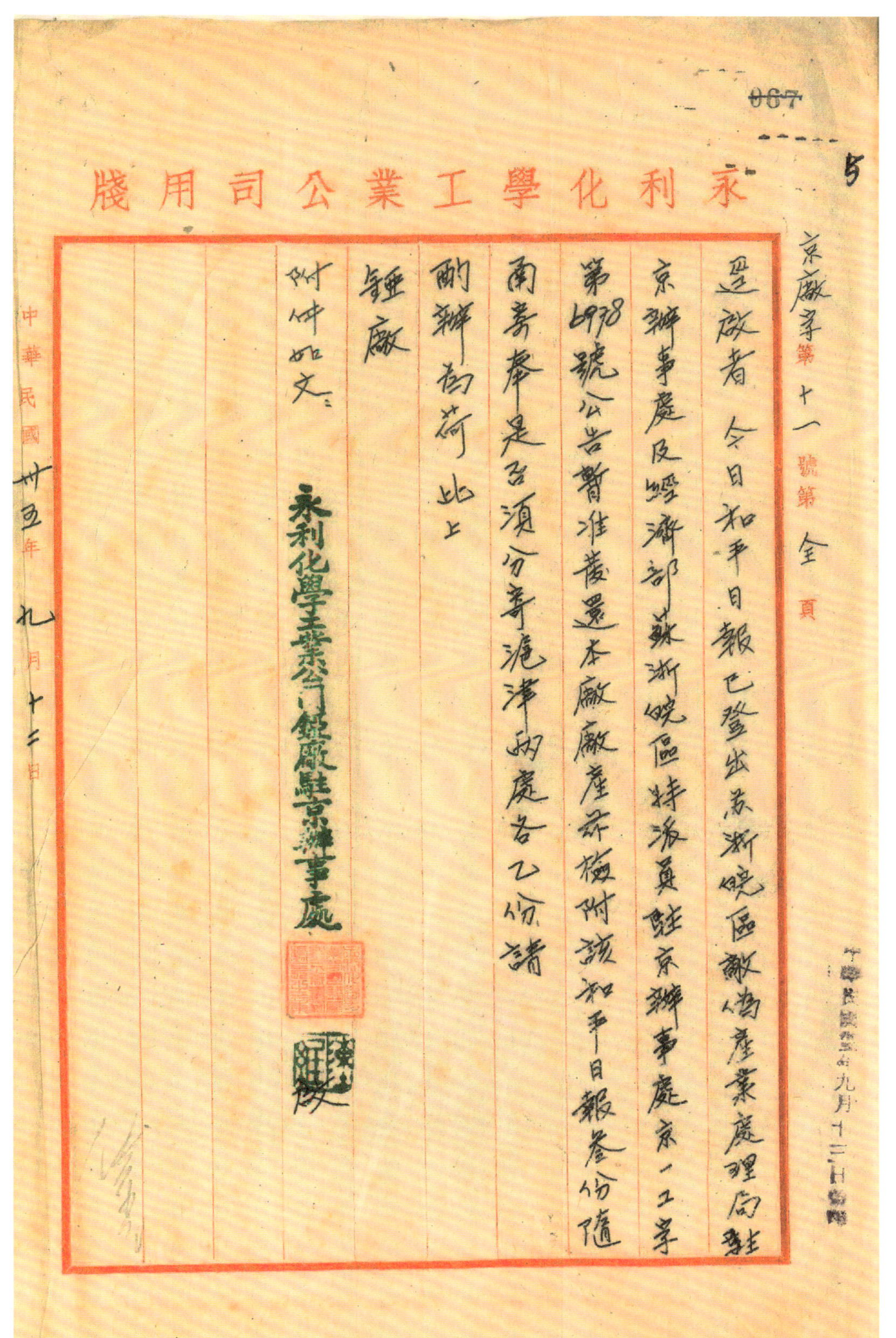

永利化學工業公司用牋

京廠字第十一號 第全頁

逕啟者 今日和平日報已登出蘇浙皖區敵偽產業處理局駐京辦事處及經濟部蘇浙皖區特派員駐京辦事處京一工字第6938號公告暫准發還本廠廠產並檢附該和平日報叁份隨函奉呈至祈分寄滬津兩處各乙份請酌辦為荷 此上

錏廠

附件如文

永利化學工業公司錏廠駐京辦事處

中華民國卅五年九月十二日

永利化学工业公司南京錏厂移交清册（一九四六年九月十四日）

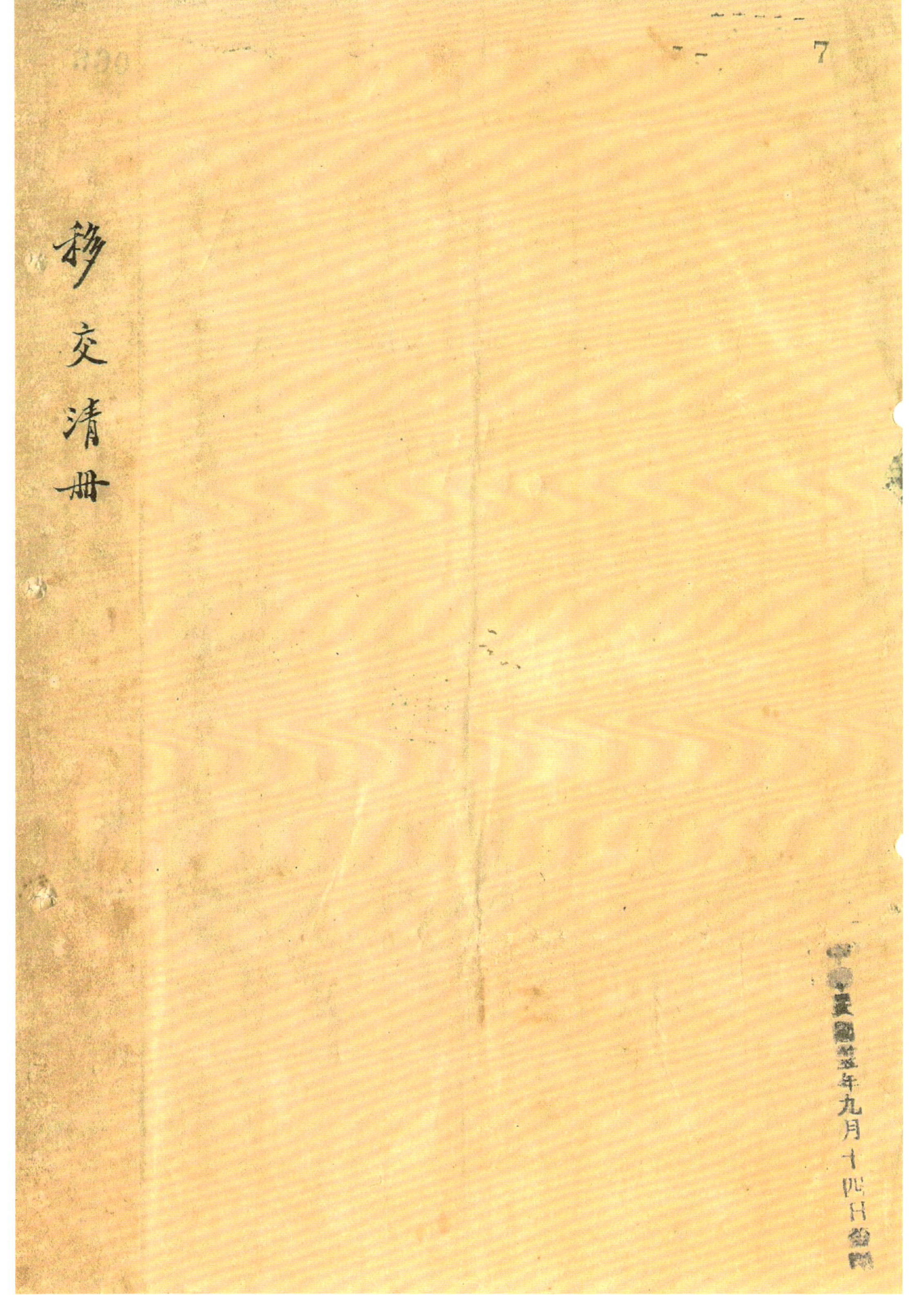
移交清冊

中華民國卅五年九月十四日

永利化學工業公司 8 065

NO.______ ____年____月____日

移交清册目録

一、文卷

二、圖章

三、傢具

四、炊具

五、添置傢具器皿清單

六、遺失清單

七、楊任移交清册

雲峯

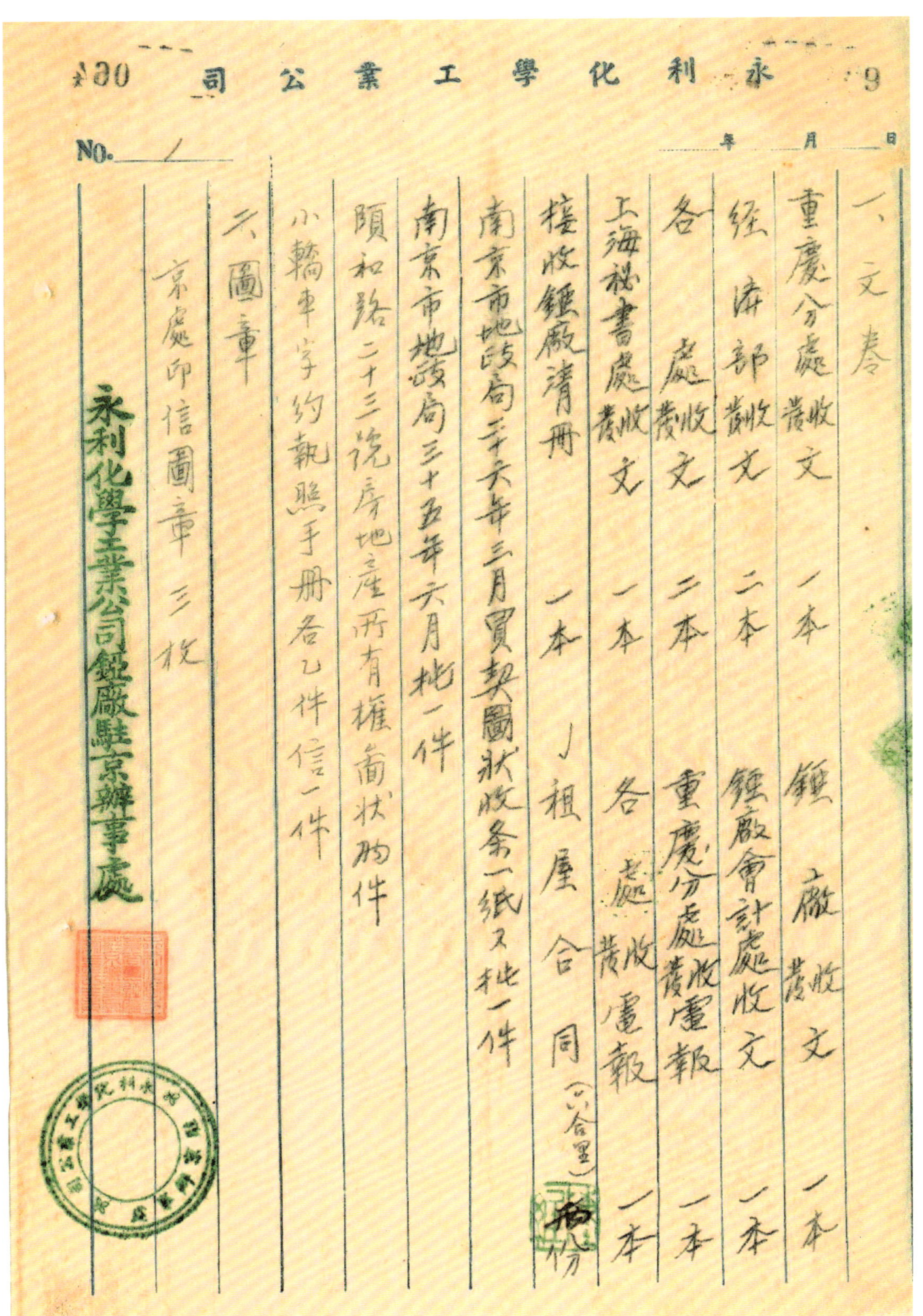

永利化學工業公司

NO. 1　　　　年　月　日

一、文卷

重慶分處發收文　一本　鍾廠發收文　一本

經濟部收發文　二本　鍾廠會計處收文　一本

各處發收文　二本　重慶分處發收電報　一本

上海秘書處發收文　一本　各處發收電報　一本

接收鍾廠清冊　一本　〃租屋合同（以合里）兩份

南京市地政局二十六年三月買契圖狀收条一紙又批一件

南京市地政局三十五年六月批一件

頤和路二十三號房地產所有權畝狀兩件

小轎車字約執照手冊各乙件信一件

二、圖章

京處印信圖章　三枚

永利化學工業公司錏廠駐京辦事處

No. 2　　　　年　月　日

永利化學工業公司駐京辦事處移交清冊　傢具(一)

物品名称	数量	物品名称	数量	
花盆架	一只	小方鐘	一只	
寫字台	九張	電鐘	一只	
鉄櫃	一个	水瓶	一只	
保险箱	两个	舊打字機	一架	
小保险箱	两个	打字桌	一張	
香烟缸	五只	磅秤	一只	
信箱	一个	國旗	一面	
轉椅	六張	沙發	三張	連套全
書夾	三只	彈簧床	一張	
衣架	三个	油印機	一套	
茶碗櫃	一个	角几	一張	

11
20

永利化學工業公司 062

No. 3　　　　年　　月　　日

品名	數量	品名	數量
木架屏風	一丁	小火爐	九只
瓷盂	九只	洗衣大小盆	各一只
自行車	一輛	洗面盆	七只
金鋼牌大卡車（附拖斗）	一輛	小便池	一只
福特小轎車（附拖斗）	一輛	二抽木桌	十三張
大卡車蓬桿	六根	茶碗架	一只
3246 舊輪胎	五只	自來水表	一只
小車新輪胎	二只	電表	一只
小車舊輪胎	三只	電灯	廿八盞
電熨斗	壹只	茶壺	三把
噴水壺	一只	大号帶蓋茶杯	四丁
橡皮管	十六圈	小茶杯	六丁
黃油	一加侖	玻璃杯	四只

永利化學工業公司　　12

061

No. 4　　　　年　月　日

推门玻璃橱	一个	上等绸沙发	六只
四格玻璃橱	一个	長坐椅	一只
磁馬桶	一个	小圓棹	一張
細羅大蚊帳	一頂	方欖	七張
蚊帳	十一頂	方圆办用桌	一張
三角磁面盆	一个	茶几	四張
木書橱	一个	有申沙法椅	三件
玻璃衣橱	一个	枕衣	十只
五屉櫃	一个	被單	十床
木書架	一只	毛氈	一床
低座籐椅	一張	棉褥	十床
籐椅	十張	棉被	十二床
柳条椅	十張	絲棉被	一床

計两套連套全

永利化學工業公司

NO. 6

年　月　日

傢具清冊（炊具類）

物品名称	数量	物品名称	数量
湯匙	八只	小泉茶缸	一只
飯碗	八只	大鉢子	一只
醬油碟	十一只	二号鉢子	二只
小菜盤	八只	筷子	八双
三紅碗	十二只	淘米籮	一只
大菜盤	六只	大小菜籃	二只
飛边菜碗	二只	銅火鍋	一只
長菜盤	二只	大小鉄鍋	三只
大汁鍋	一只	炒鍋	一只
大焗鉢	一只	水瓢	一只
小焗鉢	一只	銅水壺	两只

均係破舊

永利化學工業公司

No. 8

年　月　日

文具清冊

物品名称	数量	物品名称	数量
玻璃台板	四块	釘洞機	三只（坏一只）
标盤	五把	吸墨器	七只
印泥盒	四个	印台	六只（藍水）
水盂	三个	兩用墨水缸	九只
墨盒	三个	搪瓷記事牌	四块
硯台	六块	報綫架	一只（附报夾三只）
訂書機	一只		

點交人

接收人

中華民國三十五年九月十三日

永利化學工業公司

No. 9

年　月　日

永利公司京處添置傢具器皿清冊

物品名称	数量
棉被	四床
棉褥	四床
單被	四床
蚊帳	四頂
草席	五床
鐵床連綵綳	四張
彈簧床墊	一只
白枕心	八只
枕套	八只
玻璃杯	十二只
竹席	十床

物品名称	数量
電扇	一只
手提包	一只
玻璃杯	十只
皮拖鞋	廿双
銅壺	一把
大磁茶壺	一把
洋磁面盆	二只

點交人

接收人

附註：

一、原册所載玻璃杯八只，陸續添置二十二只，共叁拾隻，已陸續毀損十一只，現實有該杯十九只。

二、支在寬任職内所遺失各物另有遺失清單附後。

永利化學工業公司

NO. 10　　　　年　月　日

仁義里五號傢具器皿清單

品名	數量	品名	數量
大鉄床	一張	茶几	三張
木衣架	二只	洋磁痰盂	兩个
兩屜木桌	二張	三角面盆架	一只
籐椅	兩張	热水瓶	一只
玻璃衣櫥	一只	磁茶壺	一把
籐椅	一張	玻璃杯	四只
洋磁面盆	二只	硯台	一方
秤盤	一把	兩用墨水缸	一只
寫字台	一張	磁茶杯	三只
沙发	二張	單人小鉄床	一張
轉椅	一張	破椅子	一張

内沙发茶几一張

永利化學工業公司

NO. 11

年　月　日

吸墨器　一只
玻璃筆盤　一只
烏烟缸　一只

永利化學工業公司

No. 093　　　　年　月　日

茲將遺失及損壞各物清單開列於后

一、玻璃茶杯　五只

一、鐵床　壹張

一、白單被　弍床

一、棉被　壹床

一、枕衣　壹只

一、枕心　捌只

支在寬具

八月七日

永利化學工業公司
南京辦事處
傢具清單

中華民國卅四年十一月至卅五年四月卅日　　第二頁

購置 月	購置 日	領單號數	品名	數量	單價		總價		存放處所	備註
			承前頁		352650	00	657,000	00		
35年 1	2		枕頭芯	2只	550	00	1,100	00		
1	9		枕衣	2〃	1,250	00	2,500	00		
1	9		枕衣	8〃	2,100	00	16,800	00		
1	9		枕衣	4〃	2,100	00	8,400	00		
34年 11	24		可申沙法三件	1套	65000	00	65000	00		
11	29		沙法茶几	1只	2000	00	2,000	00		
	29		茶几	4只	1500	00	6000	00		
1	25		沙法茶几	1〃	7500	00	7500	00		
34年 11	26		方圓桌	1〃	16000	00	16,000	00		
	〃		方櫈	8只	1250	00	10,000	00		
35年 1	25		圓桌	1	24,000	00	24,000	00		
1	21		上等花綢沙法	6只	3,000	00	18,000	00		
1	1		柳藤椅	10〃	3400	00	34,000	00		
34年 11	27		藤椅	10〃	2300	00	23,000	00		
12	23		低背藤椅	1	3,000	00	3,000	00		
11	24		平頂床頭箱	1	5,000	00	5,000	00		
11	29		保險櫃	1	20000	00	20,000	00		
11	26		書架	1	10000	00	10000	00		
11	29		五斗櫥	1	25000	00	25,000	00		
11	29		衣架	1	2000	00	2000	00		
11	29		大書櫥	1	15,000	00	15,000	00		
11	29		玻璃衣櫃	1	25,000	00	25000	00		
11	29		書櫥	1	10000	00	10000	00		
12	10		柚木小衣架	1	8,000	00	8,000	00		
12	18		推門書櫥	1	11,000	00	11,000	00		
35年 1	14		柚木小靠椅	10	7500	00	75,000	00		
1	18		柚木小靠背	2	18,000	00	36,000	00		
1	18		三角櫥[illegible]	1	12,000	00	12,000	00		
			過次頁		683100	00	1310300	00		

0020

026

0021

（财务）

移交清册

0022

移交清册目録

一、文卷
二、圖章
三、文具
四、傢具
五、炊具
六、楊仕移交清册乙本
七、陳仕移交清册乙本
八、薛事務員經手移交清册乙本

一）文卷

重慶分庭收發文　一册　鍾廠收發文　一册

經濟部收發文　各一册　鍾廠会計處收發　一册

各處收發文　各一册　重慶分庭收發電報　一册

上海秘書處收發文　一册　各處收發電報　一册

接收鍾廠清冊　一册　漢口辦事處收發文　一册

南京市地政局二十六年三月買契當狀收条乙紙又批乙件

南京市地政局三十五年六月批一件

頤和路二十三号房地產所有權當狀兩件（原件存南京市地政局查驗，另附声請查驗文件收據乙紙）

大小車執照手冊各乙件（上小車均已過公司户，小車字行交首都監理）

035

(二)

簡章(四枚)

永利化學工業公司錏廠駐京辦事處

0024

（三）文具

品名	數量	單位	備註
玻璃枱板	10	塊	内礼品大塊
祘盤	5	把	
印泥盒	1	只	
水盂	2	只	破壞乙只（原三只）
墨盒	3	只	
硯台	6	塊	
訂書機	1	只	
打洞機	3	只	

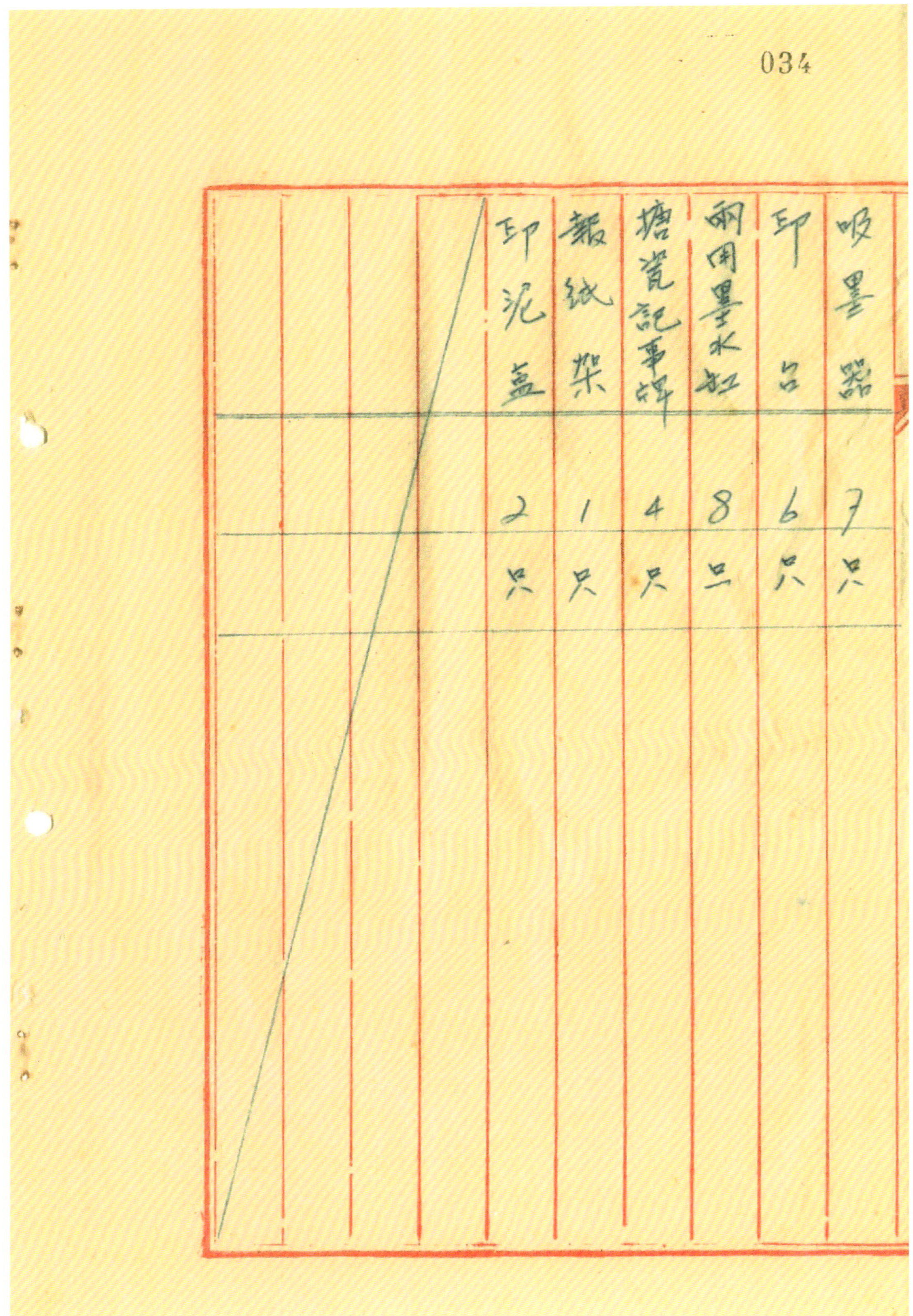
034

吸墨器	印台	两用墨水缸	搪瓷记事牌	报纸架	印泥盒
7	6	8	4	1	2
只	只	只	只	只	只

0025

（四）傢具

物品名称	數量	單位	備註
花盆架	1	只	
寫字枱	8	張	原九張送廠乙張
鉄櫃	1	只	
保險箱	2	只	
小保險箱	2	只	
香烟灰缸	5	只	
信箱	1	只	
轉椅	6	張	內王叔華先生借乙張附借據
書夾	3	只	
衣架	3	只	
茶碗櫃	1	只	
小方鐘	1	座	
電鐘	1	只	
水瓶	1	只	
舊打字機	1	架	
磅秤	1	只	

033

品名	數量	單位	備註
國旗	1	面	
沙法三張	3	張	連墊套全
彈簧床	1	張	
油印機	1	套	
茶几	1	張	
痰盂	9	只	
金剛牌大卡車	1	輛	
福特小轎車	1	輛	
自行車	2	輛	
小車輪胎	2	只	
電熨斗	1	只	
噴水壺	1	只	
大小火爐	4	只	原九只送廠五只
大小洗衣木盆	2	只	
洗面盆	9	只	内新購兩只
小便池	1	只	
三屜木桌	13	張	内王秀華傅思貴各借乙張
自來水表	1	只	
電表	1	只	
電燈			

品名	數量	單位	備註
大號磁茶杯	4	只	帶蓋
茶壺	3	把	
小磁茶杯	6	只	
玻璃杯	16	只	
四格玻璃櫥	1	只	
磁馬桶	1	具	存三宗巷傳覺要處
三角磁面盆	1	只	仝上
木書櫥	1	只	
玻璃衣櫥	1	只	
五屜衣櫃	1	只	

品名	數量	單位	備註
木書架	1	只	
低座藤椅	1	張	
藤椅	3	張	原十一張送廠修，張內專置六張，備西張
椰条椅	6	張	已送廠三張，損壞一張
上等絲沙法	6	只	
長座木靠椅	1	張	
小圓檯	1	張	
方櫈	5	張	
方圓兩用桌	1	張	
可申沙法椅	3	件	

032

枕衣	16	只	
被單	14	条	
毛毯	1	条	
棉褥	14	条	內方粹纯借一条，附借據
棉被	14	条	內方粹纯借两条，附借據
絲棉被	1	条	
蚊帳	16	頂	
木床	1	張	方粹纯借用，附借據
棕繃	1	張	仝上
大小鉄床	13	張	原二十八張，送敵十五張
木面盆架	2	只	
織錦枱布	2	块	
沙法茶几上玻璃	1	块	
電、話機	2	只	
電話機	1	只	存鍾[illegible]電工房
鉄皮水桶、煤桶	4	只	
膳窩板	1	块	
枕芯	29	只	
彈簧繃	1	只	
電扇	1	只	

0027

手提包	1	只	
皮拖鞋	20	双	
銅壺	1	把	
大磁茶壺	1	把	
鉄洗面架	3	只	還頤和路新宅後購置
枱灯	5	只	仝上
鉄床	12	張	一仝上二（運掠棚）三
地氈	3	块	總統府堂、委長室客廳用
地氈	2	块	一長中一小 樓梯上用
窗帘窗紗大小	28	堂	還頤和路後新購
20寸木框[illegible]	40	只	還頤和路新宅後購置
帆布床	6	張	仝上
白紗紋被罩	30	条	仝上
白紗紋被套	30	条	仝上
白紗紋枕衣	60	只	仝上
棉被胎	20	床	仝上
大卡車篷布	1	張	仝上
短呼箱	11	只	仝上
双層鉄床	2	張	仝上
圓方桌	2	張	仝上

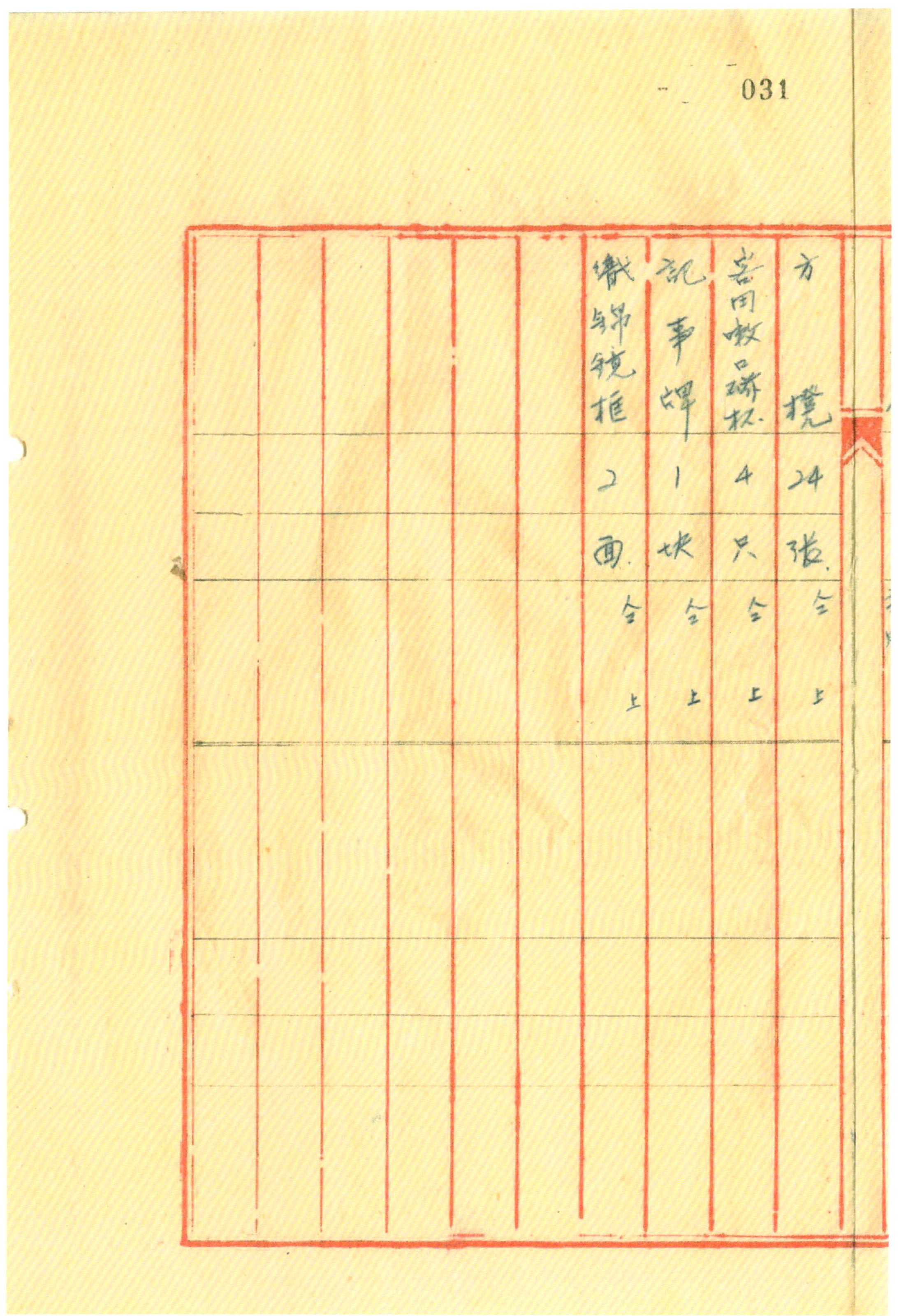

031

品名	数量	单位	备注
方檯	24	張	仝上
客用敞口搪杯	4	只	仝上
記事牌	1	塊	仝上
織錦鏡框	2	面	仝上

（五）炊具

物品名称	数量	单位	备注	物品名称	数量	单位	备注
湯匙	18	只		大砂鍋	1	只	
飯碗	18	只		大焖鋒	1	只	
醬油碟	21	只		小焖鋒	1	只	
小菜盤	8	只		小綠茶缸	1	只	
三紅碗	12	只		大號鋒子	1	只	
大菜盤	12	只		二號鋒子	2	只	
飛邊菜碗	2	只		筷子	16	双	
長菜盤	2	只		淘米籮	1	只	

030

品名	數量	單位	備註
大小菜罐	2	只	
銅火鍋	1	只	
大小鐵鍋	3	只	
炒鍋	1	只	
水瓢	1	只	
銅水壺	2	只	破舊
大湯鈷	1	只	連蓋
鐵火鈎	1	把	
鐵火鉗	1	把	
鐵鍋鏟	3	把	（菜鏟在內）
銅精勺	1	把	
淘米盆	1	只	
小電爐	1	只	

點交人 [印]

接收人 [印]

中華民國三十五年十一月廿七日

永利化學工業公司

No. 5　　　　　　年　　月　　日

- 木床　一張
- 棕绷　一張
- 大小鉄床　二十四張
- 木面盆架　兩只
- 織錦台布　二塊
- 沙法茶几上玻璃　一塊
- 電話機　兩只
- 鉄皮水桶、煤桶　四只
- 電話機（存電工房）　一只
- 大屛風　一只
- 枕心　二十只
- 謄寫板　壹塊

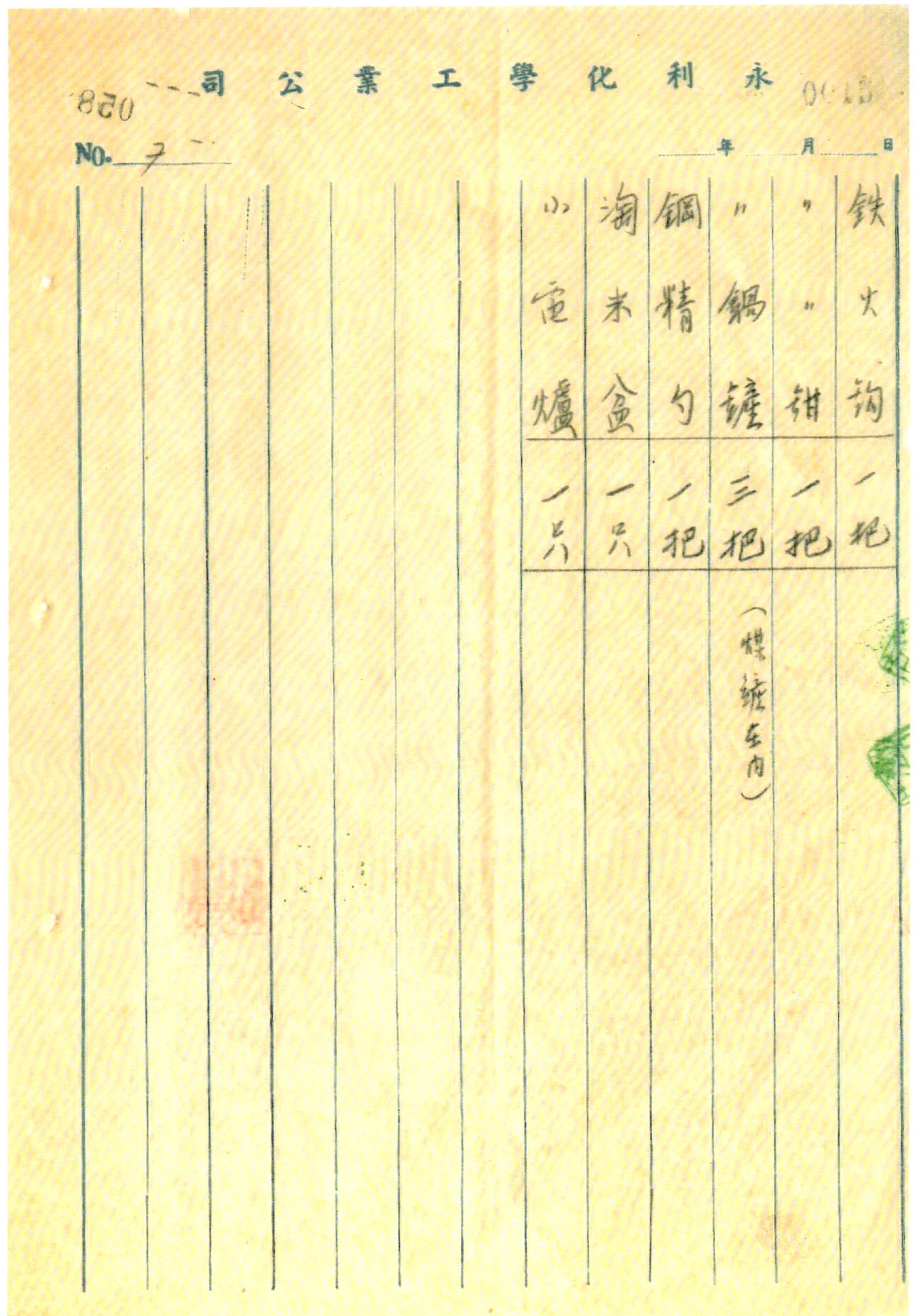

永利化學工業公司 0013

No. 7

年 月 日

鉄火鈎 一把
" " 鉗 一把
鍋鏟 三把（煤鏟在内）
鋼精勺 一把
淘米盆 一只
小電爐 一只

永利化学工业公司南京錏厂驻京办事处关于该厂硝酸厂机件被日军劫运日本经济部准予发还报外交部人事科的呈文（一九四六年九月二十一日）

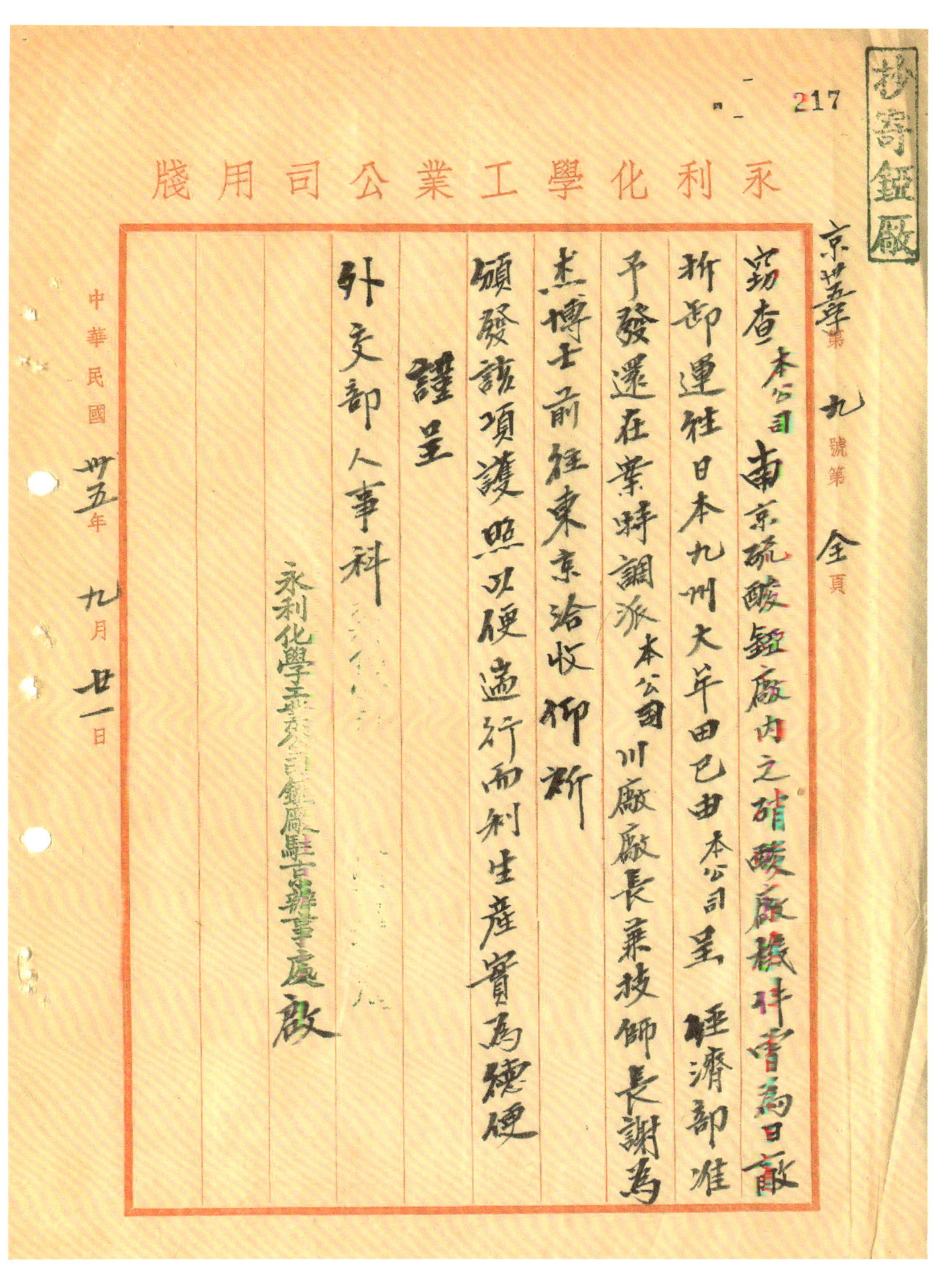

抄寄錏廠

217

永利化學工業公司用箋

京華第九號第全頁

竊查本公司南京硫酸錏廠內之硝酸廠機件曾為日敵拆卸運往日本九州大牟田已由本公司呈 經濟部准予發還在案特調派本公司川廠廠長兼技師長謝為杰博士前往東京洽收 俯祈

頒發該項護照以便遄行而利生產實為德便

謹呈

外交部人事科

永利化學工業公司錏廠駐京辦事處

中華民國卅五年九月廿一日

徐名林关于永利化学工业公司南京铔厂被日军劫运机件设备交运发给傅冰芝的函（一九四六年九月二十四日）

冰芝先生惠鉴：月初在沪邮奉一缄，计蒙
察及。贵公司前被日寇劫运之机件设备，经商得盟军总部同
意交还后，曾由国民政府行政院转上二电，第一电系七月二十六
日请预为准备船只，第二电系八月二十三日发出，除
准备运输办法外，并派一专人以本团职员名义来日
主持洽收，可省时间不少。日前尚未获复，第本团接受
军部方面意见，亲至大牟田工厂勘察该项设备，洽
定清单，俾成定案（因军部方面发见国方送去之
设备清单〔七月初由米将军带来十五号发出之三〇
月间由联络官（团部未成立前）送去清单译
署不符，同时与日方所提出之财产目录亦出入甚多，
故请本处送还公函迄今未能正式答复）。嗣以团方已
答允由贵公司派员加入本团（军部方面不承认公司
代表），最好俟贵公司来员到后再去。又以运输问
题未解决，勘查后并不能即表示确切处理困难

221

以法應付而月困難，故遲遲未果行。最近曾與軍
部物資保管組洽談情形，仍未變更，惟行政院
方面以將來賠償工廠設備運輸困難，正向華府
交涉，從由日本負責運出，尚無眉目。外交部近
曾來電，以永利設備將成其他工廠先例，令國方
力爭由日本負責拆裝，但若還被扣物資，仍日本海口交
貨，亦由遠東委員會規定，軍部無法變更。此事
須由駐華代表向遠東委員會提出交涉，或
有修正希望。資已據情電覆外交部。又美方對
請求入境手續限制甚嚴，且尋常非一月以上不
辦。此事經此變化，短期內不能得要領，特將經過
狀況撮要續告，藉供參考。小兒毋須請求工作
事，務希於外間垂詢者宣布。順頌
台祉

弟徐名材上 二十四
卅五、九、

永利化学工业公司南京铔厂驻京办事处关于申领护照赴日接收永利化学工业公司南京铔厂被拆设备报外交部的呈文（一九四六年十月十五日）

抄寄錏廠

219

永利化學工業公司用牋

京卅五字第拾肆號　第一頁

逕啓者：竊查本公司南京硫酸錏廠內之硝酸廠機件，曾爲日敵拆卸運往日本九州大牟田，已由本公司呈經濟部准予發還，經調派本公司川廠廠長兼技師長謝爲杰博士前往東京洽收，業於上月廿一日以京卅五字第九號函呈請鈞部人事科領發護照在案。茲以該項工作艱巨，頗重凡機件之拆卸裝運，均須當場監理，深恐一人難於短期內完成任務，爲求迅速起見，擬增派本公司化工研究部部長趙如晏君前往協同辦理，用特檢附趙君履歷乙紙，備文呈請

鑒核，仰祈

中華民國卅五年十月十五日

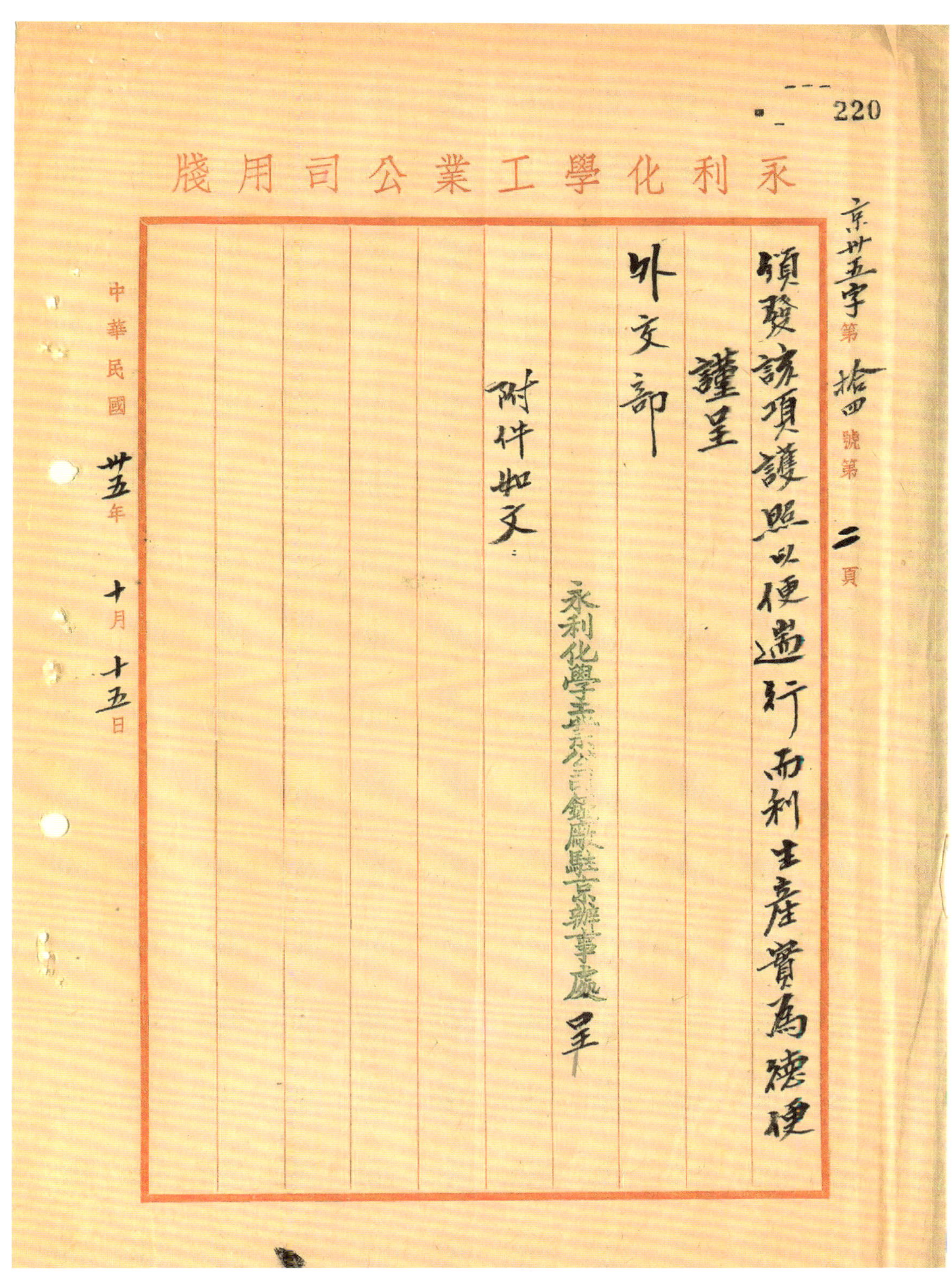
220

永利化學工業公司用牋

京卅五字第拾四號第二頁

領發該項護照以便遄行而利生產實爲德便

謹呈

外交部

附件如文

永利化學工業公司錏廠駐京辦事處呈

中華民國卅五年十月十五日

永利化学工业公司南京錏厂驻京办事处关于派员赴日交涉被日劫运发还该厂的机件设备等的呈文及外交部批文（抄件）（一九四六年十月二十一日）

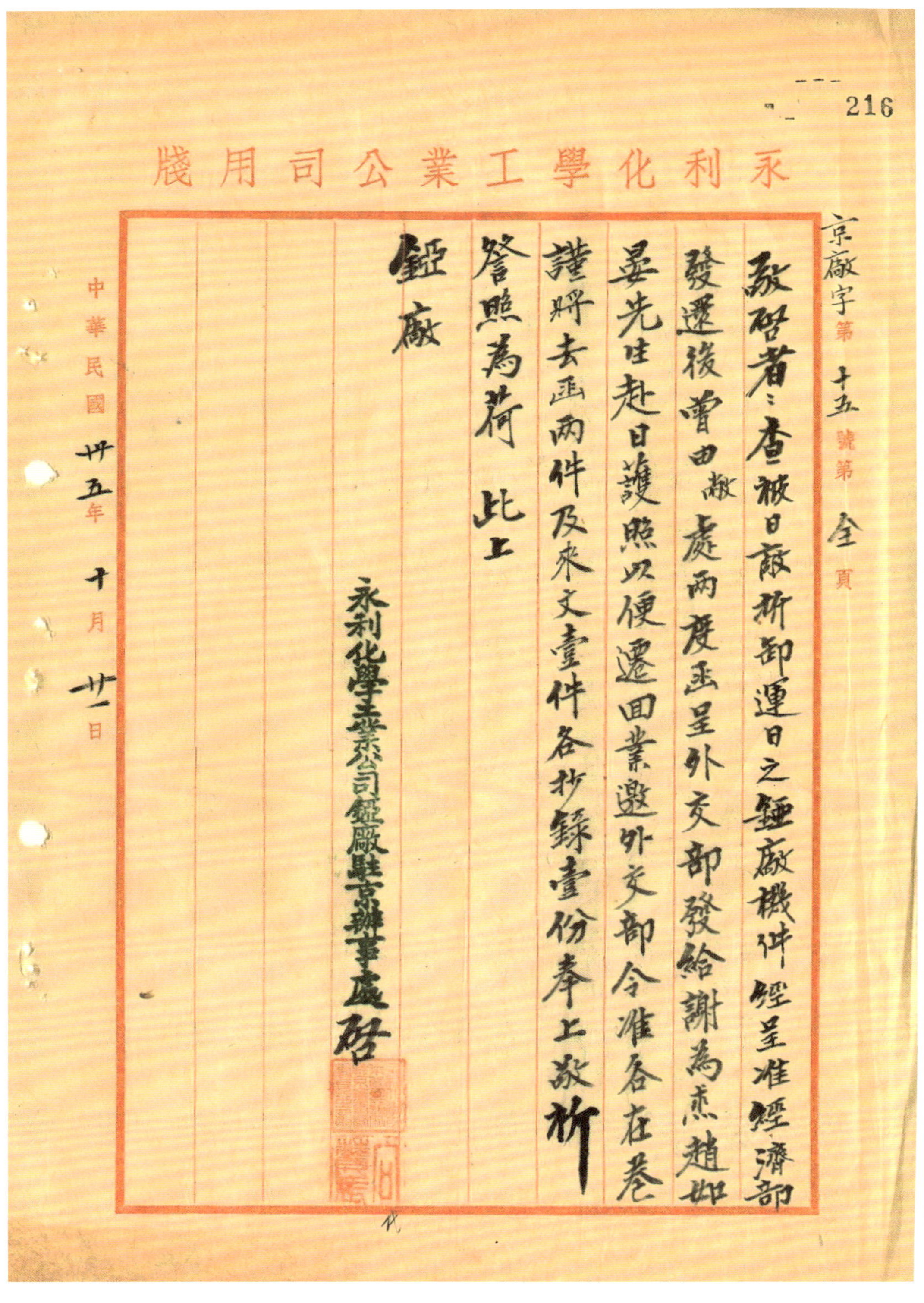

216

永利化學工業公司用牋

京廠字第十五號第全頁

敬啓者：查被日敵拆卸運日之錏廠機件，經呈准經濟部發還後，曾由敝處兩度函呈外交部發給謝爲杰、趙如晏先生赴日護照，以便還回。業邀外交部令准，各在卷。謹將去函兩件及來文壹件各抄録壹份，奉上，敬祈

詧照爲荷。此上

錏廠

永利化學工業公司錏廠駐京辦事處啓

中華民國卅五年十月廿一日

218

抄寄 抄件

（抄外交部卅五年拾月廿一日#10210公函）

永利化學工業公司用箋

逕准

貴處本年九月廿一日十月二五日公函為派謝為杰、趙如晏赴日辦理拆卸硝酸廠機件請發護照等由，自當照辦。茲為便利拆遷工作起見，令派謝為杰、趙如晏為駐日代表團第三組專門委員，該員并作為臨時派駐人員辦法辦理，所需薪勤、川裝等費仍由原機關自行負担。除分電東京朱代表世明知照外，相應函復，即請

查照為荷。此致

永利化學工業公司錏廠駐京辦事處

中華民國　年　月　日

永利化学工业公司南京铔厂关于抗战损失统计报经济部的呈文（一九四七年一月十六日）

附：永利化学工业公司南京铔厂战事损失表

永利化學工業公司錏廠

廠沪会（56）字第11號第一頁

逕啓者：前奉卅五年八月苗沪函字第一二二号函嘱將敝廠抗战損失造具翔实表冊，陳由尊處彙報經濟部備案，以便提出交涉等由。遵經編製戰事損失總表一份、分表三份、附表九份，隨函送請鑒核。查該項損失共達國幣貳拾叁億壹仟柒佰肆拾柒萬壹仟柒佰另拾陸元肆角肆分。其中以第一項器材損失係按廿六年底之資產負債表數字編列，當今通貨膨脹了無止境，而取得賠償又遙無確期，似應以此數字按當時之美金折合率折成美金，並酌加戰后美國物價增漲之倍數，提出賠償數字較近正確。復按該項數字係斷定全廠各項設備实逾折舊年齡，已陳舊不堪應用，即勉餘開工出貨，以產量減少，修繕維持費用過鉅，成本

中華民國卅六年一月十一日

中華民國卅六年一月十六日發出

009

永利化學工業公司錏廠

字第　號第二頁

高昂，故此項器材設備已無經濟之價值，責令全部照原值賠償，甚具充足理由。敝廠Dell先生就工程師之立場再擬出意見書，特以一併隨函奉上，藉供參考。敝廠當日寇侵佔劫持時，敝廠首告建設成功，為世界上最新式之化肥工廠。經十年濫用失修，今日收回，已成破爛廢物，如僅取得金錢之賠償，新機訂定運輸裝置，轉向需時，同樣舊觀再非易事，頗不如要求實物賠償，較為得當而簡捷也。為祈

尊處搜集強硬理由，轉向　政府申請，擬出交涉，並請將合本情形隨時示知為荷。此陈

統處

錏廠

附件七文

中華民國　年　月　日

中華民國卅六年一月十六日發出

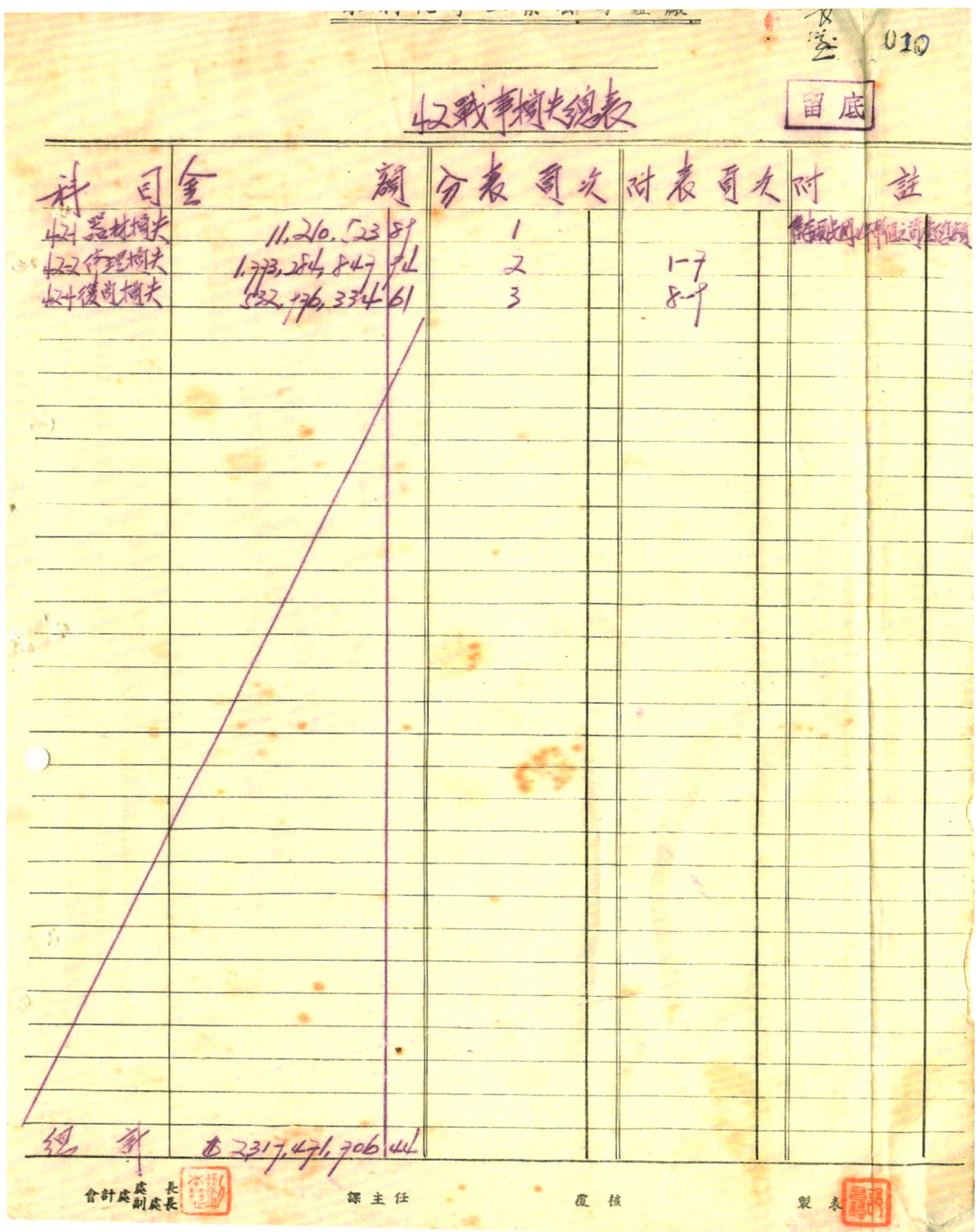

010

留底

42戰事損失總表

科目	金額		分表頁次		附表頁次		附註	
421 器材損失	11,210,523	89	1				係按照民國卅年幣值之商業總額	
422 修理損失	1,773,284,847	94	2		1—7			
424 復舊損失	532,976,334	61	3		8—9			
總計	¢2,317,471,706	44						

會計處處長 會計處副處長　　課主任　　覆核　　製表

011

分表1.　山-1 器材損失

科目	金額
廠屋	1,977,361.87
機械	6,896,544.67
運輸設備	60,806.24
電氣設備	97,332.23
工具	59,540.78
器具	85,098.29
儀器	27,428.73
模型	1,475.51
圖書	2,149.33
醫院設備	4,579.10
原料	279,386.56
物料	625,819.70
未完自製物品	1,173.23
在製品	811.29
製成品	35,941.57
戰事損失	360,536.79
設計費	597,994.71
調查費	15,374.76
預付款項	9,278.09
存出保證金	11,160.00
應收賬款	14,270.99
暫記欠款	50,731.78
職工儲備	767.67
合計	11,210,523.89

會計處處長副處長　　課主任　　覆核　　製表

012

003

分表又

42-2修理損失

傳票 月	日	種類	號數	摘要	借方	貸方	附註	
10	31	貨	卅	35年1-7月本廠各部修理費用	8,425,732.07		見附表	1
				土木部各項修理費	115,804,817.61		〃	2
				模樣部各部修理費	3,022,322.40		〃	3
				翻砂股各部修理費	22,546,295.11		〃	4
				鉄工股各部修理費	74,558,771.33		〃	5
				電工股各部修理費	26,114,337.57		〃	6
				試工作業人工及費用	1,520,762,269.25		〃	7
				合計	¥1,773,284,847.91			

會計處處長/副處長　課主任　覆核　製表

013

~~004~~

第一頁

分表 3

42-4 [illegible]損失

月	日	傳票種類	號數	摘要	借方	貸方	附註
9	3	付	124	[illegible]	400,000.00		
		〃	136	九月份[illegible]損失各項	5,768,545.00		見附表(8)
10	31	支	643	[illegible]旅費	176,400.00		
			644	〃 [illegible]旅費之一部	241,930.00		
	〃	付	27	〃 [illegible]	1,681,570.00		
	〃	〃	58	[illegible]旅費	3,235,600.00		
	〃	〃	76	[illegible]	618,858.00		
	〃	〃	103	[illegible]	41,724,770.58		~~見附表(2)~~
	〃	〃	104	[illegible]		3,463,800.00	
				[illegible]		560,000.00	
	〃	〃	148	[illegible]	446,372,131.03		見附表(9)
11	15	〃	5	[illegible]	250,000.00		
			6	[illegible]	84,000.00		
		支	317	[illegible]旅費之一部	451,400.00		
	22	〃	450	[illegible]旅費之一部	124,000.00		
	30	〃	551	[illegible]	331,000.00		
			577	[illegible]	1,250,000.00		
				過次頁	501,766,304.61	4,023,800.00	

會計處處長　副處長　　課主任　　覆核　　製表

分表3

42-4 復員損失

月	日	傳票種類	號數	摘要	借方	貸方
				承前頁	501,766,704.61	4,023,800.00
11	30	支	605	東北爲遷廠十八位職員[illegible]遣散旅費	2,698,720.00	
				共4,735,000－扣2,036,280－欠貸		
			625	趙重工等[illegible]共2,384,300－扣2,160,800－	223,500.00	
				欠貸		
			652	楊遠珊報支[illegible]等[illegible]回遣散旅費	211,100.00	
				共2,211,000－扣借支式百萬元欠貸		
		付	11	吳培華報支其眷屬二人[illegible]遣散旅費	610,000.00	
				共734,000－之一部		
			21	章[illegible]報支[illegible]遣散旅費	157,800.00	
			31	[illegible]報支本人及眷屬二人[illegible]遣散旅費	1,238,420.00	
			40	張[illegible]報支[illegible]工[illegible]人旅費共8,188,650－	10,836,830.00	
				又[illegible]旅費共2,648,180－		
			60	[illegible]報支[illegible]眷三人[illegible]遣散旅費共2,281,000－	1,050,000.00	
				扣借支共1,050,000－		
			63	東北爲遷廠十八位[illegible]遣散旅費共[illegible]	1,840,000.00	
				扣已報共[illegible]－借支		
			68	李[illegible]報支[illegible]工二十五名遣散旅費共[illegible]	1,488,300.00	
				扣回借支		
			71	[illegible]報支[illegible]遣散旅費共2,344,155－扣回[illegible]	300,000.00	
				[illegible]借支		
			88	楊遠珊報支[illegible]遣散旅費	200,000.00	
				共2,211,100－已扣借支式百萬元借支		
			102	[illegible]報支[illegible]	300,000.00	
			115	許[illegible]報支[illegible]遣散旅費	1,998,700.00	
			128	許[illegible]報支[illegible]遣散旅費	538,500.00	
			〃	李[illegible]報支眷屬二人[illegible]遣散旅費	727,000.00	
12	17	支	314	[illegible]報支眷屬二人[illegible]遣散旅費	588,000.00	
				過次頁	526,773,574.61	4,023,800.00

會計處處長　副處長　　課主任　　覆核　　製表

C 025

分表 3

42-4 復員損失

第三頁

傳票 月	日	種類	號數	摘要	借方	貸方
				承前頁	528,874,594.61	4,023,800.00
12	20	支	325	陳日新眷屬三人由川回重慶旅費	432,200.00	
	24		326	張錫齡眷屬一人報支由渝回重慶旅費	624,000.00	
	25		446	鍾轉厚報支眷屬三人由川回重慶旅費	435,800.00	
	31			補發李滋繳留守組廠損失衣物費	500,000.00	
		付	28	彭如亮報支由蓉回重慶旅費 $587,000— 赴滬運接研究廠旅費 $127,000—	714,000.00	
			27	吳植江報支由川返東京旅費	644,600.00	
				劉翔華〃	618,140.00	
				辛樹帆報支眷屬一人由渝回重慶旅費	750,000.00	
				江國棟由京赴川接眷旅費	1,707,100.00	
				周志瑞報支家屬由渝回重慶旅費	877,680.00	
1	14	付	4	駐滬辦事處付 TB-3600-A-M 二百枝一粗	300,000.00	
					537,000,134.61	4,023,800.00
				差額		532,976,334.61
				合計	$537,000,134.61	$537,000,134.61

會計處處長副處長　　課主任　　覆核　　製表

永利化學工業公司錏廠

附表1

修理損失表

016

（各部領用物料户）

賬号	部别			金額	
01	深井			13,094	48
02	煉水部			20,560	00
03	鍋炉房			454,235	61
07	觸媒廠			5,391	89
08	焦氣廠			80,976	00
09	氧化廠			826,059	17
10	合成錏廠			848,731	35
11	硫酸廠			1,690,433	53
12	硫酸錏廠			982,742	61
14	外管線			1,258,719	08
64	鐵工廠			751,413	26
65	電工部			34,387	00
72	物料部			8,159	31
73	化學部			172,042	70
81	医药			44,024	90
84	職工膳宿			326,715	78
87	警衛隊			157,370	26
89	駐京辦事處			383,320	00
90	廠長室			480	00
91	事務部			900	00
92	會計處			13,000	00
99	公共費用			402,975	14
	合計			$8,475,732	07

會計處處長/副處長　　課主任　　覆核　　製表

永利化學工業公司錏廠

017

附表2

修理費表

土木部各項修理費

工作單號數	部別	金額
CE-7000	土木部	375,796 64
M-7000	鉄工場	292,204 13
E(E)-7000	電工部	45,000 50
E(P)-7000	供電組	375,755 55
W-7000	深井	3,706,152 69
WS-7000	煤水部	3,354,423 53
B-7000	鍋爐房	3,509,610 77
L(R)-7000	化學部研究室	92,967 53
C-7000	觸媒廠	95,535 39
OP-7000	外管組	3,306,959 13
G-7000	煤氣廠	9,792,394 16
GO-7000	氧化部	7,355,356 95
H-7000	合成組	7,572,399 52
S-7000	硫酸廠	15,552,663 37
AS-7000	硫酸錏廠	6,154,175 35
D-7000	設計部	56,445 15
CK-7000	土法煤焦部	6,095,401 95
GA-7000	一二三碼頭	1,594,553 52
〃-7001	工會俱樂部合	1,295,506 54
〃-7002	職員住宅	33,267,559 47
〃-7003	警衛隊	157,749 25
〃-7005	工人室	5,176,731 23
〃-7006	工人住宅	444,705 59
〃-7007	營房	4,400 00
〃-7008	什項	10,994,602 93
〃-7011	材料管理部	3,213,174 34
〃-7012	醫院	707,511 74
合計		$115,204,519 61

會計處處長 副處長　　課主任　　覆核　　製表

永利化學工業公司錏廠

修理損失表

附表3　　　　　　　　　　　　　　　　№ 018

模樣房各部修理費

工作單號數	部別			金額
P-7000	模樣房			68,462.15
F-7000	翻砂廠			58,722.60
M-7000	鐵工廠			35,410.20
E(E)7000	電氣工程			8,016.00
E(P)7000	供電設備			20,887.22
W 7000	深井部			25,093.82
WS 7000	煉水部			68,408.83
B 7000	鍋炉房			38,015.15
L(R) 7000	化工研究室			12,024.00
G 7000	煤氣廠			28,993.00
CO 7000	氧化部			440,450.15
A 7000	合成錏廠			33,607.00
S 7000	硫酸廠			1,006,540.17
CK 7000	煉焦部			1,144,633.46
GA 7000	第一二三碼頭			26,810.15
GA 7006	工人住宅			3,006.00
GA 7008	雜項			3,303.00
				#3,022,322.90

處長 副處長 會計處　　　　主任 課　　　　核 覆　　　　製 表

永利化學工業公司錏廠

修理損失表

附表4　　　　019

翻砂廠各部修理費

工作單號數	部別			金額	
P-7000	模樣房			11,094	69
F-7000	翻砂廠			9,170,496	72
M-7000	鐵工廠			386,338	90
E(E)7000	電氣工程組			64,780	03
E(P)7000	供電設備組			106,600	42
W-7000	深井部			2,648,030	58
WS-7000	煉水部			473,409	17
B-7000	鍋炉房			263,841	12
L(R)7000	化研部研究室			1,018	69
L(A)7000	化學部分析室			53,941	00
C-7000	觸媒廠			9,913	35
OP-7000	外管線			88,260	77
G-7000	煤氣廠			921,131	09
Co-7000	氧化部			127,266	93
A-7000	合成錏廠			669,772	24
S-7000	硫酸廠			6,497,789	27
AS-7000	硫酸錏廠			174,776	67
CK-7000	煉焦部			78,484	49
GA-7000	第一二三碼頭			293,004	80
GA-7001	三層樓職員宿舍			44,922	42
GA-7002	職員住宅			6,385	80
GA-7005	工人室			3,573	80
GA-7009	雜項			348,011	28
GA-7011	材料管理部			109,450	88
				$22,546,295	11

會計處處長/副處長　　課主任　　覆核　　製表

永利化學工業公司錏廠

附表5

修理損失表

No. 020　P.1

鐵工廠各部修理費

工作單號數	部別			金額
CE-7000	土木部			1,052,250.47
P-7000	工務處			160,154.24
F-7000	翻砂廠			1,654,259.45
M-7000	鐵工廠			9,005,205.34
E(E)-7000	電氣工程組			1,441,305.91
E(P)-7000	儀器設備組			1,343,975.01
W-7000	深井			2,433,627.53
WS-7000	煤水部			3,676,339.71
B-7000	鍋爐房			3,753,525.07
L(R)-7000	化學部研究室			131,127.67
L(A)-7000	化學部分析室			27,731.30
C-7000	觸媒廠			430,205.25
OP-7000	外管線			676,211.10
G-7000	煤氣廠			3,937,565.63
Co-7000	氧化部			4,265,752.56
A-7000	合成錏廠			6,345,135.49
S-7000	硫酸廠			14,629,102.43
AS-7000	硫酸錏廠			2,307,564.55
D-7000	設計部			125,443.20
CK-7000	煉焦部			43,345.54
GA-7000	第一二三碼頭			954,921.57
〃-7001	工會俱樂宿舍			215,575.77
〃-7002	職員住宅			967,705.57
〃-7004	輪船			104,111.99
〃-7005	工人室			75,077.24
〃-7006	工人住宅			65,559.17
〃-7007	菜場			643.00
〃-7003	警衛隊			4,037.00
	過次頁			72,607,559.02

會計處處長 副處長　　課主任　　覆核　　製表

附表5

管理損失表

021

鐵工廠各部管理費

	承前頁			3,23[illegible]2,579.02
GA-7009	什項			464,426.36
〃-7011	材料管理部			217,170.31
〃-7012	医院			292,416.66
	合計			3,244,971.33

會計處處長 副處長　　課主任　　覆核　　製表

永利化學工業公司錏廠

附表 6

修理損失表

No. 022

電工房各部修理費

工作單號數	部别			金額
F-7000	翻砂廠			71,945.77
M-7000	鐵工廠			1,154,991.91
E(E)-7000	電氣工程組			457,518.67
E(P)-7000	供電設備組			8,924,471.84
W-7000	深井部			477,315.80
WS-7000	給水及濾水部			599,788.30
B-7000	鍋炉房			229,346.63
L(A)-7000	化學部分析室			12,355.80
C-7000	觸媒廠			39,554.71
OP-7000	外管線			767,854.79
G-7000	煤氣廠			578,136.13
CO-7000	氧化部			296,171.68
A-7000	合成錏廠			2,106,538.22
S-7000	硫酸廠			758,068.33
AS-7000	硫酸錏廠			1,430,503.30
D-7000	設計部			27,184.50
GA-7000	第一二三碼頭			372,723.76
GA-7001	三層樓職員宿舍			1,213,951.04
GA-7002	職員住宅			1,375,738.73
GA-7003	警衛隊			83,785.34
GA-7004	輪船			6,446.20
GA-7005	工人室			1,152,720.65
GA-7006	工人住宅			1,199,851.22
GA-7009	雜項			4,419,968.07
GA-7011	材料管理部			234,959.52
GA-7012	醫院			122,446.66
				$28,114,337.57

會計處處長/副處長　　課主任　　覆核　　製表

永利化學工業公司錏廠

附表 7

修理損失表

023

試工原料人工及費用

第　頁

摘要			金額
硫錏部兩度試工使用合成錏計149,106噸 @$3,201,769.80			477,403,087.80
硫錏部卅五年八月份試工使用包裝蔴袋計8,854只 @$2,234.02			19,780,013.08
硫錏部卅五年八月份試工使用100%硫酸384.769噸 @$82,799.796			31,858,710.99
硫錏部卅五年八月份試工時雨衬傢什支			1,000.00
合成錏部卅五年八月份試工使用焦炭搬力			270,785.00
鍋爐房卅五年七月份試工使用烟煤計1,711.603噸 @$188,184.60			322,097,325.91
煤氣廠卅五年七八月份試工耗用焦炭955,107噸 @$229,252.50			218,960,667.52
硫錏部及合成錏部卅五年八月份試工期間之人工及費用。			
薪金			19,140,929.05
工資			166,395,303.15
開銷物料			12,520,056.53
旅費			4,176,245.00
文具印刷			3,462,809.69
郵電			262,820.00
交際費			2,163,219.00
電力及電燈			110,298,646.50
醫藥費			3,476,500.00
燃料			6,089,532.46
膳費			9,525,540.00
郵費			6,374,410.00
運費			35,880.00
汽車用費			735,600.00
過次頁			1,415,011,081.18

會計處處長　副處長　　課主任　　覆核　　製表

永利化學工業公司錏廠

附表7

修理損失表

024

試工原料人工及費用

摘要	金額
承前頁	1,415,011,081.18
捐	4,555,750.00
房租	600,000.00
用水	33,113,810.56
滙水及利息	6,501,000.00
折舊	502,625.35
什項	49,296,862.26
硫酸部試工以硫字領單#397領作焙爐用木柴162噸	11,181,240.00
	1,520,762,369.35

會計處處長 副處長　課主任　覆核　製表

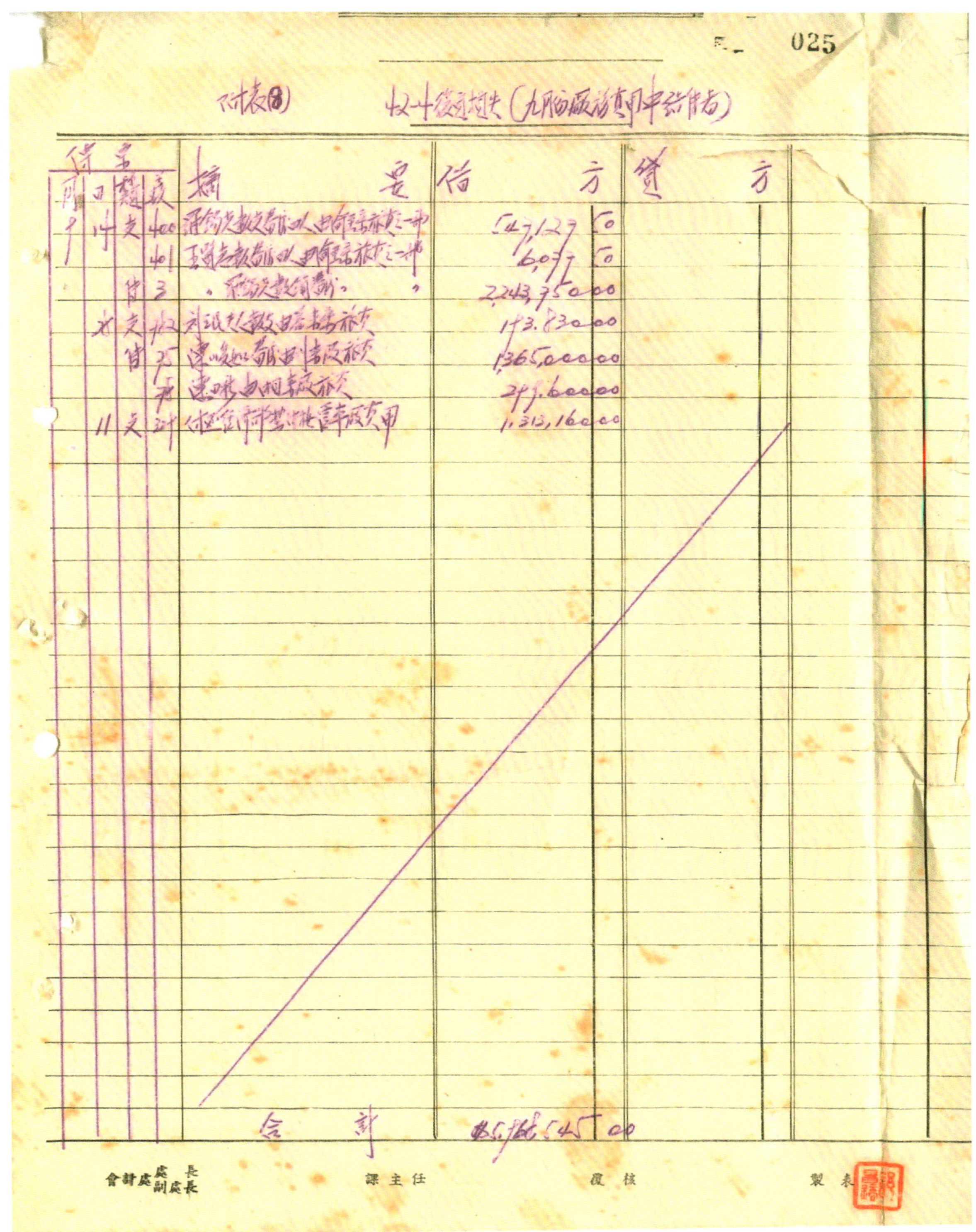

025

附表(四)　收付[illegible]（九月份[illegible]費用[illegible]）

傳票 月	日	種類	號數	摘要	借方	貸方
9	14	支	400	[illegible]旅費之一部	547,127.50	
			401	[illegible]旅費之一部	6,077.50	
		付	3	〃 [illegible] 〃	2,243,750.00	
	16	支	412	[illegible]旅費	143,830.00	
		付	25	[illegible]旅費	1,365,000.00	
			26	[illegible]旅費	247,600.00	
	11	支	224	[illegible]費用	1,313,160.00	
				合計	$5,866,545.00	

會計處處長　副處長　課主任　覆核　製表

谢为杰、赵如晏关于中国南京永利化工厂被掳掠氨氧化设备的简要说明（一九四七年一月二十九日）

永利硝酸厂被劫部分事交盟军总部备案 一月廿九

68-1-21

存根 碱厂 037

A BRIEF NOTE ON THE LOOTED AMMONIA OXIDATION EQUIPMENT OF THE YUNGLI CHEMICAL WORKS, NANKING, CHINA.

The Nitric Acid Division of the Ammonia Oxidation Process is a part of the Ammonium Sulfate Plant of the Yungli Chemical Industries, Ltd. It is located at the bank of the Yangtze River near Pookow, opposite of Nanking. The development of this plant has been greatly encouraged by the Chinese Government as well as by the people for it is the first synthetic fertilizer plant in China. It was designed by an American company, the Chemical Construction Corp. of New York in 1935, and constructed under the supervision of their engineers who made the test runs of the plant until August 1937 when Shanghai was attacked by Japanese. As the war of the Shanghai-Nanking area was getting more intensified, they went back to America. The Japanese planes bombed the plant three times in that year, (Aug. 21st, Sept. 27th, and Oct. 21st, 1939), caused considerable damage to the various parts of the plant but left the Nitric Acid Division untouched. When the Japanese Army was getting closer to Nanking, the Yungli people left their plant and went to the West China with the Chinese Government. As the City of Nanking was seized by the Japanese in Dec. 13th 1937, the whole plant was occupied by them for nearly eight years. After the V-J Day, Sept. 3rd 1945, the Yungli people came to Nanking and took back the plant from the Japanese in presence of the representatives from the Chinese Government. It was found that the ammonia oxidation equipment of the Nitric Acid Division was taken away by the Japanese. By the inquiry of the Japanese who worked in the plant during the war, and some of the documents they left, including a book they published in 1944 named "The History of Yumgli K.K." (永礼化学工業株式会社史誌) the following facts are discovered:

Two Japanese firms, the Mitsui K.K. (三井) and the Toyo Koatsu K.K. (東洋高压) had kept their eyes closely on every development of the Ammonium Sulfate plant of the Yungli Chemical Industries in Nanking, long before the attack of Shanghai. They made secret investigations of this plant through their Shanghai office and exchanged informations from time to time. On the third day of the fall of Nanking, Dec. 15, 1937, the Japanese Navy came to the plant and occupied it. The Mitsui and the Toyo Koatsu, (whose major capital was invested by Mitsui), requested the Japanese Navy to permit them to inspect the plant. The inspection group came to China in March 1938 and spent a few days in the plant. They reported that the Nitric Acid Division was in a good shape while the other damaged parts of the plant might be repaired within eight months. They requested the Japanese Navy to hand over this plant to them for repairing and operation. Upon their report and requisition, the Office of the Secret Service of the Army and Navy assigned the plant to the Mitsui K.K. and the Toyo Koatsu K.K. to organize a new Japanese company, named "Yumgli K.K." (永禮) which imitated the sound of the Chinese "Yungli" (永利) with the second Chinese character different. They sent technical men from the Toyo Koatsu's Omuta plant, Kyushu, to Nanking in 1938, and repaired the plant in a year. They started to produce ammonia, sulfuric acid and ammonium sulfate in Oct. 1939. In the same year, under the joint supervision of the Japanese Army Arsenal, the Asia Promotion Council (Koayen), and the Office of the Secret Service of the Army and Navy, the Japanese 'Yumgli' started to construct a black powder plant outside of the ammonium sulfate plant in Nanking, intended to use the Nitric acid to make 4,000 tons of high explosives per year. This plant had never been completed on account of the shortage of material and equipment in the war time. In 1942, the Japanese Government ordered the Toyo Koatsu K.K. to buy over the major parts of the ammonia oxidation equipment from the Japanese Yumgli K.K.*, which is obviously an illegal transfer, and shipped them to their Omuta Plant, Fukuoka Pref. Kyushu. They set up the equipment, made nitric acid since 1944, and supplied the most essential raw material for making high explosives for the Japanese war purpose.

Submitted by ______________ ______________
Wei Cheih Hsieh Ju Yen Chao
Technical Experts, Third Section
Chinese Mission in Japan

* Which other equipment like pumps and air blowers etc. belong to the nitric acid division were found missing although they were not sold to ...

永利化学工业公司南京錏厂劳力、电力损失统计表（一九四七年一月三十日）

028

民國卅六、一、卅

電力 K.W.H.	勞力		開工年月	損害有無	現況	修理後能力	備考
	人	人時/月					
75000	23	4906	1938.5	無	100 T/M	680 T/M	作業中
105000	50	11400	40.3	〃			
75000	36	8640	37.9	損重	0	1200 T/M	休業中
13080	23	16560	38.3	無	730 T/M	1200 T/m	作業中
84000		10800	36.10	須修理	0	1000 T/m	休業中
93300	44	10560	37.8	無〃	700 T/m	1340 T/m	作業中
60000	24	5760	17.8	〃	270 T/m	600 T/m	半休，半作
67390	56	18000	35.10	無	900 T/m	1040 T/m	作業中
45000	16	5760	36.2	須修理	130 T/m	800 T/m	〃
95000	64	20460	37.12	無	1050 T/m	1400 T/m	〃
30700	30	5800	35.11	〃	250 T/m	250 T/m	〃
180000	60	14400	37.11	〃	900 T/m	1040 T/m	休業中
112000	60	16200	38.10	修理中	0	1300 T/m	〃
175500	60	16200	37.8	須修理	0	1300 T/m	〃
53430	24	8640	34. / 39.	本裝置破 / 損須修理	300 T/m	450 T/m	作業中
104400	11	12240	39.6	無	0	620 T/m	休業中
129000	36	12960	39.2	稍損	0	2100 T/m	〃
240000	62	20880	38.7	無	0	2100 T/m	〃
117000	33	8220	40.6	微損	160 T/m	1260 T/m	作業中
243525	89	24030	37.12 / 40.8	無	3000 T/m	3000 T/m	〃
2059200	692	155008	34.8	〃	1900 T/m	3120 T/m	休業中 僅1,3組為賠償工場
			34.11				
			35.10				
			36.10				
			39.6				
			39.6				
			38.6				
180000	150	30000	16.6	若干損	750 T/m	1500 T/m	作業中
							僅未裝設備作為賠償

行政院河北平津区敌伪产业处理局关于迅速将日军伪增资及战时损失分别造册估价发永利化学工业公司的通知（一九四七年二月十四日）

附：行政院代电抄件（一九四七年二月一日）

068

行政院河北平津區敵偽產業處理局通知 局一字第三五八六號
民國三十六年二月十四日

事由：為通知迅將敵偽增資及戰時損失分別造册估價呈局以憑核辦由

通知永利公司

案奉行政院從拾字第三〇九號丑東代電略開「永利久大永裕等公司所稱各廠關于敵人投資部份可從寬徵價迅速辦理結束具報」等因奉此除先行呈復外合行抄發原代電仰即迅將敵偽增資及戰時損失分別造冊估價呈局以憑核辦

特此通知

附抄代電一件

抄原代電

行政院代電　發文從拾字第三三〇九號　中華民國三十六年二月一日

河北平津區敵偽產業處理局：準國民政府三十六年一月二十一日府交字第九三五五號代電開：關於李燭塵君前呈報永利久大等公司在塘沽各工廠遭敵偽破壞損失甚大，請將原產業先予清算發還，并懇在日人賠償工廠中擇其類工廠優先撥交永利久大兩公司各一廠一案，經先後令飭辦理在卷，茲復據李燭塵續具節略，備述各案詳情，請轉飭准照所請辦理等語，茲再將原件附發，希注意所陳各項，理參照歷次條批商情之指示，切實迅予核辦結案並具報為要等因。查永利、久大、永裕公司所辦各廠關於敵人投資部份，前奉主席電令應體念商情，從寬徵價，自應遵照。至未確定範圍之次，各該公司敵人投資部份，如係流動資金，業已虧蝕淨盡，就現存利益加以計算；如敵人增添設備不足補償原有設備之損失者，可免計價，即予全部撥交；惟須查明數字，以備將來取得日本賠償時照數扣還，即由有關敵偽產業處理局機關與各該公司會同辦理，並限於文到兩週內辦竣具報，以憑轉呈備案。除分行外，特電遵照為要。行政院　丑東拾

永利化学工业公司出品日产量（含永利化学工业公司南京铔厂机器被劫运日本的内容）（一九四七年二月十八日）

061

永利化學工業公司錏廠稿紙

事由　中華　發文字號　發往　複閱人：

存根

抄送碱廠

永利化學工業公司出品日產量

單位····公噸

	戰前最高產量	戰後最高產量	現在產量
液態氨	44	23	15
硫酸 100%	121	50	39
硫酸錏	169	109	57
硝酸	10	機器被敵劫運日本，現正在交涉設法運回中	
純鹼	200	100	70
燒鹼	20	10	10
潔鹼	3	3	3

36/2/18填

永利化学工业公司南京铔厂战时损失报告（抄件）（一九四七年三月六日）

存根

總秘處送

送交總處參考件

074

錏廠戰時損失報告

溯自民國廿六年，抗戰軍興，吾公司硫酸錏廠以製造軍火原料之故，於是年秋間，連遭敵機轟炸三次，而幸敵人技術低劣，均未直接命中，損失尚輕。在每日連續警報聲中，吾廠員工仍不顧生死，不斷自救，修理被炸部份，時開時停者，達數月之久。蓋當時政府需要軍火原料，急如星火，吾廠員工均以大義與責任攸關，不能不以出生入死之精神，以維持機器之轉動，其行為實無異當時浴血前方之將士。迨敵逼深入腹地，國府西遷，吾廠員工迫不得已匆忙隨政府入川，吾公司經營數年，費資鉅萬所創立之硫酸錏廠，乃全部陷入敵手，且被強佔使用，達八年之久。至卅四年秋，日敵投降，公司始於同年十月，派人隨政府接收大員東下，赴廠內辦理接收工作。當時曾利用敵人原有技術人員，幾次試圖開工，均告失敗，遍查各部機件，除硝酸廠被日敵截至日本利用不知情形外，其他莫不百孔千瘡。誠以化學工廠壽命至多不過十年，況敵人當時不明吾廠機器性能，胡亂使用，致使吾公司開工不到六個月之新廠，至接收時，幾等於一堆廢鐵。後經吾公司復員員工費時十月之久，耗資鉅億，始於去年七月底修完，八月初即試行開工，終以各部機件損壞過甚，雖經長時間之修理，仍不免故障頻生，東參西漏，此不獨工作極端困難，且因時常修補之故，所耗電力及動力（蒸汽），較戰前增加影響產量極鉅，戰前吾廠設計每日產量為一百五十噸硫酸錏，今則僅五十餘噸矣。加之因機器損壞之故，

075

百分之廿五。方之任何工廠，其產量如不能達到理想數量，而其所耗之電力動力以及人員材料修理費等等又不能減少時，則任何工廠亦不能繼續支持。今各廠產量僅及戰前三分之一，而電力及動力反增加百分之廿五，其他尚不計入，在此種情況之下，經營工廠，虧累可知。惟各公司創設硫酸錏廠之本意，固含有國防工業性質，在戰時製造軍火原料，直接貢獻國家；但其平時之使命，則為製造肥田粉（即硫酸錏），以利農村，其重要性並不稍亞於前者。欲利以農，農村欲得復興，但因肥料缺乏，農民無法施肥耕種。各公司有鑒於此，故亟須擴充，以待政府之實際援助，俾兩保國計民生之事業，不至中斷。現盟軍總部對於日本賠償物資之分配，已有決定，以各公司戰時所受損害之深及戰後所負使命之重，自應有優先籲請賠償之權。故懇請政府迅速向盟軍總部交涉，指令拆歸日本現有而又完備與各公司相等之硫酸錏廠，作為賠償各公司戰前硫酸錏廠設備之損失。茲將各公司硫酸錏廠各部機器及設備損壞情形，列表如後，以憑交涉。總之各廠機件及設備破壞至如此程度，為維持生產及各公司生存計，除從新一一換置新件外，別無辦法，亟需修補，不惟影響產量，且後之戰廠實況，亦已至不能再修再補之時期矣。

二

永利化学工业公司南京铔厂美籍技师Dely关于该厂损失意见书的译本（一九四七年三月六日）

附：永利化学工业公司南京铔厂因日人侵占遭受的损失估值

永利化學工業公司錏廠美籍技師Dely氏意見書譯本（民國卅六年三月六日於南京頤和路23號）

曾任紐約化學建設公司職員暨約聘工程師現任永利錏廠美籍顧問化學工程師Dely茲將永利錏廠遭受日人長期佔用所蒙損害及工廠現在價值估計意見條陳如左：

(一)余於一九三七年（民國廿六年）二月至九月中旬服務合約居住卸甲甸錏廠，負責與紐約化學建設公司其他工程師合作，從事於永利公司新建落成之錏廠及附屬部門之生產工作。

(二)吾等外籍工程師當合約期間並未屆滿因中日戰事爆發被迫離去錏廠前，對錏廠所有出產設備均感滿意。當時所有各生產單位如煤氣廠、備煤廠、氣化部、高壓部、精鍊部、合成部與夫所屬各部門，如硫酸廠、硫酸錏廠及硝酸廠等，均照常工作，完好無缺，合於合同所定產量之擔保。

(三)迨日人不宣而戰且無端攻擊錏廠，而廠方又全無防禦，按步就班之工作已不可能，吾等始被迫離去。

(四)余此次重返錏廠後，凡工廠之情況殊劣，如氣化部所產之煤氣已不及中日戰前所估定之擴張係每日四千公噸產量之一半（即每日二千噸）。對於產品有關係甚切之觸媒劑亦已發失原有功能之一半，故如期達到戰前產量，必須重定新觸，其為此種觸媒，而更換費用所需約合美金七萬五千元（US$ 75,000.00）。且還熱器械亦待修理，如欲恢復原有工作效能，則所有熱交換器均須重新裝置，此項工程需費亦約為美金壹萬五千元（US$ 15,000.00）。此外，當余在一九三七年九月中旬離去時，所存儲備用之斬新觸媒重四十公噸，悉為日人佔用後被其消耗殆盡，以每公斤值美金二元七五（$2.75）計，共損失美金十一萬元（US$ 110,000.00）。觸媒之高壓器兩具之工作現已僅及戰前估算效能之半，欲恢復原產量，則永利最低須費美金約二十萬元（US$ 200,000.00），從事修補。

精煉部亦屬特重要，茲據圖四陽甚劇。保護精煉塔體之巨大再生水桶亦多剝蝕，塔體高壓部管且亟須徹底檢查與修理，全部工程之進行，約需美金貳萬元（US$ 20,000.00）。

合成部情況之劣已無以復加。巨大鋼合成器所含之觸媒，效能並低，產量之最大限量，每日僅二十五噸。此合成器為合成部最重要之部份。其內部必須完好，且須以高等合金鋼作成。當一九三七年（民國廿六年）余離廠時，內部全為嶄新完好，此外並儲備一套，以備萬一之需。及余歸來，非僅此儲備之全套器械已蕩然無存，即原用之合成器，亦復殘缺不全，不堪之用，估計其損失為觸媒容器之器具內部機件每套值美金貳萬五千元（US$25000.00），兩套共值美金五萬元（US$50000.00），再加兩觸媒裝重十二噸之值，以每公斤值美金二·七五元（US$2.75）共值美金三萬三千元（US$33,000.00）。

硫酸廠亦非例外，其時觸媒已不可復得。第六號須徹底檢查修理，其支出每日每噸（六千噸）產量需洋五百元（$500）之釩媒劑須予替換，於此時購買原料計需美金六萬一千六百五十元（123.3×500=US$61,650.00）尚須加運費及其他費用。又此種觸媒劑之供應執照費亦須另予計入。

硫酸錏廠亦腐敗不堪，飽和器之具之厚重鉛襯及鋼殼多所損毀，致每隔三日或四日即須停開其一，以便修理。於此，耗費甚鉅，以余估計局部及即時之修復費用，約需美金七萬五千元（US$75,000.00）至十萬元（US$100,000.00）。

至硝酸廠則蕩然無存，非僅所有器械悉被移去，即房宇亦遭摧毀，所餘敗壁頹垣，全無價值。

以上所舉僅摧壞與失修之弊害大者，所列估計尚未包括由於機械低效率之生產所造成之損失。各工作者均知大部費用如勞工、工程監督、管理、熱力、流力與物資本穩損度上之款損、資金之負擔、存貨成品、半成品等所需經常費用，並為龐大。祇有在少量及持續生產之形態下支付，方能應付裕如，且可期降低成本，獲得利潤。但錏廠在目前殊不足以語此，一切尚在承擔損失、撐涉經營苦境中。必須俟各部門生產設備足以恢復日人佔用時之原有高度效能，方可獲利。上述即時修理所需之數目，不過恢復舊觀所需總數之一小部份而已。

複次，據上述理由，永利錏廠目前之唯一急務，為如何能使其恢復原狀，然復原又惟基金是賴。基金之另設，即在任何健全之工業企業中，當創辦時必須預為妥籌。化學工廠之生命不過五年至十年，故當創辦時，對所有開辦費用及利息，收回資本費用及捐稅等開支，自應面面顧到，後稍有獲利之把握，始不致債事。

總之，永利錏廠在一九三七年（民國二十六年）原不失為一設備完善之工廠，非但能足量生產供應當時社會需要，且能顧及開工之費用，資本方面利息之負担，及債務之清償等項。原有之投資已達美金三百九十一萬六千零二十七元（US$3,916,027.00）。儻永利錏廠不因戰事影響得繼續生產以迄今茲，則其收益不僅足以負擔各部門之整補所需費用，且有餘裕，即按上述投資數目加年利率6%之複利與每年約10%之贏利，永利均可完全担負。惜開工未久，即受日人佔用，廢近八年，致設備腐敗不堪，收回復工後，維持費用，龐大驚人，此種現狀實由於日人之非法侵犯所造成。計損失美金約一千一百四十七萬三千三百四十二元零三分。(US$11,473,342.03)

顧問化學工程師 Dely

182 179 220

永利化學工業公司錏廠 第 頁

執事先生：

茲另附錄永利公司因日人侵略南京附近卸甲甸錏廠所遭受損失之估值，即希察閱。

此項估計包括已造成之損失，但現存工廠之價值，未曾計算。蓋目前工廠雖已開工，實處不利地位，仍承担若干之損失也。

對目前所有設備、商品及勞務之高價，姑不具論，所列附表係依據余對現時錏廠之估值，計算而成。

（附表見下頁）

在新廠中投資之分配應如下列比例：		現有工廠之估值，佔原廠價值之百分比：	原廠價值今日已跌落至：
煤氣廠	$14.4	2.5%	$3.60
氣化部	8.2	20%	1.64
高壓部	10.7	15%	1.61
精煉部	9.7	15%	1.46
合成部	8.1	35%	2.84
硫酸銨及硫酸廠	14.4	15%	2.16
附屬部門	14.5	40%	5.80
工程	12.1	0	0
準備	7.9	0	0
共	$100.00	今日之值	$19.11

值US$3,916,027.00工廠之現值據此計：

$$\frac{3,916,027.00}{100} \times 19.11 = US\$748,352.76$$

余以為此數應由日人償還。

上列數字之關列，係假定及時賠償且付現金，該目前所有物資及設備之高價可置弗論。否則計算之根據必須多改，且須予適當之調整。

雖然，倘公司寧願接受日本現有舊廠以代現金之賠償，則此等工廠須照上述方法重行估價，將設備現況及其年齡一併計入。

顧問化學工程師

Daly

222

~~181~~ 184

（附　　錄）

（1947年3月6日）

日人侵略對中國錏廠永利所受損失之計算方法

1936年工廠總值		US$	3,916,027.00
1937年9月值			3,524,424.30
1938年9月 -6%	利息		211,465.46
-10%	贏利損失		391,602.70
			4,127,492.46
1939年9月 -6%	利息		247,649.55
-10%	贏利損失		391,602.70
			4,766,744.71
1940年9月 -6%	利息		286,004.68
-10%	贏利損失		391,602.70
			5,444,352.09
1941年9月 -6%	利息		326,661.13
-10%	贏利損失		391,602.70
			6,162,615.92
1942年9月 -6%	利息		369,756.96
-10%	贏利損失		391,602.70
			6,923,975.58
1943年9月 -6%	利息		415,438.53
-10%	贏利損失		391,602.70
			7,731,016.81
1944年9月 -6%	利息		463,861.01
-10%	贏利損失		391,602.70
			8,586,480.52
1945年9月 -6%	利息		515,188.83
-10%	贏利損失		391,602.70
			9,493,272.05
1946年9月 -6%	利息		569,596.32
-10%	贏利損失		391,602.70
			10,454,471.07
1947年9月 -6%	利息		627,268.26
-10%	贏利損失		391,602.70
	合計	US$	11,473,342.03

天利化學工業公司鹼廠

三十六年十二月份資產表

科目	金額
廠屋	2,161,046.44
機械	6,896,544.67
運輸設備	60,806.24
電氣設備	92,332.23
工具	59,500.78
器具	65,098.29
儀器	27,428.73
模型	1,475.51
圖書	2,149.33
醫院設備	4,579.10
原料	279,386.56
物料	625,819.70
未完自製物品	1,173.23
在製品	811.29
製成品	35,941.57
戰事損失	360,536.79
設計費	597,994.71
調查費	28,596.17
開辦費	725,855.41
	12,047,076.75
減：折舊準備	298,995.67
	CNC$ 11,748,081.08
CNC$3.00=US$1.00	US$ 3,916,027.00

永利化学工业公司南京硫酸铔厂历略（一九四七年五月二十日）

永利化學工業公司信牋

永利化學工業公司硫酸錏廠歷略

湖南范旭東先生於民國二年由日本留學回國，就興辦中國化學工業。首創久大精鹽廠於天津塘沽，民國六年，繼創永利碱廠於塘沽，經過多少困難，始得成功。永利製碱技術為侯德榜博士所獨特創，聞名於世界各國。自民國二十三年行政院以興建硫酸錏廠之責任，委於永利，范、侯二氏負責籌備，於民國二十四年興工，建廠於南京卸甲甸，用地數千餘畝。採用歐美新式設備，製造硫酸、硝酸、液錏、硫酸錏、硝酸錏，及[illegible]等化學品，供應國防化學原料。於民國二十六年春間正式出貨。但是南北兩廠執中國酸碱工業之牛耳。而黃海化學工業研究社亦為永久團體組織之一部份，於民國十年成立，專辦化學工業設計工作，有聲學術界。

硫酸錏廠開工數月，而抗戰軍興，永利職工，全体撤退。[illegible]蒙政府催促，在四川五通橋設立新廠，規模遜於碱錏兩廠，而裨益於抗戰者甚大。自日敵佔據工廠之後，將製造硝酸全部設備，運至日本，其餘各部就原址開工，至今年四月，始停工。日敵投降之後，永利公司代表奉中國陸軍總司令部命令，會同接收，於九月廿八日開始清点接收。以交通困難，留在後方之職工，不能東來，[illegible]呈請撥用日籍技工二百餘人，整理之後，於十二月五日開始復工，出產硫酸錏。據以復工[illegible]期，原料燃料均[illegible]無充份來源，正在努力設法中。

民國　年　月　日

永利化學工業公司　寄

重慶總辦事處：保安街一百一十號
上海辦事處：梅白格路九十三號
南京通訊處：

日敌占据永利化学工业公司南京铔厂时期收购民地契纸清册（一九四八年四月二十二日）

第一頁

區號	出售人姓名	出售人住址	戰時立契日期 期別	戰時立契日期（當時年月）	附圖土地番號	附圖土地等級	面積	單價（當時幣值）	金額（當時幣值）	備註
1.	吳氏宗祠（吳長仲管理）	吳家窪	1.	昭和二十年五月一日	568	農場	三分三釐二	八萬元	式萬陸千五百六十元	
1.	〃	〃	1.	〃	175	山乙	四畝一分八釐二	壹萬三千元	五萬四千三百六十六元	
1.	〃	〃	1.	〃	575	農場	一畝九分九釐五	八萬元	拾五萬九千六百元正	
2.	吳長仲	〃	1.	昭和二十年四月廿四日	396	一等地	式畝三分四釐八	八萬元	拾八萬七千八百四十元正	
2.	〃	〃	1.	〃	406	〃	六分一釐二	八萬元	四萬八千九百六十元	
2.	〃	〃	1.	〃	559	農場	式分式釐五	八萬元	壹萬八千元正	
2.	〃	〃	1.	〃	560	〃	三分三釐九	八萬元	式萬七千壹百式十元	
2.	〃	〃	1.	〃	806	水塘	三分〇九毫	六萬五千元	式萬〇〇八十五元	
2.	〃	〃	1.	〃	647	山乙	式畝三分八釐二	壹萬三千元	叁萬〇九百六十六元	
2.	〃	〃	1.	〃	176	山甲	四畝〇一釐五	式萬五千元	拾萬〇三百七十五元	
2.	〃	〃	1.	〃	570	農場	一分六釐一	八萬元	壹萬式千八百八十元	
3.	吳長和	〃	1.	昭和二十年四月廿七日	34	一等地	一畝四分〇七	八萬元	拾壹萬式千五百六十元	
3.	〃	〃	1.	〃	35	〃	式畝四分九釐六	〃	拾九萬九千六百八十元	
3.	〃	〃	1.	〃	551	〃	七分〇六毫	〃	五萬六千四百八十元	
3.	〃	〃	1.	〃	553	〃	式分七釐五	〃	式萬式千元	
3.	〃	〃	1.	〃	738	水塘	六分九釐六	六萬五千元	四萬五千式百四十元	
3.	〃	〃	1.	〃	8	建築地	式分四釐一	八萬元	壹萬九千式百八十元	

008

第二頁

原號 編號	出書人 姓名	住址	期別	(當時年月)	番號	等級	面積	單價（當時幣值）	全額（當時幣值）	備註
3.	吳長和	吳家窪	1.	昭和二十年四月廿七日	9	果实園	五分八厘八	八万元	四万七千〇四十元	
4.	吳長海	〃	1.	四月廿八日	62	一等地	弍畝九分八厘三	〃	念三万八千六百四十元	
4.	〃	〃	1.	〃	63	〃	壹畝六分七厘	〃	拾三万三千六百元	
4.	〃	〃	1.	〃	64	〃	壹畝四分一厘	〃	拾壹万弍千八百元	
4.	〃	〃	1.	〃	65	〃	三畝三分四厘二	〃	念六万七千三百六十元	
4.	〃	〃	1.	〃	67	〃	弍分七厘三	〃	弍万壹千八百四十元	
4.	〃	〃	1.	〃	69	〃	弍畝三分〇七毛	〃	拾八万四千五百六十元	
4.	〃	〃	1.	〃	70	〃	弍畝二分九厘五	〃	拾八万三千六百元	
4.	〃	〃	1.	〃	180	山乙	壹畝六分三厘六	壹万三千元	弍万壹千弍百六十八元	
4.	〃	〃	1.	〃	181	山甲	四畝七分九厘	弍万五千元	拾壹万九千七百五十元	
4.	〃	〃	1.	〃	556	一等地	三分六厘七	八万元	弍万九千三百六十元	
4.	〃	〃	1.	〃	598	農場	二分六厘九	〃	弍万壹千五百弍十元	
4.	〃	〃	1.	〃	748	水塘	六分五厘一	六万五千元	四万弍千三百十五元	
4.	〃	〃	1.	〃	68	一等地	二分七厘四	八万元	弍万壹千九百弍十元	
5	吳長發	〃	1.	四月廿四日	368	〃	壹畝三分〇七	〃	拾万〇四千五百六十元	
5.	〃	〃	1.	〃	463	〃	弍畝三分八厘九	〃	拾九万壹千壹百二十元	
5.	〃	〃	1.	〃	574	農場	五分六厘六	〃	四万五千弍百八十元	

004

第三頁

原契編號	出售人姓名	出售人住址	收購期別	立契日期（當時年月）	附圖土地番號	等級	面積	單價（當時幣值）	金額（當時幣值）	備註
5	吳長發	吳家窪	1	昭和弍十年四月廿日	599	農場	九分五厘四	八万元	七万六千三百二十元	
5	〃	〃	1	〃	602	〃	五分四厘五	〃	四万三千六百元	
5	〃	〃	1	〃	607	〃	一分七厘一	〃	壹万三千六百八十元	
5	〃	〃	1	〃	28	建築地	四分六厘二	〃	三万六千九百六十元	
5	〃	〃	1	〃	671	山乙	六畝八分二厘三	壹万三千元	八万八千六百九十九元	
5	〃	〃	1	〃	675	山甲	三畝七分四厘三	弍万五千元	九万三千五百七十五元	
5	〃	〃	1	〃	796	水塘	四分二厘四	六万五千元	五万九千〇八十五元	
5	〃	〃	1	〃	788	〃	四分八厘五	〃		
5	〃	〃	1	〃	313	一等地	九分三厘六	八万元	七万四千八百八十元	
5	〃	〃	1	〃	315	〃	一畝一分八厘二	〃	九万四千五百六十元	
5	〃	〃	1	〃	316	〃	六分七厘九	〃	五万四千三百二十元	
5	〃	〃	1	〃	340	〃	一畝八分四厘五	〃	拾四万七千六百元	
5	〃	〃	1	〃	341	〃	一畝四分三厘七	〃	拾壹万四千九百六十元	
5	〃	〃	1	〃	342	〃	一畝五分〇九	〃	拾弍万〇七百二十元	
5	〃	〃	1	〃	343	二等地	七分三厘一	五万元	三万六千五百五十元	
5	〃	〃	1	〃	346	一等地	弍畝〇五厘	八万元	拾六万〇四千元	
5	〃	〃	1	〃	361	〃	一畝九分四厘八	〃	拾五万五千八百四十元	

005

第四頁

編號	出售人姓名	出售人住址	收購期別	立契日期（當時年月）	附圖土地番號	附圖土地等級	面積	單價（當時幣值）	金額（當時幣值）	備註
6.	吳長春	吳家窪	1	昭和二十年四月十七日	369	一等地	一畝四分五厘六	八万元	拾壹万六千四百八十元	
6.	〃	〃	1	〃 〃	461	〃	一畝六分一厘一	〃	拾貳万八千八百八十元	
6.	〃	〃	1	〃 〃	492	二等地	一畝一分六厘三	五万元	五万八千一百五十元	
6.	〃	〃	1	〃 〃	493	一等地	一畝四分一厘五	八万元	拾壹万叁千貳百元	
6.	〃	〃	1	〃 〃	818	水塘	五分三厘五	六万五千元	叁万四千七百七十五元	
6.	〃	〃	1	〃 〃	750	〃	八分四厘二	〃	五万四千七百三十元	
6.	〃	〃	1	〃 〃	27	建築地	一分八厘六	八万元	壹万四千八百八十元	
6.	〃	〃	1	〃 〃	66	一等地	貳畝〇五厘九	〃	拾六万四千七百貳十元	
7.	吳長治	〃	1	〃 四月廿日	490	〃	一畝七分五厘四	八万元	拾四万〇三百二十元	
7.	〃	〃	1	〃 〃	674	山甲	貳畝三分一厘三	貳万五千元	五万七千八百二十五元	
7.	〃	〃	1	〃 〃	23	菜園	五分一厘四	八万元	四万一千一百二十元	
8.	吳長波	〃	1	〃 四月廿日	609	二等地	五分七厘八	五万元	貳万八千九百元	
8.	〃	〃	1	〃 〃	510	一等地	一畝二分六厘三	八万元	拾万〇一千〇四十元	
8.	〃	〃	1	〃 〃	511	〃	一畝九分七厘四	〃	拾五万七千九百二十元	
8.	〃	〃	1	〃 〃	512	〃	一畝八分六厘七	〃	拾四万九千三百六十元	
8.	〃	〃	1	〃 〃	513	〃	一畝二分〇八	〃	九万六千六百四十元	
8.	〃	〃	1	〃 〃	514	〃	五分一厘八	〃	四万一千四百四十元	

006

第五頁

[illegible]	出售人姓名	出售人住址	收購期別	立契日期（當時年月）	附圖土地番號	土地等級	面積	單價（當时幣值）	金額（當时幣值）	備註
8.	吳長波	吳家窪	1	昭和十年四月廿八日	516	一等地	一畝六分六厘四	八万元	拾叁万三千一百二十元	
8.	〃	〃	1	〃 〃	590	農場	三分三厘七	〃	弍万六千九百六十元	
8.	〃	〃	1	〃 〃	693	山乙	四畝六分五厘八	壹万三千元	六万〇五百五十四元	
8.	〃	〃	1	〃 〃	522	一等地	四分七厘六	八万元	叁万八千〇八十元	
9.	吳長壽	〃	1	〃 四月廿四日	177	山甲	一畝一分三厘四	弍万五千元	弍万八千三百五十元	
9.	〃	〃	1	〃 〃	460	一等地	三畝五分六厘	八万元	念八万四千八百元	
9.	〃	〃	1	〃 〃	491	二等地	六分五厘七	五万元	叁万弍千八百五十元	
9.	〃	〃	1	〃 〃	494	一等地	一畝〇分六厘四	八万元	八万五千一百二十元	
9.	〃	〃	1	〃 〃	555	〃	二分九厘四	〃	弍万三千五百二十元	
9.	〃	〃	1	〃 〃	576	農場	三分五厘九	〃	弍万八千七百二十元	
9.	〃	〃	1	〃 〃	586	〃	四分一厘六	〃	三万三千二百八十元	
9.	〃	〃	1	〃 〃	604	〃	八分六厘	〃	六万八千八百元	
9.	〃	〃	1	〃 〃	673	山乙	二畝二分六厘五	壹万三千元	弍万九千四百四十五元	
9.	〃	〃	1	〃 〃		山甲	四分七厘一	弍万五千元	一万一千七百七十五元	
9.	〃	〃	1	〃 〃	666 92	建築地	四分六厘二	八万元	三万六千九百六十元	
10.	吳長基	〃	1.	〃 四月廿七日	554	一等地	四分七厘七	八万元	三万八千一百六十元	
10.	〃	〃	1	〃 〃	572	農場	一分二厘四	〃	九千九百二十元	

007

第六頁

原號編號	出售人 姓名	出售人 住址	成立契日期 期別	立契日期（當中華年月）	附圖番號	土地等級	面積	單價（當時幣值）	金額（當時幣值）	備註
10	吳長基	吳家窪	1	昭和二十年四月廿七日	577	農場	二分〇三毫	八万元	壹万六千二百四十元	
10	〃	〃	1	〃	585	〃	四分五厘	〃	叁万六千元	
10	〃	〃	1	〃	745	水塘	四分五厘九	六万五千元	弍万九千八百三十五元	
10	〃	〃	1	〃	24	菜園	三分一厘五	八万元	弍万五千二百元	
10	〃	〃	1	〃	42	一等地	二畝六分六厘六	〃	叁拾七万〇弍百四十元	
10	〃	〃	1	〃	71	〃	一畝九分六厘二	〃		
10	〃	〃	1	〃	43	〃	三畝六分〇九	〃	念八万八千七百二十元	
10	〃	〃	1	〃	663	山乙	四畝七分六厘八	一万三千元	七万三千五百〇二元	
10	〃	〃	1	〃	50	〃	八分八厘六	〃		
11	吳長慶	〃	1	〃	801	水塘	四分三厘六	六万五千元	弍万八千三百四十元	
11	〃	〃	1	〃	18	菜園	三分三厘一	八万元	弍万六千四百八十元	
12	吳長業	〃	1	〃	497	一等地	一畝八分九厘五	〃	拾五万一千六百元	
12	〃	〃	1	〃	583	農場	三分四厘七	〃	弍万七千七百六十元	
12	〃	〃	1	〃	10	建築地	一分八厘七	〃	一万四千九百六十元	
12	〃	〃	1	〃	665	山乙	二畝三分二厘四	一万三千元	三万〇二百十二元	
12	〃	〃	1	〃	6661	〃	四分七厘一	〃	六千一百二十三元	
12	〃	〃	1	〃	680	〃	七畝六分一厘	〃	九千八百九十三元	銀畝不合

008

第七頁

原契編號	出售人姓名	出售人住址	收購期別	立契日期（當時年月）	附圖土地番號	附圖土地等級	面積	單價（當時幣值）	金額（當時幣值）	備註
13	吳長祥	吳家窪	1	昭和二十年四月廿七日	565	農塲	三分九厘	八万元	三万一千弍百元	
13	〃	〃	1	〃	573	〃	三分三毫	〃	弍万四千弍百四十元	
13	〃	〃	1	〃	584	〃	五分六厘九	〃	四万五千五百二十元	
13	〃	〃	1	〃	444	三等地	七分三厘九	三万元	弍万弍千一百七十元	
14	吳曹子（吳長慶）	〃	1	〃	348	二等地	九分三厘二	五万元	四万六千六百元	
14	〃	〃	1	〃	365	一等地	一畝九分二厘	八万元	拾五万三千六百元	
14	〃	〃	1	〃	370	二等地	八分八厘七	五万元	四万四千三百五十元	
14	〃	〃	1	〃	391	一等地	七分六厘四	八万元	六万一千一百二十元	
14	〃	〃	1	〃	392	〃	三分一厘九	〃	二万五千五百二十元	
14	〃	〃	1	〃	396	農塲	二分一厘六	〃	一万七千二百八十元	
15	吳心良	〃	1	〃	503	一等地	一畝五分二厘三	〃	拾弍万一千八百四十元	
15	〃	〃	1	〃	838	水塘	二分三厘九	六万五千元	一万五千五百三十五元	
16	吳心棠	〃	1	〃	410	一等地	九分六厘三	八万元	七万七千〇四十元	
16	〃	〃	1	〃	32	農塲	二分二厘九	〃	一万八千三百二十元	
16	〃	〃	1	〃	33	建築地	二分二厘二	〃	一万七千七百六十元	
16	〃	〃	1	〃	34	〃	二分二厘	〃	一万七千六百元	
17	吳心祥	〃	1	〃	694	山乙	三畝九分一厘四	一万三千元	五万〇八百八十二元	

第八頁

番號	出售人 姓名	出售人 住址	成立契約日期 期別	成立契約日期（當時年月）	附圖土地 番號	附圖土地 等級	面積	單價（當時幣值）	金額（當時幣值）	備註
17	吳心祥	吳家窟	1	昭和二十年四月廿七日	695	山甲	五畝五分三厘七	弍万五十元	拾三万八千四百二十五元	
17	〃	〃	1	〃 〃	699	〃	八畝二分八厘六	〃	弍拾万七千一百五十元	
18	吳心寬	〃	1	〃 〃	314	〃	三畝三分〇六	〃	八万二千六百五十元	
18	〃	〃	1	〃 〃	558	菜園	一分七厘四	八万元	一万三千四百七十元	
18	〃	〃	1	〃 〃	656	山乙	九畝五分六厘五	一万三千元	拾弍万四千三百四十五元	
19	吳心財	〃	1	〃 〃	344	一等地	一畝七分一厘六	八万元	拾三万七千二百八十元	
19	〃	〃	1	〃 〃	345	〃	二畝四分〇六	〃	拾九万二千四百八十元	
19	〃	〃	1	〃 〃	409	〃	一分七厘二	〃	一万三千七百六十元	
19	〃	〃	1	〃 〃	630	山甲	一分〇九毫	二万五千元	二千七百二十五元	
19	〃	〃	1	〃 〃	632	〃	五分九厘四	〃	一万四千八百五十元	
19	〃	〃	1	〃 〃	639	山乙	二畝六分四厘四	一万三千元	三万四千三百七十二元	
19	〃	〃	1	〃 〃	795	水塘	四分七厘七	六万五千元	三万一千〇五元	
20	吳心樹	〃	1	〃 四月廿六日	330	一等地	二畝六分一厘三	八万元	弍拾万九千〇四十元	
20	〃	〃	1	〃 〃	389	二等地	一畝〇五厘一	五万元	五万二千五百五十元	
20	〃	〃	1	〃 〃	397	一等地	二畝六分三厘	八万元	弍拾壹万〇四百元	
20	〃	〃	1	〃 〃	404	〃	五分五厘二	〃	四万四千一百六十元	
20	〃	〃	1	〃 〃	449	〃	一畝三分一厘二	〃	拾万〇四千八佰八十元	

010

第九頁

原契編號	出售人姓名	出售人住址	收購立契日期 期別	收購立契日期（當時年月）	附圖土地番號	附圖土地等級	面積	單價（當時幣值）	金額（當時幣值）	備註
20	吴必樹	吴家窪	1	昭和二十年四月廿八日	636	山乙	一畝二分四厘二	一万三千元	一万六千一百四十六元	
20	〃	〃	1	〃 〃	803	水塘	二分九厘一	六万五千元	一万八千八百五十元	
20	〃	〃	1	〃 〃	37	建築地	一分一厘八	八万元	九千四百四十元	
20	〃	〃	1	〃 〃	661	山甲	四分一厘三	二万五千元	一万〇三百二十五元	
20	〃	〃	1	〃 〃	640	山乙	五畝二分八厘七	一万三千元	六万八千七百三十一元	
21	吴必坤	〃	1	〃 四月廿五日	453	一等地	五畝二分六厘七	八万元	四十二万一千三百六十元	
21	〃	〃	1	〃 〃	454	〃	二畝二分二厘一	〃	拾七万七千六百八十元	
21	〃	〃	1	〃 〃	457	〃	五分八厘四	〃	四万六千七百二十元	
21	〃	〃	1	〃 〃	495	〃	六厘五	〃	五千二百元	
21	〃	〃	1	〃 〃	496	〃	二畝三分三厘	〃	拾八万六千四百元	
21	〃	〃	1	〃 〃	518	〃	二畝五分〇九	〃	弍拾万〇七百二十元	
21	〃	〃	1	〃 〃	548	〃	一畝二分三厘六	〃	九万八千八百八十元	
21	〃	〃	1	〃 〃	550	〃	四分五厘六	〃	三万六千四百八十元	
21	〃	〃	1	〃 〃	552	〃	六分三厘九	〃	五万一千一百二十元	
21	〃	〃	1	〃 〃	562	農場	五分三厘五	〃	四万二千八百元	
21	〃	〃	1	〃 〃	580	〃	六分八厘一	〃	五万四千四百八十元	
21	〃	〃	1	〃 〃	629	山甲	一畝六分六厘九	二万五千元	四万一千七百二十五元	

第十頁

原契編號	出售人姓名	住址	成立契約日期 期別	（當時年月）	附屬土地 番號	等級	面積	買價（當時幣值）	金額（當時幣值）	備註
21	吳必坤	吳家灣	1	昭和二十年四月廿五日	819	水塘	六分六厘四	六万五千元	四万三千一百六十元	
21	〃	〃	1	〃	563	農場	一分七厘九	八万元	一万四千三百二十元	
21	〃	〃	1	〃	61	一等地	三厘之五五	〃	三万元	
21	〃	〃	1	〃	837	水塘	六分三厘七	六万五千元	四万一千四百〇五元	
22	吳必連	〃	1	〃	36	建築地	二分九厘	八万元	二万三千弍百元	
22	〃	〃	1	〃	416	一等地	二畝三分六厘	〃	拾八万八千八百元	
22	〃	〃	1	〃	637	山乙	二分六厘五	一万三千元	三千四百四十五元	
22	〃	〃	1	〃	638	〃	一畝一分五厘三	〃	一万四千九百七十六元	
22	〃	〃	1	四月廿八日	627	山甲	一畝七分七厘四	二万五千元	四万四千三百五十元	
23	吳發海	〃	1	四月廿五日	359	一等地	九分二厘八	八万元	七万四千二百四十元	
23	〃	〃	1	〃	360	〃	九分九厘五	〃	七万九千六百元	
23	〃	〃	1	〃	390	二等地	七分六厘五	五万元	三万八千二百五十元	
23	〃	〃	1	〃	589	農場	三分九厘八	八万元	三万一千八百四十元	
23	〃	〃	1	〃	597	〃	三分九厘二	〃	三万一千三百六十元	
23	〃	〃	1	〃	600	〃	四分九厘五	〃	三万九千六百元	
23	〃	〃	1	〃	698	山乙	六畝三分二厘六	一万三千元	八万一千〇六十八元	
23	〃	〃	1	〃	354	一等地	六分二厘四	八万元	念四万九千九百二十元	

012

第十一頁

原契編號	出售人姓名	出售人住址	成立日期 期別	立契日期（當時年月）	附圖土地 番號	附圖土地 等級	面積	單價（當時幣值）	金額（當時幣值）	備註
24	吳修業	吳家窪	1	昭和二十年四月廿七日	569	農場	三分八厘七	八万元	三万九百六十元	
24	〃	〃	1	〃 〃	609	山甲	三分六厘三	二万五千元	九千〇五十七元	
24	〃	〃	1	〃 〃	658	山乙	一畝四分三厘九	一万三千元	一万八千七百〇七元	
25	吳修金	〃	1	〃 〃	581	農場	八分六厘二	八万元	六万八千九百六十元	
25	〃	〃	1	〃 〃	541ヌ	菜園	五分四厘一	〃	四万三千二百八十元	
26	吳修和	〃	1	〃 〃	459	一等地	一畝九分八厘二	〃	拾五万八千五百六十元	
26	〃	〃	1	〃 〃	508	〃	八分二厘七	〃	六万六千一百六十元	
26	〃	〃	1	〃 〃	515	〃	五厘八	〃	四千六百四十元	
26	〃	〃	1	〃 〃	566	農場	三分七厘八	〃	三万〇弍百四十元	
26	〃	〃	1	〃 〃	567	〃	三分五厘八	〃	二万八千六百四十元	
26	〃	〃	1	〃 〃	838	水塘	弍分三厘八	六万五千元	一万五千四百七十元	
27	吳玉銀	〃	1	〃 買賣	349	一等地	一畝二分〇九	八万元	九万六千七百二十元	
27	〃	〃	1	〃 〃	353	〃	一畝六分四厘四	〃	拾三万一千五百二十元	
27	〃	〃	1	〃 〃	371	〃	一畝五分一厘二	〃	弍拾万〇九百六十元	
27	〃	〃	1	〃 〃	549	〃	二分五厘七	〃	弍万〇五百六十元	
27	〃	〃	1	〃 〃	19	菜園	五分〇三	〃	四万〇二百四十元	
27	〃	〃	1	〃 〃	523	二等地	二畝五分四厘	五万元	拾弍万七千元	

018

第二十二頁

原票編號	出售人 姓名	出售人 住址	收購立契日期 期別	收購立契日期（當時年月）	新開區土地 番號	新開區土地 等級	面積	單價（當時幣值）	金額（當時幣值）	備註
28	吳週氏（吳長波氏）	吳家窪	1	昭和十三年四月十五日	659	山甲	五畝八分四釐四	弍万五千元	拾四万六千一百元	
29	吳王氏	又	1	又 又	373	一等地	三畝九分〇釐三	八万元	叁拾壹万弍千弍百四十元	
29	又	又	1	又 又	11	果实園	一畝〇三釐	又	八万二千四百元	
29	又	又	1	又 又	12	建築地	一分四釐四	又	一万一千五百二十元	
29	又	又	1	又 又	803	水塘	二分九釐一	六万五千元	一万八千九百十五元	
30	吳朱氏	又	1	又 四月廿七日	411	一等地	七分三釐五	八万元	五万八千八百元	
30	又	又	1	又 又	643	又	五分八釐一	又	四万六千四百八十元	
30	又	又	1	又 又	631	山甲	一分八釐五	二万五千元	四千六百二十五元	
30	又	又	1	又 又	633	又	一分〇釐一	又	二千五百二十五元	
30	又	又	1	又 又	635	又	三分六釐七	又	九千一百七十五元	
30	又	又	1	又 又	642	山乙	六分一釐八	一万三千元	八千〇三十四元	
30	又	又	1	又 又	41	建築地	一分三釐五	八万元	一万〇八百元	
30	又	又	1	又 又	636	山甲	八分五釐二	二万五千元	二万一千三百元	
31	韓長瑞	又 西嚴村	1	又 又	12	一等地	二畝一分一釐六	八万元	拾六万九千二百八十元	
31	又	又 又	1	又 又	517	又	一畝〇七釐三	又	八万五千八百四十元	
31	又	又 又	1	又 又	579	農場	八分九釐四	又	七万一千五百二十元	
31	又	又 又	1	又 又	582	又	二畝二分一釐六	又	拾七万七千二百八十元	

016

第十三頁

系別編號	出售人姓名	出售人住址	收購立契日期期別	收購立契日期（當時年月）	附圖土地番號	附圖土地等級	面積	單價（當時幣值）	金額（當時幣值）	備註
32	王錫师	吳家窪	1	昭和二十年四月廿日	612	山甲	二畝四分九厘八	二万五千元	六万二千四百五十元	
32	〃	〃	1	〃	626	〃	七分二厘四	〃	一万八千一百元	
32	〃	〃	1	〃	657	山乙	一畝二分八厘三	一万三千元	一万六千六百六十六元	
32	〃	〃	1	〃	355	一等地	一畝六分五厘一	八万元	拾三万二千〇八十元	
32	〃	〃	1	〃	664	山乙	二畝二分七厘七	一万三千元	二万九千六百〇一元	
32	〃	〃	1	〃	608	山甲	六分一厘九	二万五千元	一万五千四百七十五元	
32	〃	〃	1	〃	356	二等地	三畝八分八厘一	五万元	拾九万四千〇五十元	
32	〃	〃	1	〃	456	一等地	一畝五分一厘九	八万元	拾二万一千五百二十元	
32	〃	〃	1	〃	578	農場	五分八厘九	〃	四万七千一百二十元	
32	〃	〃	1	〃	601	〃	三分六厘七	〃	二万九千三百六十元	
32	〃	〃	1	〃	603	〃	四分四厘二	〃	三万五千三百八十元	
32	〃	〃	1	〃	605	〃	六分五厘三	〃	五万二千二百四十元	
32	〃	〃	1	〃	606	〃	二分二厘一	〃	一万七千六百八十元	
32	〃	〃	1	〃	746	水塘	三分九厘三	六万五千元	二万五千五百四十五元	
32	〃	〃	1	〃	747	〃	一分四厘八	〃	九千六百二十元	
32	〃	〃	1	〃	805	〃	三分三厘六	〃	二万一千八百四十元	
32	〃	〃	1	〃	49	一等地	二畝三分六厘八	八万元	合六万九千四百五十元	

第十四頁

編號	出售人姓名	出售人住址	收購期別	立契日期（當時年月）	附圖土地番號	等級	面積	單價（當時幣值）	金額（當時幣值）	備註
32	王錫	師吳家窪	1	昭和二十年四月十四日	58	一等地	一畝九分八厘六	八百元	拾五万九千一百二十元	
32	〃	〃	1	〃〃	60	〃	三分八厘二	〃	叁拾万〇五百六十元	
32	〃	〃	1	〃〃	367	〃	一畝三分八厘六	〃	拾一万〇八百八十元	
32	〃	〃	1	〃〃	376	〃	三畝〇七厘三	〃	念四万五千八百四十元	
32	〃	〃	1	〃〃	394	〃	六分四厘六	〃	五万一千六百八十元	
32	〃	〃	1	〃〃	395	山甲	九分三厘	二百五十元	弍万三千二百五十元	
33	王錫仁	〃	1	〃四月廿七日	48	一等地	二畝一分九厘三	八百元	拾七万五千四百四十元	
33	〃	〃	1	〃〃	388	〃	四畝〇七厘	〃	叁拾弍万五千六百元	
33	〃	〃	1	〃〃	802	水塘	四分二厘四	六百五十元	弍万七千五百六十元	
33	〃	〃	1	〃〃	59	一等地	三畝一分八厘八	八百元	念五万五千〇四十元	
33	〃	〃	1	〃〃	613	山甲	二畝四分〇五毫	二百五十元	六万〇一百二十五元	
34	苟明礼	〃	1	〃四月十四日	398	一等地	三分〇六毫	八百元	弍万四千四百八十元	
34	〃	〃	1	〃〃	447	〃	五分一厘九	〃	四万一千五百二十元	
34	〃	〃	1	〃〃	331	〃	一畝四分六厘二	〃	拾壹万六千九百六十元	
35	苟明珠	〃	1	〃四月十四日	448	〃	五分八厘	〃	四万六千四百元	
35	〃	〃	1	〃〃	458	〃	一畝八分三厘八	〃	拾四万七千〇四十元	
35	〃	〃	1	〃〃	444	建築地	一分九厘九	〃	一万五千九百二十元	

第十五頁

原號編號	出售人姓名	出售人住址	收購期别	立契日期（當時年月）	附圖番號	土地等級	面積	單價（當时幣值）	金額（當时幣值）	備註
35	芮明珠	吴家窪	1	昭和十年四月廿五日	338	一等地	一畝三分九厘六	八万元	拾壹万一千六百八十元	
36	劉永昇	〃	1	〃 〃	412	〃	二分五厘二	〃	贰万〇一百六十元	
36	〃	〃	1	〃 〃	445	二等地	一分六厘四	五万元	八千贰百元	
36	〃	〃	1	〃 〃	446	〃	九分七厘二	〃	四万八千六百元	
36	〃	〃	1	〃 〃	611	山甲	三畝九分一厘	二万五千元	九万七千七百五十元	
36	〃	〃	1	〃 〃	40	建築地	一分〇七毫	八万元	八千五百六十元	
36	〃	〃	1	〃 〃	419	一等地	一畝四分三厘	〃	拾壹万四千四百元	
37	李國金	〃	1	〃 四月廿日	347	三等地	三分一厘四	三万元	九千四百二十元	
37	〃	〃	1	〃 〃	414	一等地	三畝〇六厘九	八万元	念四万五千五百二十元	
37	〃	〃	1	〃 〃	415	〃	七分八厘三	〃	六万二千六百四十元	
37	〃	〃	1	〃 〃	809	水塘	五分〇二毫	六万五千元	三万二千六百三十元	
37	〃	〃	1	〃 〃	31	農場	五分三厘	八万元	四万二千四百元	
38	李國仁	西廠门	1	〃 四月廿五日	1	一等地	二畝四分二厘六	〃	拾九万四千〇八十元	
38	〃	〃	1	〃 〃	7	〃	一畝四分三厘七	〃	拾一万四千九百六十元	
38	〃	〃	1	〃 〃	37	〃	一畝五分八厘八	〃	拾贰万七千〇四十元	
38	〃	〃	1	〃 〃	191	山乙	五分九厘六	一万三千元	七千七百四十八元	
38	〃	〃	1	〃 〃	41	一等地	一畝一分五厘五	八万元	九万二千四百元	

017

第十六頁

編號	出售人姓名	出售人住址	收購立契日期 期別	收購立契日期（當時年月）	附圖番號	土地等級	面積	單價（當時幣值）	金額（當時幣值）	備註
38	李國仁	西廠门	1	昭和二十年四月二十五日	51	一等地	二畝〇六厘八	八万元	拾六万五千四百四十元	
39	朱永全	吳家窪	1	〃 〃	13	建築地	二分二厘三	〃	一万七千八百四十元	
40	朱萬培	火連窪	1	〃 五月一日	713	山乙	四畝〇三厘四	一万三千元	五万二千四百四十二元	
41	朱双桂	朱家窪	1	〃 〃	726	〃	十三畝七分一厘六	〃	拾六万五千三百〇八元	
42	朱氏宗祠	〃	1	〃 〃	729	〃	十三畝四分五厘六	〃	拾七万四千九百二十八元	
43	張榮記	火連窪	1	〃 〃	722	〃	三畝八分九厘九	〃	五万〇六百八十七元	
44	韓長祥	西廠门	1	〃 四月二十五日	11	一等地	三畝六分五厘三	八万元	念九万二千二百四十元	
45	韓長禎	〃	1	〃 四月二十四日	502	〃	一畝二分七厘六	〃	拾壹万〇〇八十元	
46	畢宗祠（畢業生）	畢家窪	1	〃 五月一日	187	山甲	一畝二分九厘五	二万五千元	三万四千八百七十五元	
46	〃	〃	1	〃 〃	188	山乙	一畝一分一厘八	一万三千元	一万四千六百六十四元	
46	〃	〃	1	〃 〃	189	山甲	六分六厘六	二万五千元	一万六千六百五十元	
46	〃	〃	1	〃 〃	190	山乙	七分二厘四	〃	一万八千一百元	
47	畢業誠	〃	1	〃 四月二十八日	174	山甲	二畝四分九厘二	〃	六万二千三百元	
47	〃	〃	1	〃 〃	227	山乙	三畝一分一厘六	一万三千元	四万〇六百三十八元	
47	〃	〃	1	〃 〃	321	一等地	八畝八分五厘九	八万元	七十万〇八千七百二十元	
47	〃	〃	1	〃 〃	322	〃	一畝九分〇七	〃	拾五万二千五百六十元	
47	〃	〃	1	〃 〃	323	二等地	一畝四分五厘七	五万元	七万二千八百五十元	

第十七頁

編號	出售人姓名	出售人住址	收購期別	立契日期（當時年月）	附圖土地番號	等級	面積	單價（當時幣值）	金額（當時幣值）	備註
47	畢業誠	畢家窪	1	民國三十年四月廿六日	324	山甲	二畝〇二厘三	二万五千元	五万〇五百七十五元	
47	〃	〃	1	〃 〃	326	一等地	一畝三分七厘二	八万元	拾万〇九千七百六十元	
47	〃	〃	1	〃 〃	327	二等地	一畝七分三厘七	五万元	八万六千八百五十元	
47	〃	〃	1	〃 〃	328	一等地	一畝三分六厘二	八万元	拾万〇八千九百六十元	
47	〃	〃	1	〃 〃	790	水塘	七分一厘四	六万五千元	四万六千四百乙十元	
48	畢宗如	〃	1	〃 五月一日	192	山甲	四分三厘	二万五千元	壹万〇七百五十元	
49	姚松華	〃	1	〃 〃	15	一等地	一畝三分四厘二	八万元	拾万〇七千三百八十元	
50	周德有	周家窪	1	〃 〃	207	山甲	六分五厘八	二万五千元	壹万六千四百五十元	
51	周德發	〃	1	〃 〃	208	〃	四分二厘八	〃	壹万〇七百元	
51	〃	〃	1	〃 〃	209	〃	五畝九分一厘三	〃	拾四万七千八百二十五元	
52	董家富	〃	1	〃 〃	312	二等地	三分八厘二	五万元	壹万九千一百元	
52	〃	〃	1	〃 〃	317	一等地	八分五厘	八万元	六万八千元	
52	〃	〃	1	〃 〃	318	〃	一畝九分七厘九	〃	拾五万八千三百二十元	
53	董家餘（董家富即）	〃	1	〃 〃	329	一等地	一畝七分〇五	〃	拾三万六千四百元	
53	〃	〃	1	〃 〃	792	水塘	六分五厘	六万五千元	四万二千二百五十元	
54	潘學松	潘麥家	1	〃 〃	720	山乙	六畝一分一厘九	一万三千元	七万九千五百四十七元	
55	林茂風	〃	1	〃 〃	716	山甲	二畝六分六厘五	二万五千元	六万六千六百式十五元	

第十八頁

原票編號	出售人姓名	出售人住址	收購立契日期 期別	收購立契日期（當時年月）	附圖土地 番號	附圖土地 等級	面積	單價（當時幣值）	全額（當時幣值）	備註
55	林辰風	潘麥家	1	昭和二十年五月一日	716	山乙	六畝六分四厘六	一百三十元	八万三千一百九十八元	
55	〃	〃	1	〃 〃	717	山甲	二畝六分二厘九	二百五十元	五万五千七百二十五元	
55	〃	〃	1	〃 〃	717	山乙	七畝八分四厘四	一百三十元	拾万一千九百七十二元	
56	陳汝洲	浦鎮句子洲	1	〃 四月廿八日	393	一等地	一畝〇〇九毫	八百元	八万〇七百二十元	
57	盈豐字 地主王志營	吳家窪	1	〃 〃	212	山甲	一畝一分八厘九	二百五十元	贰万九千七百二十五元	
57	〃	〃	1	〃 〃	213	山乙	四畝七分〇毫	一百三十元	六万一千一百十三元	
57	〃	〃	1	〃 〃	305	一等地	一畝八分六厘五	八百元	拾四万九千二百元	
57	〃	〃	1	〃 〃	308	二等地	九分五厘	五百元	四万七千五百元	
57	〃	〃	1	〃 〃	309	一等地	一畝五分六厘一	八百元	拾贰万四千八百八十元	
57	〃	〃	1	〃 〃	310	〃	二畝四分二厘八	〃	拾九万四千二百四十元	
57	〃	〃	1	〃 〃	311	三等地	一畝〇二厘三	三百元	三万〇六百九十元	
57	〃	〃	1	〃 〃	787	水塘	一畝〇七厘五	六百五十元	六万九千八百七十五元	
	〃									

第二期

020

第十九頁

編號	出售人 姓名	出售人 住址	收購立契日期 期別	收購立契日期（當時年月）	附圖土地 番號	附圖土地 等級	附圖土地 面積	單價（當時幣值）	全額（當時幣值）	備註
1	吳長倬吳崇蓮		2	昭和二十年六月二日	435	二等地	二畝六分六厘三	五百元	拾三万三千一百元	
1	〃	〃	2	〃	704	三等地	二畝三分三厘六	三百元	拾九万〇三百八十元	
1	〃	〃	2	〃	648-91	山乙	一畝四分〇五	一百三十元	壹万八千二百六十五元	
1	〃	〃	2	〃	648-92	山甲	七分	二百五十元	壹万七千五百元	
1	〃	〃	2	〃	648-93	二等地	五分七厘八	五百元	弍万八千九百元	
2	吳長春	〃	2	〃	462	一等地	二畝三分八厘九	八百元	拾九万一千一百二十元	
3	吳必祥	〃	2	〃	470	〃	一畝二分八厘四	〃	拾万弍千七百二十元	
3	〃	〃	2	〃	473	〃	一畝〇四厘一	〃	八万三千二百八十元	
3	〃	〃	2	〃	476	〃	一畝八分六厘三	〃	拾四万八千九百六十元	
4	吳必坤	〃	2	〃	700-21	山甲	九畝三分七厘五	二百五十元	念三万四千三百七十五元	
4	〃	〃	2	〃	700-92	山乙	九畝三〇厘六	一百三十元	拾弍万一千八百八十八元	
4	〃	〃	2	〃	837	水塘	六分三厘七	六百五十元	四万一千四百〇五元	
4	〃	〃	2	〃	518-21	一等地	叁分六厘四	八百元	二万九千一百二十元	
5	吳長發	〃	2	六月五日	471	一等地	壹畝〇六厘六	〃	八万五千二百八十元	
5	〃	〃	2	〃	499	〃	二畝〇九厘四	〃	拾六万七千五百二十元	
5	〃	〃	2	〃	500	〃	一畝六分〇五	〃	拾弍万八千四百元	
5	〃	〃	2	〃	702	山甲	一畝四分〇一	二百五十元	三万五千〇二十五元	

021

第二十頁

原号	出售人 姓名	住址	收購立契日期 期別	（當時年月）	附図土地 番號	等級	面積	單價（當時幣值）	金額（當時幣值）	備註
5	吳長發	吳家窪	2	昭和十八年六月廿日	498	二等地	八分九厘三	五万元	四万四千六百五十元	
5	〃	〃	2	〃 〃	465	一等地	二畝六分一厘六	八万元	廿万九千二百八十元	
6	吳長治	〃	2	〃 六月廿日	464	〃	二畝七分六厘八	〃	廿二万一千四百四十元	
6	〃	〃	2	〃 〃	466	〃	三分二厘四	〃	二万五千九百二十元	
6	〃	〃	2	〃 〃	701	山甲	六分	二万五千元	壹万五千元	
7	吳修和	〃	2	〃 〃	488	二等地	八分九厘二	五万元	四万四千六百元	
8	吳長素	〃	2	〃 〃	482	一等地	二畝〇分九厘七	八万元	拾六万七千七百六十元	
8	〃	〃	2	〃 〃	480	〃	七分二厘一	〃	五万七千六百八十元	
8	〃	〃	2	〃 〃	479	〃	四畝四分八厘九	〃	叁拾五万九千一百二十元	
9	吳玉銀（吳必担代）	〃	2	〃 〃	423-1	〃	一畝三分六厘	〃	拾万八千八百元	
9	〃	〃	2	〃 〃	440	山甲	五分九厘七	二万五千元	一万四千九百二十五元	
9	〃	〃	2	〃 〃	441	一等地	一畝一分九厘七	八万元	九万五千七百六十元	
9	〃	〃	2	〃 〃	681	山乙	十一畝一分七厘二	一万三千元	拾四万五千二百三十六元	
9	〃	〃	2	〃 〃	430-2	一等地	二分一厘四	八万元	一万七千一百二十元	
10	吳必連	〃	2	〃 〃	437	山甲	四分五厘八	二万五千元	一万一千四百五十元	
11	吳修全	〃	2	〃 〃	703-1	山乙	二畝六分〇八	一万三千元	三万三千九百〇四元	
11	〃	〃	2	〃 〃	703-2	山甲	二畝六分〇八	二万五千元	六万五千二百元	

022

第二十一頁

編號	出售人 姓名	出售人 住址	收購立契日期 期別	收購立契日期（當時年月）	附圖土地 番號	附圖土地 等級	面積	單價（當時幣值）	金額（當時幣值）	備註
12	吳長波	吳家窪	乙	昭和三十年六月二日	521	一等地	一畝〇六厘六	八万元	八万五千二百八十元	
13	吳長和	〃	2	〃	33	〃	三畝二分一厘九	〃	念五万七千五百二十元	
13	〃	〃	2	〃	677	山甲	六畝八分二厘三	二万五千元	拾七万〇五百七十五元	
14	吳心良	〃	2	〃	507	一等地	一畝〇二厘一	八万元	八万一千六百八十元	
15	吳心樹	〃	2	〃	436	山甲	五分八厘九	二万五千元	一万四千七百二十五元	
15	〃	〃	2	〃	439	二等地	六分三厘	五万元	三万一千五百元	
15	〃	〃	2	〃	644	山乙	一畝一分八厘八	一万三千元	一万五千四百四十四元	
15	〃	〃	2	〃	706	山甲	三分七厘六	二万五千元	九千四百元	
16	苘家公地（苘明珠管）	吳家窪	2	〃	690	〃	一畝三分〇七	〃	三万二千六百七十五元	
16	〃	〃	2	〃	692	〃	四畝六分四厘四	〃	拾壹万六千一百元	
17	苘明珠	〃	2	〃	477	一等地	二畝一分四厘一	八万元	拾七万一千二百八十元	
17	〃	〃	2	〃	484	〃	一畝二分八厘九	〃	拾万三千一百二十元	
17	〃	〃	2	〃	485	〃	六分八厘七	〃	五万四千九百六十元	
17	〃	〃	2	〃	429之2	〃	一分六厘六	〃	一万三千二百八十元	
18	苘明礼	〃	2	〃	475	〃	二畝一分一厘九	〃	拾六万九千五百八十元	
18	〃	〃	2	〃	478	〃	二畝二分七厘一	〃	拾八万一千六百八十元	
18	〃	〃	2	〃	483	〃	一畝一分八厘八	〃	九万五千〇四十元	

023

原契編號	出售人姓名	出售人住址	收產立契日期 期別	收產立契日期（當時年月）	收產土地番號	等級	面積	單價（當時幣值）	金額（當時幣值）	備註
19	王錫卿	吳家窪	2	昭和二十年六月五日	678	山甲	五畝〇一厘九	二万五千元	拾貳万五千四百七十五元	
20	王家和（王學山）	北廠門	2	〃 六月六日	691	〃	一畝〇九厘二	〃	弍万七千三百元	
21	劉永昇	吳家窪	2	〃 六月二日	431	一等地	四畝九分三厘三	八万元	三十九万四千四百八十元	
21	〃	〃	2	〃 〃	662	〃	一畝二分八厘七	〃	拾万二千九百六十元	
22	韓長禎	西廠門	2	〃 六月五日	467	〃	八分九厘三	〃	七万一千四百四十元	
22	〃	〃	2	〃 〃	501	〃	三畝八分三厘三	〃	拾叁万五千八百四十元 加叁拾九万元	
23	韓長祥	〃	2	〃 〃	472	〃	八分五厘六	〃	六万八千四百八十元	
23	〃	〃	2	〃 〃	474	〃	二畝三分七厘四	〃	拾八万九千九百二十元	
23	〃	〃	2	〃 〃	489	〃	一畝三分〇八	〃	拾万四千六百四十元	
23	〃	〃	2	〃 〃	486	〃	六分四厘貳	〃	五万一千三百六十元	
24	朱永明	朱家灘	2	〃 六月廿日	688	山甲	三分七厘	二万五千元	九千二百五十元	
25	朱永全	南廠門	2	〃 六月二日	670	〃	一畝三分五厘六	〃	三万三千九百五十元	
25	〃	〃	2	〃 〃	676	山乙	一畝二分七厘八	一万三千元	一万六千六百十四元	
26	朱然炳	朱家窪	2	〃 六月二日	725	〃	二畝八分六厘二	〃	三万七千二百〇六元	
27	朱永祿	火煉窪	2	〃 〃	724	山甲		二万五千元	弍万五千八百元	
28	朱永福	朱家窪	2	〃 〃	722	山乙	四畝一分八厘六	一万三千元	五万四千四百十八元	
29	朱永林	火煉窪	2	〃 〃	723	〃	一畝八分三厘六	〃	弍万三千八百六十八元	

第二十二頁

024

第二十三頁

原番號	出售人 姓名	出售人 住址	收購期別	立契日期（當時年月）	附圖土地番號	等級	面積	單價（當時幣值）	金額（當時幣值）	備註
30	朱德魁	潘麥家	2	昭和二十年六月十日	719	山乙	二畝六分五厘一	一百三十元	三万四千四百六十三元	
31	呂廣生	朱家窪	2	〃	727	〃	四畝二分〇一	〃	五万四千六百十三元	
32	周永祥	〃	2	〃	728	〃	八畝三分三厘六	〃	拾万八千三百六十八元	
33	畢業炘	畢家窪	2	〃六月六日	302	一等地	一畝八分〇七	八百元	拾四万四千五百六十元	
34	董加餘	周家窪	2	〃	215	山乙	五畝六分七厘四	一百三十元	七万三千七百六十二元	
35	董文忠	〃	2	〃六月廿日	301	三等地	五分八厘六	三百元	一万七千五百八十元	
36	張見貴	火煉窪	2	〃六月十日	707/191	山乙	一畝八分三厘五	一百三十元	弍万三千八百五十五元	
37	商學全	潘麥家	2	〃	718	〃	九畝九分二厘二	〃	拾弍万八千九百八十六元	
38	張學源	火煉窪	2	〃六月五日	722/01	〃	六分一厘	〃	七千九百三十元	
39	張見華	〃	2	〃六月二日	721/01	〃	一畝九分	〃	弍万四千七百元	
40	張東記	〃	2	〃	721/02	〃	三畝三分五厘	〃	四万三千五百五十元	
40	〃	〃	2	〃	721/03	山甲	四分八厘六	二百五十元	一万二千一百五十元	
40	〃	〃	2	〃	707/03	山乙	二分六厘一	一百三十元	三万三千九百三十元	
41	張學根	〃	2	〃	707/02	〃	二畝三分五厘五	〃	三万〇六百十五元	
42	中山鎮公地 代表 趙壽康	中山鎮	2	〃六月廿三日	610	山甲	二分〇二	二百五十元	五千〇五十元	
42	〃	〃	2	〃	611	〃	一畝三分三厘三	〃	三万三千三百二十五元	
42	〃	〃	2	〃	715/01	〃	廿九畝〇分五厘三	〃	七十二万六千三百元	

025

原號編號	出售人姓名	出售人住址	收購立契日期期別	收購立契日期（當時年月）	附圖土地番號	附圖土地等級	面積	單價（當時幣值）	金額（當時幣值）	備註
42	中山鎮公地 代表陆寿康	中山鎮	乙	昭和二十年六月廿日	715之2	山乙	廿九畝六分七	一万三千元	三十八万五千七百四十元	
42	〃	〃	乙	〃 〃	708	〃	二畝七分四厘	〃	三万五千六百二十元	
42	〃	〃	乙	〃 〃	306	三等地	七分九厘二	三万元	二万三千七百六十元	
42	〃	〃	乙	〃 〃	307	二等地	一畝二分九厘四	五万元	六万四千七百元	
42	〃	〃	乙	〃 〃	786	水塘	七分五厘七	六万五千元	四万九千二百〇五元	
	以									

第二十四頁

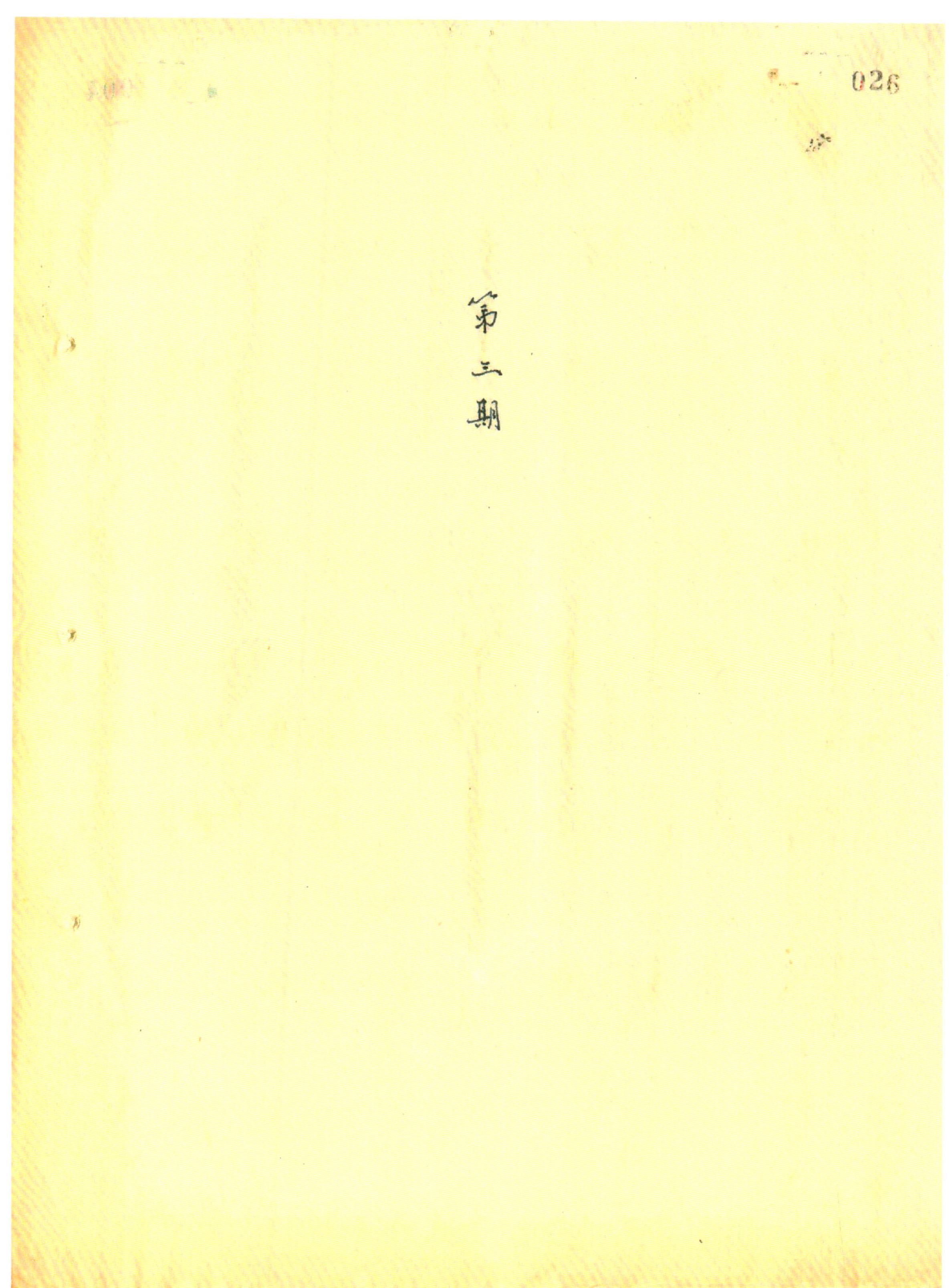
026
第三期

027

原号编號	出售人姓名	出售人住址	收購期别	立契日期（當時年月）	附圖土地番號	附圖土地等級	面積	單價（當時幣值）	金額（當時幣值）	備註
1	姚松華	畢家窪	3	昭和二十年八月一日	211	一等地	六分五厘四	十二万元	七万八千四百八十元	
1	〃	〃	3	〃	237	〃	四分〇四毫	〃	四万八千四百八十元	
1	〃	〃	3	〃	194	山甲	三畝七分四厘六	四万元	拾四万九千八百四十元	
2	畢馬氏	〃	3	〃	197	〃	五分〇七毫	〃	弍万〇弍百八十元	
3	畢宗如	〃	3	〃	171-1	二等地	一畝〇四厘六	八万元	八万三千六百八十元	
3	〃	〃	3	〃	171-2	山甲	一畝一分	四万元	四万四千元	
3	〃	〃	3	〃	172	〃	六分七厘六	〃	弍万七千〇四十元	
4	畢業炘	〃	3	〃	238	一等地	二分四厘七	十二万元	弍万九千六百四十元	
4	〃	〃	3	〃	304-1	〃	一畝四分八厘五	〃	拾七万八千二百元	
5	陳烈馨	宋家庄	3	〃	116	二等地	七分六厘	八万元	五万六千四百八十元	
6	陳家祥	〃	3	〃	117	〃	一畝六分四厘	〃	拾三万一千二百元	
7	陳家琮	〃	3	〃	93	一等地	一畝五分一厘二	十二万元	拾八万一千四百四十元	
8	李蘭仁	西廠门	3	〃	149	〃	一畝二分七厘九	〃	拾五万三千四百八十元	
8	〃	〃	3	〃	173	山甲	三畝七分五厘八	四万元	拾五万〇三百二十元	
8	〃	〃	3	〃	228	一等地	三分三厘七	十二万元	四万〇四百四十元	
9	韓長瑞	〃	3	〃	520	〃	二畝二分五厘二	〃	念七万〇弍百四十元	
10	吳必坤 子吳修道	吳家窪	3	〃	72	〃	二畝四分四厘八	〃	念九万三千七百六十元	

第二十五頁

原號	出售人姓名	出售人住址	收購立契日期 期別	收購立契日期（當時年月）	附圖土地 番號	附圖土地 等級	面積	單價（當時幣值）	全額（當時幣值）	備註
10	吳心坤（子吳修道）	吳家窪	3	昭和十年八月二十日	73	一等地	二畝四分三厘	十二万元	念九万五千九百二十元	
11	吳長波	〃	3	〃	519	〃	二畝五分四厘四	〃	叁拾万五千二百八十元	
12	朱永明	南廠門	3	〃	89	〃	二畝二分七厘三	〃	念七万二千六百五十元	
12	〃	〃	3	〃	101	〃	五畝九分四厘七	〃	七十一万三千六百四十元	
12	〃	〃	3	〃	102	〃	六分九厘六	〃	八万三千五百二十元	
12	〃	〃	3	〃	104	〃	一畝五分八厘五	〃	拾九万〇貳百元	
12	〃	〃	3	〃	528	〃	一畝九分五厘九	〃	念三万五千〇八百元	
12	〃	〃	3	〃	688	山甲	十四畝三分	四万元	五拾七万貳千元	
13	裕生亨（陸樹奎代印）	六合	3	〃	758	一等地	一畝七分五厘四	十二万元	念壹万〇四百八十元	
14	周士礼	潘家營	3	八月十四日	236	〃	五分四厘八	〃	六万五千七百六十元	
15	周德財	周家窪	3	八月十日	302	〃	一畝四分一	〃	拾三万三千六百元	
16	張東記	火燎窪	3	〃	839	山乙	三分九厘	貳万元	七千八百元	
16	〃	〃	3	〃	843	〃	二分一厘四	〃	四千貳百八十元	
17	張學元	〃	3	〃	840	〃	四分八厘九	〃	九千七百八十元	
18	張見幸	〃	3	〃	841	〃	二畝四分四厘六	〃	四万八千九百二十元	
19	張見富（張見貴代）	〃	3	〃	842	〃	一畝七分四厘三	〃	三万四千八百六十元	
20	張學根	〃	3	〃	844	〃	一畝六分一厘六	〃	貳万貳千三百貳十元	

第二十六頁

029

第二十七頁

原冊編號	出售人 姓名	出售人 住址	收購期別	立契日期（當時年月）	附圖土地 番號	等級	面積	單價（當時幣值）	金額（當時幣值）	備註
21	吳王氏	吳家窪	3	昭和二十年八月十日	531	二等地	一畝〇四厘六	八百元	八万三千六百八十元	
22	李國仁	西廠門	3	〃 八月十日	182	山甲	一畝四分九厘	四百元	五万九千六百八十元	
22	〃	〃	3	〃 〃	183	〃	五畝三分四厘七	〃	念壹万三千八百八十元	
23	畢宗興	畢家窪	3	〃 〃	185	〃	三畝三分九厘	〃	卅三万五千八百八十元	
24	詹修全	西廠門	3	〃 〃	255	三等地	六分九厘	五百元	叁万四千五百元	
25	朱禹培	〃	3	〃 〃	709/41	山乙	四分五厘九	二百元	九千一百八十元	
26	吳修和	吳家窪	3	〃 〃	504	一等地	一畝二分四厘九	十二百元	念百〇九千八百八十元	
27	朱有林	火煉窪	3	〃 〃	845	山乙	四分五厘八	二百元	九千一百六十元	

以上各件均係參冊

[illegible]

中央信託局蘇浙皖區敵偽產業清理處收發文件章

中華民國卅七年四月廿二日